Analyse der Entstehungsbedingungen
der reichsgerichtlichen Aufwertungsrechtsprechung

Rechtshistorische Reihe

Band 246

Peter Lang
Frankfurt am Main · Berlin · Bern · Bruxelles · New York · Oxford · Wien

Richard Scholz

Analyse der Entstehungsbedingungen der reichsgerichtlichen Aufwertungsrechtsprechung

Untersuchung unter besonderer Berücksichtigung der konservativen Geldpolitik der Reichsbank und der Inflationspolitik der Reichsregierung

Peter Lang
Europäischer Verlag der Wissenschaften

Die Deutsche Bibliothek - CIP-Einheitsaufnahme

Scholz, Richard:

Analyse der Entstehungsbedingungen der reichsgerichtlichen Aufwertungsrechtsprechung : Untersuchung unter besonderer Berücksichtigung der konservativen Geldpolitik der Reichsbank und der Inflationspolitik der Reichsregierung / Richard Scholz. - Frankfurt am Main ; Berlin ; Bern ; Bruxelles ; New York ; Oxford ; Wien : Lang, 2001
(Rechtshistorische Reihe ; Bd. 246)
Zugl.: Frankfurt (Main), Univ., Diss., 2000
ISBN 3-631-37139-X

Diese vorliegende Arbeit
wurde von Professor Bernhard Diestelkamp
zur Aufnahme in die Reihe empfohlen.

D 30
ISSN 0344-290X
ISBN 3-631-37139-X

www.peterlang.de

Für meine Mutter

Vorwort

Die vorliegende Arbeit ist im Juni 2000 vom Fachbereich Rechtswissenschaften der Johann Wolfgang Goethe – Universität Frankfurt am Main als Dissertation angenommen worden.

Mein aufrichtiger und herzlicher Dank gilt meinem verehrten Lehrer, Herrn Prof. Dr. Dr. h.c. Bernhard Diestelkamp, der das Thema angeregt, die Arbeit betreut, durch konstruktive Kritik gefördert und das Erstgutachten erstellt hat. Herrn Prof. Dr. Gerhard Dilcher gilt mein Dank für die Erstellung des Zweitgutachtens.

Dank gebührt weiterhin meinen Eltern, die mir nicht nur während der Erstellung der Dissertation zur Seite gestanden, sondern mich während meiner gesamten Ausbildungszeit gefördert und unterstützt haben.

Frankfurt, im Juli 2000 Richard Scholz

Inhaltsverzeichnis

Die Abkürzungen richten sich nach:

Kirchner, Hildebert: Abkürzungsverzeichnis der Rechtssprache, 4. A., Berlin, New York 1993

1. Teil: Einleitung

Bei dem Problemkreis Geldentwertung und Recht handelt es sich um einen in regelmäßigen Abständen wiederkehrenden Themenkreis[1]. Im Mittelpunkt steht die Sicherung einer Währung vor Inflation und dem damit einhergehenden Wertverfall. Besonders deutlich kam dieses Problem während der Zeit der Weimarer Republik zum Vorschein. Mit dem Ausbruch des Ersten Weltkrieges begann für Deutschland eine Periode des wirtschaftlichen Niedergangs, die sich in Wellenbewegung bis zum Ende der Weimarer Republik fortsetzte. Der Beginn des Krieges, die Mobilisierung der deutschen Männer im arbeitsfähigen Alter, die weltwirtschaftliche Isolation Deutschlands, die immensen Kosten der Kriegsführung, die zu großen Teilen durch Kriegsanleihen von der Bevölkerung aufgebracht wurden, Rohstoff- und Lebensmittelknappheit und der Verlust des Krieges waren Faktoren, die schließlich zum Ruin Deutschlands führten. Der anschließende Friedensvertrag von Versailles vom 28. Juni 1919 verpflichtete Deutschland zur Zahlung von Wiedergutmachungsleistungen (Reparationen) an die Siegermächte. Damit war der Grundstein gelegt, daß es in der Zeit der Weimarer Republik nicht gelingen konnte, Deutschland wirtschaftlich zu konsolidieren. Deutschland litt unter einer enormen Inflation. Der völlige Verfall der Währung und die Entwertung der Mark um das Billionenfache, ein US-Dollar hatte im Herbst 1923 umgerechnet einen Wert von 4,2 Billionen Papiermark, machte das Geld zum Nichts. Es nahm ihm die Fähigkeit zur Schuldenerfüllung und war eine Erscheinung, der die Regierung, die Behörden, die Gerichte und die meisten Menschen mit großer Hilflosigkeit gegenüberstanden. Bei den durch die Inflation verursachten wirtschaftlichen Auswirkungen dürfen ihre psychologischen Folgen nicht übersehen werden. Die Inflation stellte den Sinn der bestehenden Wirtschaftsordnung in Frage. Sparsamkeit und Fleiß vieler Jahre erwiesen sich in der Inflation als nutzlos. Die Inflation bestrafte die Sparer und belohnte die Spekulanten. Die Bildung von Reichtum wurde „zum Spiel und zur Lotterie und stellte alle geheimen Kräfte der Wirtschaftsgesetze in den Dienst der Zerstörung, und zwar in einer Weise,

1 Die Entwertung von Währungen spielte schon früher eine entscheidende Rolle. Eine rechtsgeschichtliche Darstellung einzelner Länder befindet sich bei: *Kremer*, Die Entwicklung des Aufwertungsgedankens bei reinen Geldforderungen, zugleich ein Beitrag zur Frage der Berücksichtigung der Geldentwertung im geltendem Recht, Diss., Frankfurt/Main 1924, S.61 ff.

die nicht einer unter Millionen richtig imstande zu erkennen war“[2]. Die Bevölkerung wurde zum Spielball politischer Interessen. Die Wut der Menschen richtete sich vor allem gegen die Inflationsgewinner und den Staat.

A: Problemstellung

Der Verfall der Währung hatte vor allem Auswirkungen auf das Umfeld von Rechtsverhältnissen. Rechtswirksame Verpflichtungen wurden plötzlich ungerecht oder unbillig. Der Sachverkäufer, der sich in der Zeit einer gefestigten Goldwährung verpflichtet hatte, seine Ware zu einem in Mark vereinbarten Festpreis an den Käufer dauerhaft zu liefern, sollte für sie den ursprünglich in Mark vereinbarten Preis erhalten. Dieser vereinbarte Preis entsprach aber aufgrund der Geldentwertung und der Inflation nur zu einem Bruchteil des ursprünglich von beiden Seiten gedachten Gegenwertes. In der Zeit des vollständigen Verfalls der Währung war der Preis in Papiermark sogar ein "wirtschaftliches Nichts". Das Formalprinzip "pacta sunt servanda" (Verträge sind zu halten), Grundpflicht jeder vertraglichen Bindung, drohte den neuen Zustand zu zementieren. Besonders gefährdet hierdurch waren Dauerbeziehungen, Verpflichtungen auf lange unbegrenzte Zeit, womöglich ohne Kündigungsmöglichkeiten. Sie waren dem Risiko der Veränderung in besonders hohem Maße ausgesetzt.

Hiergegen wendet sich die Rechtsfigur der „clausula rebus sic stantibus“[3] die es ermöglicht, im Einzelfall das formale Recht zugunsten des „richtigen Rechts“ zu durchbrechen, um dem Satz „summum ius, summum iniura“ [4] entgegenzuwirken. Die wenigsten durch den Ersten Weltkrieg betroffenen Verträge verfügten über eine Kriegsklausel, mit deren Hilfe die "clausula" - Rechtsfolgen, (Vertragsbeendigung oder Vertragsmodifikation) hätten herbeigeführt werden können. Das BGB konnte ebenfalls nicht weiterhelfen, da es die Lehre der „clausula rebus sic stantibus“ grundsätzlich nicht anerkannt hatte. Nur bei gegenseitigen Verträgen mit Vorleistungspflicht und bei Darlehensverträgen machte das BGB in den §§ 321, 610 BGB eine Ausnahme. Auch das Reichsgericht blieb während des Ersten Weltkrieges bei der Ablehnung der "clausula" und der nahezu unein-

---

2 *Keynes*, Die wirtschaftlichen Folgen des Friedensvertrages, S.192.

3 Wörtlich übersetzt bedeutet „rebus sic stantibus“: „wenn die Dinge so bleiben wie sie sind“, „bei unveränderter Sachlage“, „Klausel gemäß den jetzigen Bedingungen“, „Klausel der sich nicht ändernden Umstände“. Vgl. hierzu: *Köbler*, Die "clausula rebus sic stantibus" als allgemeiner Rechtsgrundsatz, § 1 I.

4 *Köbler*, Die "clausula rebus sic stantibus" als allgemeiner Rechtsgrundsatz, § 1 I. der dies in § 1 FN 3 übersetzt mit: "Das strengste Recht ist zugleich das höchste Unrecht".

geschränkten Geltung des Satzes „pacta sunt servanda". In einer Vielzahl von Entscheidungen lehnte es das Gericht ab, den Schuldner von seinen vertraglichen Verpflichtungen zu entbinden[5]. Dennoch nahm in einzelnen Fällen das Reichsgericht, wie zum Beispiel bei Dauerschuldverhältnissen, Analogien vor und näherte sich über die Figur der „wirtschaftlichen Unmöglichkeit", „Unzumutbarkeit der Leistung" und „Treu und Glauben" der Anwendbarkeit der clausula - Lehre[6].

B: Aufwertung von Forderungen

Berücksichtigt man die damalige wirtschaftliche und vor allem gesellschaftspolitische Situation, so verwundert es nicht, daß viele Bürger eine Aufwertung ihrer Forderungen begehrten. Man kann den Begriff "Aufwertung" bestimmen als die ziffernmäßige Erhöhung der in entwertetem Geld vertraglich ausgedrückten Geldschuld über ihren Nennbetrag hinaus in der Weise, daß zur Tilgung der Schuld eine größere Anzahl von Geldeinheiten geleistet werden muß, als der Nennbetrag ergibt[7]. Zwar hatte das Reichsgericht durch einige Entscheidungen versucht, dem Geldgläubiger zur Hilfe zu kommen, doch war dies bei weitem nicht ausreichend. Viele Bürger verlangten mit großem Nachdruck die Aufwertung ihrer Geldforderungen. Sie wollten damit durchsetzen, daß Forderungen nicht mehr mit ihrem Nennwert, sondern nur mit ihrem tatsächlichen Wert zum Zeitpunkt der Entstehung erfüllt werden konnten. Je schneller die Inflation voranschritt, um so kräftiger wurde dieses Verlangen von Sparerschutzbünden und Interessenverbänden vertreten.

Der Gesetzgeber erkannte das Problem der Aufwertung[8], doch war er, bedingt durch die Kriegsanleihen und somit als größter Geldgläubiger, nicht bereit, generelle gesetzliche Regelungen zur Behandlung des Aufwertungsproblems zu erarbeiten. Auch fehlte es an politischem Durchsetzungsvermögen im Parlament[9]. Nachdem im Herbst 1923 die Inflation ihren Höchststand erreichte, erkannte das

---

5 Vgl. RGZ 86, 397, 398; RGZ 90, 374, 375; RGZ 99, 258, 259.

6 Eine ausführliche Darstellung der Entwicklung der clausula - Lehre befindet sich bei: *Köbler*, Die „clausula rebus sic stantibus" als allgemeiner Rechtsgrundsatz, 4. Abschnitt, § 11 II 2.

7 *Michaelis* in RGRK, BGB, 6. A., § 242, Anm. 5 b.).

8 Der Gesetzgeber selbst hatte durch einige Gesetze eine Aufwertung vorgenommen. Zu erwähnen sei hier nur: Verordnung zum Schutze der Mieter vom 22. Juli 1919 (RGBl. I S.591) oder das Gesetz vom 18. August 1923 über die anderweitige Festsetzung von Geldbezügen aus Altenteilverträgen (RGBl. I S.815). Eine ausführliche Darstellung aller gesetzlichen Maßnahmen befindet sich in: 3. Teil C: I.

9 *Pirlet*, Der politische Kampf um die Aufwertungsgesetzgebung nach dem 1. Weltkrieg, Köln 1959.

Reichsgericht durch die Entscheidung vom 28. November 1923[10] die Aufwertung eines hypothekarisch gesicherten Darlehens an. Das Reichsgericht hatte sich damit nicht nur gegen den Willen des Parlaments gestellt, sondern auch den Nennwertzwangskurs bzw. den Grundsatz „Mark = Mark" außer Kraft gesetzt und somit die damals geltenden Währungsgesetze zum Teil für unverbindlich erklärt. Die Entscheidung fand sowohl in der Politik, als auch in der Rechtsprechung und Literatur viel Beachtung und löste einen Konflikt zwischen Gesetzgeber und Rechtsprechung über den Umfang richterlicher Prüfungskompetenz von Gesetzen aus.

C: Gegenstand der Arbeit

Thematik dieser Arbeit ist der Weg zur Aufwertungsrechtsprechung, sowie diese selbst. Dazu sind als Rahmenbedingungen die Politik der Reichsregierung und der Reichsbank zu erörtern. Ebenso ist es notwendig zu erläutern, wie es zu der Inflation kam und welche währungspolitischen Entscheidungen welche Folge hatten. Insbesondere soll aufgezeigt werden, wie sich die Währungsgesetze veränderten. Angefangen von der Novellierung des Bankgesetzes von 1909[11] und der Einführung des Zwangskurses für Banknoten, die jedermann verpflichtete, Banknoten als Erfüllung anzunehmen, bis hin zur Aufhebung des Goldstandards durch das Gesetz vom 4. August 1914[12] und der Verordnung des Bundesrats vom 28. September 1914[13]. Anschließend soll die Kriegsfinanzierung und die damit einhergehenden Veränderungen der Währungsgesetze dargestellt werden, die den Grundstein für den Beginn der Inflation gelegt haben. Daneben stellt sich insbesondere die Frage, ob und inwieweit die Politik der Reichsregierung Industrie und Landwirtschaft bevorzugt haben bzw. ob eine Politik zugunsten dieser beiden Wirtschaftszweige betrieben worden ist, und welche Bevölkerungsschichten Nutznießer bzw. Leidtragende der Inflation gewesen sind. Eine Untersuchung über die Verteilungswirkungen der Inflation wird dabei vor allem an der Entwicklung des Volkseinkommens und der Reallöhne festzumachen sein.

Anschließend wird das Problem der Aufwertung aufgezeigt und vor allem die Schwierigkeit der Rechtsprechung, bestehende Verträge an die Veränderung der Währungsverhältnisse anzupassen (wie zum Beispiel bei Dauerschuldverhältnissen). Weiterhin wird auch der Gang der Rechtsprechung dargestellt werden, wie

10 RGZ 107, 78.
11 Art. 3 der Änderung des Bankgesetzes vom 1. Juni 1909, RGBl. S.515.
12 RGBl. S.347.
13 RGBl. S.417.

diese sich langsam von Entscheidung zu Entscheidung vorgetastet hat, um schließlich durch die Entscheidung vom 28. November 1923[14] die Aufwertung anzuerkennen. In diesem Zusammenhang ist es auch notwendig, sowohl das richterliche Prüfungsrecht als auch das neue Selbstverständnis der Rechtsprechung, Gesetzen ihre Anwendung zu versagen, wenn diese gegen Treu und Glauben gemäß § 242 BGB verstoßen, zu diskutieren.

14 RGZ 107, 78.

2. Teil: Die Wirtschaftspolitik in der Zeit vor dem 1. Weltkrieg bis 1924

Die Finanz- und Währungspolitik des Deutschen Reiches in den Jahren 1914 bis 1923 ist Ausdruck und Spiegelbild der politischen Situation und Kräfteverteilung in Deutschland. Nach dem verlorenen Ersten Weltkrieg waren die Parlamente der Weimarer Republik aufgesplittert in einander bekämpfende Parteien und Interessengruppierungen, die den Staat lähmten. Ständig einander ablösende Minderheitskabinette besaßen nicht genug parlamentarische Macht, um die notwendigen Maßnahmen zu treffen und Entschlüsse zu fassen, die eine stabile Wirtschaftspolitik erfordert hätte. Dies führte schließlich zu einer in der deutschen Geschichte beispiellosen Geldentwertung. Im folgenden soll die Entwicklung der Geldwährung, ihre Ursachen, die vor allem in der Finanz- und Wirtschaftspolitik im ersten Weltkrieg zu suchen sein werden, und die Folgen analysiert werden.

A: Die Entwicklung des Geldwesens im Deutschen Reich von 1870 bis 1914

Die Zeitspanne zwischen der Reichsgründung im Jahre 1871 und dem Ausbruch des Ersten Weltkrieges im Jahre 1914 brachte im gesamten Wirtschaftsleben des damaligen Reiches große Veränderungen. Es war die Zeit, in der die Teilgebiete, die bisher nur beschränkte wirtschaftliche Beziehungen miteinander unterhielten, zu einem einheitlichen Wirtschaftsgebiet zusammenwuchsen. Das Deutsche Reich, das heißt der Staat, übernahm seit seiner Gründung von Anfang an die Führung bei der Organisation der Geld-, Währungs-, Kredit- und Kapitalmärkte[15], Industriefinanzierung bis hin zum Erlaß von Schutzzöllen zur Stärkung der deutschen Landwirtschaft. Die Vereinheitlichung des Wirtschaftsgebietes in Verbindung mit der Zentralisierung des Münz- und Banknotenwesens bewirkten im

---

15 Allgemein zur Wirtschaftspolitik im Zeitraum 1870 bis 1914: *Neumark*, Die Finanzpolitik in der Zeit vor dem 1. Weltkrieg, S.57 ff.; *Wellenreuther*, Infragestellung des ökonomischen Liberalismus in Deutschland von ca. 1870 bis 1913, S.69 ff.; *Bechtel*, Wirtschafts- und Sozialgeschichte Deutschlands, S.313 ff.; *Schremmer*, Die Wirtschaftsordnungen 1800 - 1970, S.122 ff.; *Stolper/Häuser/Borchardt*, Deutsche Wirtschaft seit 1870, S.17 ff.; *Helfferich*, Deutschlands Volkswohlstand 1888 - 1913, 6.A., Berlin 1915; *Sombart*, Die deutsche Volkswirtschaft im 19. Jahrhundert und im Anfang des 20. Jahrhunderts, 5.A, Berlin 1921; *Hardach*, Deutschland in der Weltwirtschaft 1870 - 1970, S.27 ff.

Vergleich zu dem vorher zersplitterten Geldsystem eine bedeutende Senkung der Transaktionskosten[16] und förderte die Leistungsfähigkeit der damaligen deutschen Wirtschaft. Die internationale Kapitalmobilität wurde durch den Beitritt des Deutschen Reichs zum Goldstandard gefördert[17]. Insgesamt hat die deutsche Wirtschaftspolitik in den Jahren von 1870 bis 1914 einiges dazu beigetragen, das Finanzsystem zu modernisieren, und damit die Basis zur Entwicklung eines nationalen und internationalen Finanzmarktes geschaffen. Man sagt daher[18], daß die deutsche Marktwirtschaft im diesem Zeitraum mit der starken Regulierung durch Staat und Institutionen die "erfolgreichste" der Welt war.

I. Währungssystem

Aus dem Bestreben heraus, das Geldwesen im deutschen Reich zu vereinheitlichen, entstand eine einheitliche Währung, und mit der Reichsbank der erste Schritt zu einem zentralen Notenbanksystem. Die Zeit von der Gründung des Deutschen Reichs bis zum Beginn des Ersten Weltkrieges ist geprägt durch ein stabiles Währungssystem. Auf der Geldverfassung der siebziger Jahre hatte sich unter vielerlei Sicherungen die Geldordnung der Goldwährungsepoche entwikkelt, die bis zum Juli 1914 bestand. Sie beruhte auf vielen klaren, rechtlich normierten Prinzipien, von denen der feste Goldpreis, der freie Devisenmarkt, verschiedene Begrenzungen des Geldvolumens und die Koppelung der Geldschöpfung an das Metall die wichtigsten waren. Es waren diese Prinzipien, die der Politik und auch der Reichsbank für die Gestaltung der Währung nach besonderen Interessen wenig Raum ließen. Dieses System geriet erst aufgrund der Finanzierung des Ersten Weltkrieges ins Wanken.

1. Währungen im Deutschen Reich

Die Vereinheitlichung des Geldwesens ist durch die Gründung des Deutschen Reiches am 18. Januar 1871 geprägt[19]. Den Ausgang nahm sie durch das Gesetz

---

16 *Borchardt*, Währung und Wirtschaft, S.3 f.

17 Eine Erläuterung des Goldstandards erfolgt in Punkt: 2. Teil A: I. 2.

18 *Wellenreuther*, Infragestellung des ökonomischen Liberalismus in Deutschland von ca. 1870 bis 1913, S.103; *Borchardt*, Grundriß der deutschen Wirtschaftsgeschichte, 2.A., S.58.

19 Vgl. zu der Entstehung des Münzwesens und der ersten Notenbanken auch andere Länder berücksichtigend: *v. Spindler/Becker/Starke*, Die Deutsche Bundesbank, 4.A., S.5 ff.; *Beck*, Gesetz über die Deutsche Bundesbank, E 1 ff.; *Borchardt*, Währung und Wirtschaft, S.3 ff.; *Uhlenbruck*, Die verfassungsmäßige Unabhängigkeit

betreffend der Ausprägung von Reichsgoldmünzen vom 4. Dezember 1871[20]. Das Gesetz sah die Einführung einer im ganzen Reichsgebiet als gesetzliches Zahlungsmittel gültigen mit Geldcharakter im Rechtssinne ausgestatteten Goldmünze mit einem Nennbetrag von 10 Mark[21] auf der Basis eines Münzfußes von 139,5 Stück = 1 Pfund Gold[22] vor. Neben dieser Goldmünze existierten in den Bundesstaaten weiterhin noch Gulden und Taler. Die Beseitigung der Landeswährung und die Einführung einer einheitlichen Reichswährung erfolgte schließlich durch das Münzgesetz vom 9. Juli 1873[23]. In Art. 1 dieses Gesetzes wurde die Mark als einzig zulässige Reichswährung eingeführt: "An die Stelle der in Deutschland geltenden Landeswährungen tritt die Reichswährung. Ihre Rechnungseinheit bildet die Mark..."[24].

Ähnlich wie bei der Münzausgabe verlief auch die Entwicklung bei der Begebung von Banknoten. Der immer größer werdenden Zersplitterung des Geld- und Notenbankwesens (so existierten in fast allen deutschen Staaten mehrere Banken mit unterschiedlichem Papiergeld[25]) trat der Norddeutsche Bund durch das soge-

---

der Deutschen Bundesbank, S.9 ff.; *Wandel*, Die deutsche Bankgesetzgebung vom Beginn der Industrialisierung bis zur Weltwirtschaftskrise in ihren geschichtlichen Zusammenhängen., S.13 ff; *Helfferich*, Das Geld, 6.A., S.153 ff.

20 RGBl. S.404; vgl. ausführlich für die vorherige Entwicklung des Münzwesens in der Zeit vom 16. bis 18. Jahrh.: *Christmann*, Das Bemühen von Kaiser und Reich um die Vereinheitlichung des Münzwesens, Diss. Berlin 1988; *Veit*, Grundriss der Währungspolitik, 3.A., S.447 ff.

21 § 2 des Gesetzes betreffend die Ausprägung von Reichsgoldmünzen vom 04.12.1871.

22 § 1 des Gesetzes betreffend die Ausprägung von Reichsgoldmünzen vom 04.12.1871.

23 RGBl. S.233.

24 Diese Bestimmung trat zwar erst nach Art. 18 am 01.01.1876 in Kraft, jedoch waren die Landesregierungen nach Art. 1 S 4 ermächtigt, die "Mark - Rechnung" im Verordnungswege schon früher einzuführen. In vielen Ländern wurde das Gesetz schon früher in Kraft gesetzt, zum Beispiel: Preußen bereits durch VO vom 28.06.1874 (Gesetzessammlung S.257) zum 01.01.1875; Elsaß-Lothringen durch Gesetz vom 15.11.1874 (RGBl. S.131), Helgoland durch Art. I Abschn. VI Ziffer 2 der VO vom 22.03.1891 (RGBl. S.21).

25 Noch im Jahre 1870 existierten 33 Privatnotenbanken. Vgl. hierzu die Übersicht in: *Rittershausen*, Die Zentralnotenbank, S.11 FN 1, sowie ab 1875 Anlage zu § 9 des Bankgesetzes vom 14.03.1875 mit Angabe des ungedeckten Notenumlaufs.
Es bestanden 1870 im einzelnen in:
Preußen: Preußische Bank, Berlin, Ritterschaftliche Privatbank in Pommern, Stettin, Städtische Bank in Breslau, Bank des Berliner Kassenvereins, Kölnische Bank, Magdeburger Privatbank, Danziger Privat-Aktienbank, Provinzial-Aktienbank des Großherzogtums Posen, Kommunalständische Bank für die preußische Oberlausitz, Görlitz, Hannoversche Bank, Landgräflich hessisch konzessionierte Landesbank, Nassau, Frankfurter Bank;

nannte Banknotensperrgesetz vom 27. März 1870[26] entgegen. In diesem Banknotensperrgesetz wurde die Entstehung neuer Notenbanken von der Bundesgesetzgebung abhängig gemacht und den Einzelstaaten die Befugnis zur Erweiterung der Privilegien der bisher bestehenden Notenbanken entzogen[27]. Das Banknotensperrgesetz wurde dreimal, am 16. Juni 1872[28], am 30. Juni 1873[29] und 29. Dezember 1874[30] verlängert. Unter Aufhebung der Preußischen Bank und als Nachfolger dieser entstand durch das Bankgesetz vom 14. März 1875[31] die Reichsbank mit dem Recht zur Notenausgabe[32]. Die Reichsbanknoten wurden von Anfang an als Zahlungsmittel benutzt. Sie waren aber nicht aufdrängbar, das heißt kein Zahlungsmittel mit Annahmezwang, und somit auch kein Geld im Rechtssinne. Die Reichsbanknoten waren nur kraft Verkehrssitte Zahlungsmittel, das heißt bei Sicht zahlbare Inhaberschuldverschreibungen. Die Reichsbank war bei Einlösung der Banknoten verpflichtet, den in der Note angegebenen Betrag in Münzen umzutauschen[33]. Alleiniges Geld waren die Goldmünzen. Zu Geld im Rechtssinne wurden die Reichsbanknoten erst durch das Gesetz vom 1. Juni 1909[34] mit Wirkung vom 1. Oktober 1910. Aber auch als die Reichsbanknoten gesetzliches, mit Annahmezwang ausgestattetes Zahlungsmittel wurden, war damit zunächst gleichzeitig noch ein Anspruch des Inhabers auf Einlösung in Goldmünzen verbunden. Dadurch waren die Reichsbanknoten nur "provisorisches Geld", das heißt Geld, mit dem sich ein Anspruch des Inhabers auf Geld-

---

Sachsen: Sächsische Bank zu Dresden, Leipziger Bank, Leipziger Kassenverein, Chemnitzer Stadtbank, Landständische Bank zu Bautzen;
Süddeutschen Bundesstaaten: Bayerische Hypotheken- und Wechselbank, München, Badische Bank, Karlsruhe, Bank für Süddeutschland, Württembergische Notenbank;
Thüringischen Bundesstaaten: Weimarsche Bank, Mitteldeutsche Kreditbank in Meiningen, Privatbank zu Gotha, Thüringische Bank, Sondershausen, Geraer Bank, Gera;
Norddeutschen Bundesstaaten: Rostocker Bank, Oldenburgische Landesbank, Braunschweigische Staatsbank, Anhalt-Dessauische Landesbank, Niedersächsische Bank, Bückeburg, Lübecker Privatbank, Kommerzbank in Lübeck, Bremer Bank.

26 RGBl. S.51.

27 Vgl. die Einleitung bei: *Beck*, Kommentar zum Bundesbankgesetz, S. 26.

28 RGBl. S.169.

29 RGBl. S.159.

30 RGBl. S.193.

31 RGBl. S.177; Art.3.

32 Vgl. als Überblick für die Bankgesetzgebung: *Wandel*, Die deutsche Bankgesetzgebung vom Beginn der Industrialisierung bis zur Weltwirtschaftskrise in ihren zeitgeschichtlichen Zusammenhängen; S.13 - 20.

33 § 18 des Bankgesetzes vom 14.03.1875, RGBl. S.177, in der Fassung des Art. 4 des Gesetzes vom 01.06.1909, RGBl. S.515.

34 RGBl. S.515 - Art.3.

zeichen anderer Gestalt - Goldmünzen - verknüpfte. Sie hatten damit eine rechtliche Doppelqualität erlangt: zum einen die Eigenschaft als gesetzliches Zahlungsmittel mit Annahmezwang als Geld im Rechtssinne und zum anderen die Eigenschaft von Schuldverschreibungen.

Zu den Reichsbanknoten und den Noten der Privatbanken kamen aufgrund des Gesetzes vom 30. April 1874[35] betreffend die Ausgabe von Reichskassenscheinen[36]. Sie waren von Anfang an Geld im Rechtssinne, aber nur beschränkt verkehrsfähiges Geld, da sie nach § 5 des Gesetzes vom 30. April 1874 lediglich von den öffentlichen Kassen zur Erfüllung von Geldforderungen in Zahlung genommen werden mußten. Zugleich waren die Reichskassenscheine Schuldverschreibungen, weil sie jederzeit in unbeschränkt geschäftsfähiges Geld, das hieß damals Münzen, umgetauscht werden mußten. Sie hatten somit ebenfalls ein "rechtliches Doppelgesicht".

2. Goldstandard

Nach § 18 des Bankgesetzes vom 10. März 1875 in der Fassung des Art. 4 des Gesetzes vom 1. Juni 1909 in Verbindung mit § 1 des Münzgesetzes vom 1. Juni 1909 war die Reichsbank verpflichtet, dem Inhaber von Banknoten zu jedem Zeitpunkt diese in Gold einzulösen. Der Inhaber der Banknoten erhielt zu einem festen, gesetzlich festgelegten Kurswert Barrengold. So war zum Beispiel durch die Novelle zum Reichsbankgesetz vom 1. Juni 1909 der Goldpreis auf 1395,-- Mark für das Pfund Feingold festgesetzt worden[37]. Im Deutschen Reich existierte somit seit seiner Gründung die Goldwährung, auch Goldstandard genannt[38].

Der Goldstandard bildete vor dem Ersten Weltkrieg den Kern des internationalen weltwirtschaftlichen Systems[39]. Dieses internationale Währungssystem beruhte auf der Koppelung der nationalen Währungen an das Gold, so daß feste Austauschrelationen zwischen den einzelnen Währungen existierten. Über das Gold ergaben sich verbindliche Paritätskurse zwischen den einzelnen Währungen des In- und Auslandes. Es ist von hoher Bedeutung, daß die Staaten unter dem

---

35 RGBl. S.40.

36 Zu den Reichskassenscheinen: *Stucken*, Deutsche Geld- und Kreditpolitik 1914 - 1963, 3.A., S.14.

37 RGBl. S.515; *Beck*, Gesetz über die Deutsche Bundesbank, S.7; *v. Spindler/Becker/Starke*, Die Deutsche Bundesbank, 4.A., S.23.

38 § 1 des Münzgesetzes vom 01.06.1909, RGBl. 507: "Im deutschen Reiche gilt die Goldwährung".

39 Hierzu: *Uhlenbruck*, Die verfassungsmäßige Unabhängigkeit der Deutschen Bundesbank und ihre Grenzen, S.1 f.; *Hardach*, Deutschland in der Weltwirtschaft 1870 - 1970, S.98 ff.

Goldstandard einen festen Prozentsatz ihres Notenumlaufs durch Gold decken mußten und verpflichtet waren, Banknoten zu jedem Zeitpunkt in Gold einlösen zu müssen[40]. Dadurch ergaben sich Anpassungsmechanismen, die für einen Ausgleich der Zahlungsbilanz sorgten. Unter den "Regeln des Goldstandards" konnte es in einem Staat, dessen Zahlungsbilanz zum Beispiel durch Importüberschüsse defizitär war, zu Goldabflüssen kommen. Durch die Koppelung des Notenumlaufs an den Goldbestand war die Notenbank des betreffenden Landes gezwungen, den Notenumlauf durch Erhöhungen des Diskontsatzes zu verringern[41]. Nach der Quantitätstheorie des Geldes folgt aus der Abnahme der Geldmenge eine proportionale Senkung des Preisniveaus, wodurch die inländischen Produkte auf dem internationalen Markt wettbewerbsfähiger werden. Dadurch steigen nach dieser Theorie die Exporte, während die Importe zurückgehen, und die Zahlungsbilanz kehrt in das Gleichgewicht zurück[42].

II. Reichsbank

Da das Währungssystem von der Reichsbank verwaltet und gesteuert wurde, soll kurz die Entstehungsgeschichte der Reichsbank skizziert werden, die für das Verhältnis zwischen Reichsbank und Reichsregierung bedeutsam ist. Zentral ist dabei die Frage nach der rechtlichen Einordnung der Reichsbank in das Staatsgefüge, insbesondere das Problem der Abhängigkeit bzw. Unabhängigkeit der Reichsbank von der Regierung und anderen Staatsorganen, zu beantworten, da diese Auswirkungen auf die damalige Finanzpolitik hatte.

Die Reichsbank entstand als Nachfolgerin der Preußischen Bank[43]. Die gesetzliche Grundlage war das am 1. Januar 1876 in Kraft getretene, durch das Reichsbankstatut vom 21. Mai 1875[44] ergänzte Bankgesetz vom 14. März 1875[45]. Nach § 1 des Notenbankgesetzes von 1875, das eine Gestaltung des No-

---

40 Deutsches Reich: 33, 3 % gemäß § 17 des Bankgesetzes vom 14.03.1875 in der Fassung des Art. 5 des Gesetzes vom 01.09.1909, RGBl. S.515.

41 *Uhlenbruck*, Die verfassungsmäßige Unabhängigkeit der Deutschen Bundesbank und ihre Grenzen, S.1 f.

42 Eine ausführliche Erläuterung der Theorie des Zahlungsbilanzausgleich mit Tabelle findet sich in: *Hardach*, Deutschland in der Weltwirtschaft 1870 - 1970, S.98 ff.

43 Vgl. zu der Reichsbank und ihrer Entstehung: *Heymann*, Die Reichsbankgesetze, S.2 ff.; *Beck*, Gesetz über die Deutsche Bundesbank, E 3; *Uhlenbruck*, Die verfassungsmäßige Unabhängigkeit der Deutschen Bundesbank und ihre Grenzen, S.10; *Fögen*, Geld- und Währungsrecht, S.49; *Reichsbank*, Von der königlichen Bank zur deutschen Reichsbank, S.20 ff.

44 RGBl. S.203.

45 RGBl. S.177.

tenwesens nach einheitlichen Grundsätzen anstrebte und daher Vorschriften für die Reichsbank und die Privatnotenbanken enthielt, konnte die Befugnis zur Banknotenausgabe nur durch Reichsgesetz erworben werden.

Die Reichsbank[46] wurde nach dem Gesetz vom 14. März 1875 von dem Reichsbankdirektorium verwaltet, das die administrative und ausführende sowie die Reichsbank nach außen vertretende Behörde war[47]. Die Aufsicht des Reiches übte ein fünfköpfiges Bankkuratorium aus, an dessen Spitze der Reichskanzler stand[48]. Die oberste Leitung der Bank oblag dem Reichskanzler oder einem an dessen Statt vom Kaiser ernannten Stellvertreter[49]. Die alte Reichsbank nach dem Gesetz vom 14. März 1875 war demnach weder funktionell noch personell unabhängig, sondern sie war vollständig der Reichsregierung untergeordnet[50]. Dem Problem der Unabhängigkeit wurde damals aber auch keine große Bedeutung zugemessen. Im Mittelpunkt stand vielmehr der Streit um den Rechtscharakter des Zentralnotenbankinstituts. Damit ist gemeint, ob die Reichsbank wegen ihrer privaten Anteilseigner auf der einen Seite und ihrer öffentlichen Aufgaben auf der anderen Seite dem Kreis des Privatrechts oder der Sphäre des öffentlichen Rechts zuzuordnen sei[51].

B: Wirtschaftspolitik während des ersten Weltkrieges

Die Wirtschaftspolitik in der Zeit des Ersten Weltkrieges in den Jahren 1914 bis 1918 ist geprägt durch die Umstellung der Produktion von privaten Konsum- und Investitionsgütern auf Kriegsgüter[52]. Deutschland und die deutsche Wirtschaft standen während dieser vier Jahre des bis dahin größten Krieges der Weltgeschichte vor der Aufgabe, finanziell allein für die gesamte Kriegsrüstung aufzu-

---

46 Vgl. den Aufbau der Reichsbank und ihre Institutionen darstellend: *Eun*, Die rechtliche Stellung der Deutschen Bundesbank, S.87; *Reichsbank*, Von der königlichen Bank zur Deutschen Reichsbank, S.29 ff; *Heymann*, Die Reichsbankgesetze, S.12 ff.

47 § 27 des Bankgesetzes vom 14.03.1875.

48 § 25 des Bankgesetzes vom 14.03.1875.

49 § 26 des Bankgesetzes vom 14.03.1875.

50 *v. Spindler/Becker/Starke*, Die Deutsche Bundesbank, 4.A., S.8.; *Uhlenbruck*, Die verfassungsmäßige Unabhängigkeit der Deutschen Bundesbank und ihre Grenzen, S.10.

51 Vgl. *Beck*, Gesetz über die Deutsche Bundesbank, S.24 mit einer Zusammenstellung der damaligen Literatur. Zu dieser Streitfrage, insbesondere: *Schmidt*, Die juristische Natur der Reichsbank, Diss. München 1908.

52 Eine ausführliche Darstellung der Finanzpolitik des Deutschen Reiches während des ersten Weltkrieges findet sich bei: *Roesler*, Die Finanzpolitik des Deutschen Reiches im Ersten Weltkrieg, Berlin 1967.

kommen. Die Finanzierung des Krieges und die zu diesem Zwecke vorgenommene Heranziehung des Währungssystems veränderte dieses grundlegend. Nach heute herrschender Meinung[53] sind hierin die Ursachen für die nach dem Krieg einsetzende Inflation zu sehen. Die Kriegsjahre 1914 - 1918 werden daher auch als die "finanzpolitische Geburtsstunde" für die nach dem Krieg folgende Inflation bezeichnet[54].

I. Finanzierung des Krieges

Der Erste Weltkrieg beanspruchte die volkswirtschaftlichen Ressourcen der an dem Krieg beteiligten Staaten in einem bis dahin nicht gekannten Ausmaß. Man geht davon aus, daß in den kriegsführenden Ländern ca. 50 % und mehr des Produktionpotentials für Kriegszwecke in Anspruch genommen worden sind[55]. Für die beteiligten Staaten gab es nur die Alternative, die Umstellung der Produktion von privaten Konsum- und Investitionsgütern auf Kriegsgüter und/oder die Produktionsmöglichkeiten zu erhöhen, wobei diese zweite Option nur dann realisierbar war, solange unausgenutzte Produktionsfaktoren in einer Wirtschaft vorhanden waren[56]. Während in der Praxis die Veränderungen der Produktion in den vier Jahren des Weltkrieges massiv vollzogen wurden, war die theoretische Durchdringung der mit einem solchen Krieg verbundenen volkswirtschaftlichen Probleme eher unzureichend. Das gleiche gilt für die Politik, die keine Pläne zur praktischen Durchführung des wirtschaftlichen Umstellungsprozesses hatte[57].

1. Finanzpolitische Möglichkeiten

Das Ziel der Kriegsfinanzierung liegt in der Mobilisierung und Umlenkung der produktiven Leistungen einer Volkswirtschaft in Richtung auf den für die Zwekke der Kriegsführung notwendigen Bedarf. Bei der Umstellung der Produktion

---

53 *Veit*, Grundriss der Währungspolitik, 3.A., S.505 f.; *Holtfrerich*, Die deutsche Inflation 1914 - 1923, S.1 ff.; *Czada*, Ursachen und Folgen der großen Inflation, S.12,19; *Netzband/Widmaier*, Währungs- und Finanzpolitik der Ära Luther 1923 - 1925, S.9 m.w.N. in FN 16; *Stolper/Häuser/Borchardt*, Deutsche Wirtschaft seit 1870, S.65, 70.

54 So: *Holtfrerich*, Die deutsche Inflation 1914 - 1923, S.4.

55 *Haller*, Die Rolle der Staatsfinanzen für den Inflationsprozeß, S.136.

56 *Huck*, Wirtschaftspolitik zwischen Weltkrieg und Wirtschaftskrise S.108.

57 *Roesler*, Die Finanzpolitik des Deutschen Reiches im Ersten Weltkrieg, S.17 ff.; *Veit*, Grundriss der Währungspolitik, 3.A., S.505 f. " ... die deutsche Kriegsstrategie erlaubte keine Verzögerung der Kriegshandlungen durch umständliche Finanzierungsfragen"; *Bechtel*, Wirtschafts- und Sozialgeschichte Deutschlands, S.406 f.

muß unterschieden werden zwischen der Zeit der Vorbereitung des Krieges, dem Kriegsbedarf und dem Kriegsfall. Während in der Zeit des Kriegsbedarfs die Ansprüche an die produktiven Leistungen einer Volkswirtschaft in einem Kriege ansteigen, fallen die Leistungen im Kriegsfall. Als Gründe hierfür sind die Einziehung der leistungsfähigsten Altersgruppen zum Wehrdienst, Produktionsausfall in zerstörten oder besetzten Gebieten, Probleme bei der Beschaffung von Vormaterialien etc. zu nennen. Eine effiziente Kriegsplanung besteht somit darin, auf der einen Seite die Lücke zwischen gestörten oder gefährdeten Produktionsmöglichkeiten zu schließen und auf der anderen Seite die Lücke für die gesteigerte Nachfrage bezüglich Kriegsgütern zu überbrücken[58].

Neben dieser direkten Produktionslenkung ist der zweite wichtige Aspekt die Kriegsfinanzpolitik[59]. Ihr Ziel ist es, möglichst viel Kaufkraft von privaten Haushalten und Unternehmen auf den kriegsführenden Staat zu übertragen. Grundsätzlich gibt es mehrere Möglichkeiten einen Krieg zu finanzieren, die kurz dargestellt werden sollen[60]:

- Die erste Möglichkeit besteht in der Bildung eines Kriegsschatzes. Dabei handelt es sich um ein Mittel, das vor allem in vorindustrieller Zeit, wo noch Söldnerheere aus der Staatskasse des Fürsten zu finanzieren waren, benutzt wurde[61]. Der Fürst sammelt Gold und Münzen, um damit das Heer zu bezahlen. Sobald aber ein funktionsfähiger Kreditmarkt vorhanden ist, tritt anstelle der Kriegsschatzfinanzierung neben der Finanzierung durch Steuern die Kreditfinanzierung.

---

58 Zur Deckung des Kriegsbedarfs stehen aus makroökonomischer Sicht mehrere Möglichkeiten zur Verfügung. Hierzu gehören die Steigerung der Produktion durch stärkere Auslastung der Faktoren Arbeit und Kapital, Verzicht auf Ersatz- oder Neuinvestitionen, die nicht im Zusammenhang mit dem Krieg stehen, Einschränkung der privaten Konsumnachfrage, Steigerung der Nettoimporte aus dem Ausland. Vgl. hierzu: *Haller*, Die Rolle der Staatsfinanzen für den Inflationsprozeß, S.117 f.; *Jecht*, Kriegsfinanzen, S.38.

59 *Roesler*, Die Finanzpolitik des Deutschen Reiches im Ersten Weltkrieg, S.17 ff.

60 Vgl. eine Einteilung in vier Möglichkeiten vornehmend: *Holtfrerich*, Die deutsche Inflation 1914 - 1923, S.99; *Huck*, Wirtschaftspolitik zwischen Weltkrieg und Wirtschaftskrise S.109 spricht von zwei Möglichkeiten, erstens zusätzliche Geldschöpfung durch inflationäre Politik und zweitens Erhöhung der Steuern oder langfristige Kriegsanleihen. Hierzu auch m.w.N.: *Krohn*, Stabilisierung und ökonomische Interessen. Die Finanzpolitik des Deutschen Reiches 1923 - 1927, S.13; *Stucken*, Deutsche Geld- und Kreditpolitik 1914 - 1963, 3.A., S.21.

61 Preußen hatte noch im 18. Jahrhundert fast alle Kriege vollständig oder überwiegend durch vorher angesammelte Kriegsschätze finanziert. Vgl. hierzu: *Jecht*, Kriegsfinanzen, S.25; *Roesler*, Die Finanzpolitik des Deutschen Reiches im Ersten Weltkrieg, S.18.

- Eine zweites Mittel zur Kriegsfinanzierung besteht in dem Anziehen der Steuerschraube, das heißt dem Erhöhen der Steuern[62]. Die Vorteile der Finanzierung des Krieges durch Steuern sind vor allem das Fehlen der Zinsbelastungen in den künftigen Haushalten, die Möglichkeit zur Ausgestaltung der Besteuerung nach der individuellen Leistungsfähigkeit und dadurch einigermaßen gerechten Verteilung der Kriegskosten. Der Nachteil bei der steuerlichen Finanzierung ist, daß diese zu Lasten des Konsums geht[63].
- Eine dritte Variante ist die Finanzierung über Kriegsanleihen. Hierbei handelte es sich gerade um eine im Deutschen Reich populäre Methode. Umfassend begründet wurde diese das erste Mal von Carl Dietzel[64]. Im Gegensatz zu England, das schon im 19. Jahrhundert die Steuerfinanzierung bevorzugt hatte und in der Ausdehnung der Staatstätigkeit eine Gefahr sah, bevorzugte Dietzel die Anleihefinanzierung. Er sah als Vorzüge der Anleihefinanzierung[65] die zeitliche Verteilung der Steuerlast aus der Finanzierung des Krieges auf einen längeren Zeitraum, die ausschließliche Mobilisierung des vorhandenen liquiden Kapitals und die Möglichkeit, auf diesem Wege einen großen finanziellen Bedarf schnell zu befriedigen. Ein weiterer Vorzug der Anleihefinanzierung liegt in der Umlenkung privater Ersparnisse von der Finanzierung privater Investitionen hin zur Finanzierung des staatlichen Kriegsbedarfs. Ein weiterer Nutzen der Anleihefinanzierung ist schließlich die Möglichkeit der Aufnahme von Anleihen im Ausland[66]. Die Anleihefinanzierung bietet aber nicht nur Vorteile. Als Nachteil der Anleihefinanzierung, vor allem gegenüber der Steuerfinanzierung, ist das Aufschieben der endgültigen

---

62 Eine Diskussion über die Möglichkeiten der Erhebung von Steuern in Deutschland befindet sich in: *Wolf*, Die Steuerreserven in England und Deutschland, S.1 ff. insbs. 17 ff.

63 *Haller*, Die Rolle der Staatsfinanzen für den Inflationsprozeß, S.119.

64 *Dietzel*, Das System der Staatsanleihen im Zusammenhang der Volkswirtschaft betrachtet, Heidelberg 1855.

65 Sich mit Dietzel und seinen Vorstellungen ausführlich auseinandersetzend: *Roesler*, Die Finanzpolitik des Deutschen Reiches im Ersten Weltkrieg, S.25 f.

66 In der breiten Öffentlichkeit ist nie bekannt geworden, daß das Deutsche Reich sich bei Kriegsbeginn Hoffnungen auf ausländische Finanzhilfen durch Schatzanweisungen gemacht hat. Aus einem kurzen Bericht der Reichsschuldenkommission geht hervor, daß am 08.08.1914 die Reichsregierung 175 Millionen Dollar Schatzanweisungen drucken ließ, die auf Dollar lauteten, in englischer Sprache abgefaßt waren und nach den Vereinigten Staaten gesendet worden waren. Diese Schatzanweisungen sind aber nie untergebracht, sondern in den Vereinigten Staaten entwertet und zurückgesandt worden. Vgl. hierzu: *Stolper/Häuser/Borchardt*, Deutsche Wirtschaft seit 1870, S.67.

Verteilung der Kriegskosten auf die Haushaltsjahre nach Beendigung des Krieges anzusehen[67].

- Eine vierte Variante ist die kurzfristige Verschuldung des Staates bei der Zentralnotenbank oder im privaten Banksystem. Die staatliche Geldschöpfung ist die schnellste Methode, um den Finanzbedarf des Staates in der Anlaufphase eines Krieges zu decken[68]. Des weiteren wirkt diese Methode den Hortungstendenzen der Bevölkerung am Beginn eines Krieges entgegen. Auch tragen die durch sie herbeigeführten Preissteigerungen zur erwünschten Beschränkung des privaten Konsums bei, da sie als Ergebnis der natürlichen Teuerung durch einen Krieg von der Bevölkerung eher hingenommen wird als eine ordentliche Besteuerung mit dem entsprechenden Effekt[69].

2. Maßnahmen der Reichsregierung

Das Deutsche Reich und seine zuständigen staatlichen Stellen waren 1914 auf die steuerlichen und güterwirtschaftlichen Aufgaben eines modernen Krieges nicht eingestellt, obwohl vor Ausbruch des Ersten Weltkrieges dessen Finanzierung diskutiert worden war[70]. Zu erwähnen sind vor allem die Arbeiten von Moritz Ströll[71], aber auch von Magnus Biermer[72], Heinrich Dietzel[73], Fritz Neubürger[74] und Carl Henke[75], die stärker zur langfristigen Anleihe- bzw. kurzfristigen Schatzfinanzierung neigten. Befürworter für die Finanzierung der Kriegskosten durch Steuern waren Johann Plenge[76], Julius Wolf[77], Jakob Riesser[78] und Wilhelm Gerloff[79]. Wagner empfahl die Finanzierung eines Krieges durch Anleihen

---

67 *Czada*, Ursachen und Folgen der großen Inflation, S.12.

68 *Jecht*, Kriegsfinanzen, S.52 ff.

69 *Czada*, Ursachen und Folgen der großen Inflation, S.19.

70 Vgl. die Darstellung der einzelnen Vorschläge bei: *Roesler*, Die Finanzpolitik des Deutschen Reiches im Ersten Weltkrieg, S.24 ff.; eine kurze Darstellung befindet sich auch bei: *Haller*, Die Rolle der Staatsfinanzen für den Inflationsprozeß, S.115 ff.

71 *Ströll*, Über das deutsche Geldwesen im Kriegsfall, in Schmollers Jahrbuch, 23. Jg., 1899.

72 *Biermer*, Die finanzielle Mobilmachung, Gießen 1913.

73 *Dietzel*, Kriegssteuer oder Kriegsanleihe?, Tübingen 1912.

74 *Neubürger*, Die Kriegsbereitschaft des deutschen Geld- und Kapitalmarktes, Berlin 1913.

75 *Henke*, Das deutsche Geldwesen im Kriege, S.260 ff.

76 *Plenge*, Zur Diagnose der Reichsfinanzreform, S.322 f.

77 *Wolf*, Die Steuerreserven in England und Deutschland, Stuttgart 1914.

78 *Riesser*, Finanzielle Kriegsbereitschaft und Kriegsführung, Jena 1913.

79 *Gerloff*, Matrikularbeiträge und direkte Reichssteuern, Berlin 1908.

und Steuern[80]. Die theoretischen Beiträge scheiterten oft an den tatsächlichen finanzpolitischen Möglichkeiten.

a.) Ausgangslage im Deutschen Reich

Von den vier Optionen zur Kriegsfinanzierung scheiterte die Erhöhung der Steuern schon an den verfassungsmäßig „rechtlichen" Gegebenheiten im Deutschen Reich. Im Gegensatz zu Großbritannien, das ein gut funktionierendes direktes Steuersystem hatte, verfügte das Deutsche Reich über ein solches nicht. Bis zur Weimarer Verfassung von 1919 waren direkte Steuern grundsätzlich den Bundesstaaten vorbehalten[81]. Die Bundesstaaten hatten bis zur Weimarer Verfassung die Finanz- und Verwaltungshoheit. Zu den Einkommens- und Vermögenssteuerquellen, die seit der Gründung des Deutschen Reich den Bundesstaaten und den Kommunen zustanden, erhielt das Reich erst nach dem Ersten Weltkrieg Zugang[82], obwohl dies große Einnahmen des Reiches zur Folge gehabt hätten. Das Reich hatte als Einnahmequelle nur die Zolleinnahmen, gewisse Verbrauchssteuern (besonders auf Tabak, Bier, Branntwein, Zucker und Salz) und die Überschüsse aus den reichseigenen Betriebsverwaltungen[83]. Hinzu kamen seit den 1890er Jahren noch die Reichsverkehrssteuern, sogenannte Stempelsteuern. Erst kurz vor dem Krieg wurde das Reich auch an der Besteuerung des Vermögens beteiligt, zu nennen sind die 1906 eingeführte Erbanfallsteuer, die 1913 eingeführte einmalige Vermögensabgabe, der sogenannte Wehrbeitrag und eine laufende Vermögenszuwachssteuer.

Die Erhöhung der vorhandenen und die Einführung der oben genannten „neuen" Steuern brachte indes nicht die erwarteten Einnahmen. Vielmehr waren sie ungeeignet, einen wesentlichen Beitrag zur Finanzierung des Krieges zu leisten. Bei den Zöllen war, wegen eines sinkenden Außenhandels im Kriegsfall, mit einem starken Rückgang zu rechnen. Das gleiche gilt für die Verbrauchssteuern auf Luxusgüter wie zum Beispiel Tabak, Bier und Branntwein. Hinzu kam, daß man bei Kriegsausbruch die Zölle auf Einfuhrgüter wie zum Beispiel Nahrungsmittel aussetzen mußte, um solche dringend benötigten Güter ins Land zu bekommen.

---

80 *Wagner*, Finanzwissenschaft, I. Teil, 3.A., S.169 ff.

81 *Stolper/Häuser/Borchardt*, Deutsche Wirtschaft seit 1870, S.21.

82 *Menges*, Reichsreform und Finanzpolitik. Die Aushöhlung der Eigenstaatlichkeit Bayerns auf finanzpolitischem Wege in der Zeit der Weimarer Republik, S.184 - 228; *Respondek*, Die Reichsfinanzen auf Grund der Reform von 1919/20, Berlin 1921; *Witt*, Staatliche Wirtschaftspolitik 1918 - 1923, S.171.

83 *Stolper/Häuser/Borchardt*, Deutsche Wirtschaft seit 1870, S.20; *Holtfrerich*, Die deutsche Inflation 1914 - 1923, S.105 f.; *Witt*, Die Finanzpolitik des Deutschen Reiches von 1903 bis 1913, S.18 f.

Auch die Erbfallsteuer und der Wehrbeitrag brachten nicht die gewünschten Einnahmen. Daher sind die Einnahmen des Deutschen Reiches von 1914 bis 1915 von 2,47 Milliarden Mark auf rund 1,83 Milliarden Mark gefallen[84].

b.) Faktische Finanzierungspolitik

Grundsätzlich glichen sich die Verfahren, mit denen die am Ersten Weltkrieg beteiligten Länder vorgingen. Der Staat weitete die Geldmenge durch die Plazierung kurzfristiger Staatsschuldscheine bei der Zentralbank und bei Geschäftsbanken aus, um anschließend diese schwebende Schuld durch die Herausgabe von Kriegsanleihen zu fundieren bzw. mit erhöhten Steuereinnahmen zurückzuzahlen. Die expansiven Impulse der Geldschöpfungspolitik führten, zusammen mit der Mobilmachung der Truppen, bereits Anfang 1915 zur Vollauslastung des Produktpotentials der kriegsführenden Staaten. Die Produktion von Kriegsgütern konnte von diesem Zeitpunkt an nur auf Kosten des privaten Konsums bzw. der privaten Investitionen durchgeführt werden. Dadurch wurden die Belastungen des Krieges auch für die Bevölkerung deutlich, die jetzt auf Konsum verzichten mußte. Somit stellte sich die Frage, welche Möglichkeiten das Deutsche Reich hatte, die Produktion von Friedensgütern auf Kriegsgüter umzuleiten.

aa.) Orientierung an dem Deutsch-Französischen Krieg

Die tatsächlichen Vorbereitungen zum ersten Weltkrieg waren im wesentlichen an den Erfahrungen mit dem Deutsch-Französischen Krieg von 1870/71 orientiert[85]. Der Deutsch-Französische Krieg hatte die Erfahrung mit sich gebracht, daß bei einem bevorstehenden Krieg sich durch „Hortungstendenzen" in der Bevölkerung die Geldmenge verringerte, während der Finanzbedarf des Staates stieg. Um dem entgegenzuwirken, sind in einer Bankenquete von 1908[86] zur Stärkung der deutschen Kreditwirtschaft Maßnahmen angeregt und in den folgenden Jahren umgesetzt worden. Dazu gehörte die Erklärung der Banknoten

---

84 Vgl. ausführlich über die Einnahmen des Deutschen Reiches von 1914 - 1919: *Holtfrerich*, Die deutsche Inflation 1914 - 1923, S.108 Tab. 25 mit Angabe der Höhe der jeweiligen Steuern.

85 *Roesler*, Die Finanzpolitik des Deutschen Reiches im Ersten Weltkrieg, S.17 f.; *Haller*, Die Rolle der Staatsfinanzen für den Inflationsprozeß, S.115; *Reichsarchiv*: Der Weltkrieg 1914 - 1918. Kriegsrüstung und Kriegswirtschaft, Bd. 1: Die militärische, wirtschaftliche und finanzielle Rüstung Deutschlands von der Reichsgründung bis zum Ausbruch des Weltkrieges, Berlin 1930, S.417. Vgl. auch *Helfferich*: Der Weltkrieg, Bd. 2, S.34 ff.; Zum Krieg 1870/71: *Lenz*, Kosten und Finanzierung des deutsch - französischen Krieges 1870/71, Boppard am Rhein 1971.

86 Vgl. *Cohnstaedt*, Ergebnisse der Bankenquete, Frankfurt/Main 1908.

zum gesetzlichen Zahlungsmittel in der Banknovelle vom 1. Juni 1909[87], wie auch die aufgrund des Gesetzes über die Änderung des Finanzwesens vom 3. Juli 1913[88] beschlossene Aufstockung des Kriegsschatzes um einen Silbervorrat und die Erhöhung des Umlaufs an Reichskassenscheinen um 120 Millionen Mark[89]. Diese Vorgehensweise des Deutschen Reiches, die Finanzen an dem Deutsch-Französischen Krieg auszurichten, beruhte auf einer unvermeidbaren Fehleinschätzung. Der Deutsch-Französische Krieg dauerte nur ein halbes Jahr, war siegreich und kostete nur ein Sechstel des damaligen jährlichen Volkseinkommens. Der Erste Weltkrieg hingegen dauerte über vier Jahre und die Kosten betrugen rund 150 Milliarden Mark[90], dies entsprach nominal dem Vierfachen des jährlichen deutschen Volkseinkommens von 1913[91], womit bei Kriegsbeginn niemand rechnete. Hinzu kam, daß es aufgrund der deutschen Niederlage nicht möglich war, die aufgelaufenen Reichsschulden dem Ausland aufzuerlegen, sondern diese vielmehr durch die Reparationsforderungen der Siegermächte noch gesteigert wurden.

bb.) Gesetze vom 4. August 1914

Die eigentlichen Maßnahmen zur Finanzierung des Krieges sind erst Mitte 1914 getroffen worden. So schloß zunächst Ende Juli 1914 die Reichsbank ihre Schalter für die Goldeinlösung[92]. Anschließend erließ der Reichstag eine große Anzahl von Gesetzen, die zum einen dem Reich den direkten Zugriff auf die Kredit- und Geldschöpfungskapazität der Reichsbank ermöglichen sollte und die zum anderen die mit dem bevorstehenden Krieg einhergehenden Engpässe an Nahrung, Rohstoffen etc. regulieren sollten.

(1) Regulierung des Finanzwesens

Am 4. August 1914 verabschiedete der Reichstag vier Gesetze, die die Stellung der Reichsbank im Kreditsystem und das Verhältnis zwischen der Reichsbank und der Reichsregierung auf eine neue Grundlage stellten. Sie bedeuteten eine

---

87 RGBl. S.515.

88 RGBl. S.521.

89 Vgl. *Stucken*, Deutsche Geld- und Kreditpolitik 1914 - 1963, 3.A., S.14.

90 *Haller*, Die Rolle der Staatsfinanzen für den Inflationsprozeß, S.138; *Lanter*, Die Finanzierung des Krieges, S.46.

91 *Hoffmann*, Das Wachstum der deutschen Wirtschaft seit der Mitte des 19. Jahrhunderts, S.455.

92 *Stucken*, Deutsche Geld- und Kreditpolitik 1914 - 1963, 3.A., S.16; *Reichsbank*, Von der königlichen Bank zur Deutschen Reichsbank, S.38.

wesentliche Änderung in der bisherigen Geldverfassung. Es handelte sich im einzelnen um folgende Gesetze[93]:

1. Gesetz betreffend die Reichskassenscheine und die Banknoten[94]
2. Gesetz betreffend die Änderung des Münzgesetzes[95]
3. Gesetz betreffend die Änderung des Bankgesetzes[96]
4. Darlehenskassengesetz[97].

Das unter 1. angeführte Gesetz erhob die Reichskassenscheine zum gesetzlichen Zahlungsmittel[98] und beseitigte ebenfalls bis auf weiteres die Verpflichtung der Reichshauptkasse zur Einlösung der Reichskassenscheine sowie die Verpflichtung der Reichsbank zur Einlösung ihrer Noten[99]. Die Privatnotenbanken wurden ermächtigt, zur Einlösung ihrer Noten Reichsbanknoten zu verwenden[100]. Das Gesetz sollte vor allem dazu dienen, "den Goldschatz vor einer Schwächung durch Goldentziehungen, insbesondere spekulativer Art, zu schützen". Durch dieses Gesetz wurde somit ein wesentliches Element der oben beschriebenen automatischen Goldwährung beseitigt. Zwar wurde die Bezeichnung "Reichsgoldwährung" formal nicht abgeschafft, doch das Gold hatte seine mit Erreichen des Goldausfuhrpunktes einsetzende wechselkursregulierende Funktion verloren.

Bei dem unter 2. genannten Gesetz betreffend die Änderung des Münzgesetzes wurde bestimmt, daß bei Einlieferung von Scheidemünzen gemäß § 9 Abs. 2 des Münzgesetzes an Stelle von Goldmünzen Reichskassenscheine und Reichsbanknoten verabfolgt werden konnten.

Das Gesetz betreffend die Änderung des Bankgesetzes[101] hatte trotz seines knappen Wortlautes erhebliche Folgen. Gemäß § 1 dieses Gesetzes traten die §§ 9 und 10 des Bankgesetzes für die Reichsbank außer Kraft. Damit wurde die Notensteuerpflicht für die Reichsbank aufgehoben und damit auch die indirekte

---

93 Vgl. zu den Gesetzen am 04.08.1914: *Roesler*, Die Finanzpolitik des Deutschen Reiches im Ersten Weltkrieg, S.37 ff.; *Holtfrerich*, Die deutsche Inflation 1914 - 1923, S.111; *Stucken*, Deutsche Geld- und Kreditpolitik 1914 - 1963, 3.A., S.17 ff; *Czada*, Ursachen und Folgen der großen Inflation, S.12 f.; *Haller*, Die Rolle der Staatsfinanzen für den Inflationsprozeß, S.121 ff.; *Fischer*, Deutsche Wirtschaftspolitik 1918 - 1945, 3.A., S.12.

94 RGBl. S.347.

95 RGBl. S.326.

96 RGBl. S.327.

97 RGBl. S.340.

98 § 1 des Gesetzes betreffend die Reichskassenscheine und die Banknoten vom 04.08.1914.

99 § 2 des Gesetzes betreffend die Reichskassenscheine und die Banknoten vom 04.08.1914.

100 § 3 des Gesetzes betreffend die Reichskassenscheine und die Banknoten vom 04.08.1914.

101 RGBl. S.327.

Kontingentierung, die für die Währungspolitik eine gewisse Richtschnur gebildet hatte. § 2 brachte die Abkehr vom Banking-Prinzip. Die Reichsbank hatte, ohne durch den Wortlaut des Bankgesetzes genötigt zu sein, die Hereinnahme von Finanzwechseln und Prolongationswechseln bis 1914 abgelehnt. Sie beschränkte sich auf die Diskontierung von Handelswechseln, deren Einlösung am Fälligkeitstag durch den Warenumschlag gesichert schien. Als Nachteil des Bankgesetzes muß die fehlende Normierung dieses Grundsatzes der Banking-Lehre gesehen werden, da so der Bruch mit diesem unbemerkt vor sich gehen konnte[102]. Zwar hatte bereits § 13 Ziff. 2 des Bankgesetzes von 1875 der Reichsbank das Diskontieren von staatlichen und kommunalen Schuldverschreibungen, die nach spätestens drei Monaten mit ihrem Nennwerte fällig wurden, gestattet. In Zeiten des Friedens war aber auch mit der Zahlungsfähigkeit der öffentlichen Hand und mit der Einlösung der Titel zu rechnen. Darüber hinaus waren diese Schuldverschreibungen als Notendeckung - auch im Rahmen der bankmäßigen Deckung (Restdeckung) - nicht zugelassen. Sie wurden demgemäß auch nicht im Wechsel- und Scheckbestand ausgewiesen.

Die bisherige Handlungsweise änderte sich durch das Gesetz vom 4. August 1914. Bis dahin hatte es Schatzwechsel des Reiches noch nicht gegeben. Diese entstanden an dem selben Tag durch das Gesetz zur Ergänzung der Reichsschuldenordnung[103]. Darin wurde bestimmt, daß die nach dem Reichshaushaltsplan zur Beseitigung einmaliger außerordentlicher Ausgaben zu beschaffenden Geldmittel sowie die zur vorübergehenden Verstärkung der ordentlichen Betriebsmittel der Reichshauptkasse vorhergesehenen Geldmittel statt durch Ausgabe von Schuldverschreibungen auch durch Ausgabe von Wechseln bereitgestellt werden konnten[104].

Ebenfalls bedeutungsvoll für die Entwicklung des Geldwesens war das unter 4. angeführte Darlehenskassengesetz vom 4. August 1914[105]. Nach diesem Gesetz entstanden in Berlin und an den Orten der sogenannten selbständigen

---

102 *Czada*, Ursachen und Folgen der großen Inflation, S.14.

103 RGBl. S.325.

104 Vgl. hierzu: *Roesler*, Die Finanzpolitik des Deutschen Reiches im Ersten Weltkrieg, S.39.

105 RGBl. S.340; vgl. zum Darlehenskassengesetz und seiner Bedeutung: *Stolper/Häuser/Borchardt*, Deutsche Weltwirtschaft seit 1870, S.65; *Fischer*, Deutsche Wirtschaftspolitik 1918 - 1945, 3.A., S. 13; *Holtfrerich*, Die deutsche Inflation, S.111; *Huck*, Wirtschaftspolitik zwischen Weltkrieg und Weltwirtschaftskrise, S.109; *Ausschuß zur Untersuchung der Erzeugungs- und Absatzbedingungen der deutschen Wirtschaft*, Die Reichsbank, S.3; *Stucken*, Deutsche Geld- und Kreditpolitik 1914 - 1963, 3.A., S.18; *Roesler*, Die Finanzpolitik des Deutschen Reiches im Ersten Weltkrieg, S.41 ff; *Haller*, Die Rolle der Staatsfinanzen für den Inflationsprozeß, S.122.

Zweiganstalten der Reichsbank besondere Kreditinstitute für den Lombardverkehr, die Darlehenskassen. Bei den Darlehenskassen handelte es sich um selbständige juristische Personen des öffentlichen Rechts, die verwaltungstechnisch mit der Reichsbank verbunden waren[106]. Diese Kassen waren berechtigt, gegen Verpfändung - unverderblicher Waren, Boden- und Bergwerkerzeugnisse, gewisser Wert-papiere[107] - Darlehen zu bewilligen und in Höhe dieser Darlehen Darlehenskassenscheine auszugeben[108]. Die Gesamtemission sollte zu Beginn 1,5 Milliarden Mark nicht übersteigen[109]. Dieser Betrag konnte jedoch im Bedarfsfalle von dem Bundesrat erhöht werden[110], was auch im Laufe der Zeit mehrmals geschah[111].

Die Errichtung der Darlehenskassen stellte einen wichtigen Einschnitt in die bisherige Geldverfassung dar[112]. Zwar durfte auch die Reichsbank Lombardkredite vergeben, praktisch konnte sie dies aber nur in geringem Umfang, weil die Lombardunterlagen als bankmäßige Deckung des Notenumlaufs nicht zugelassen waren[113]. Die Erschaffung der Darlehenskassen, die selbst Papiergeld in den Verkehr bringen durften, diente also zunächst nur dazu, dem zu erwartenden Mehrbedarf an Lombardkrediten zu entsprechen. Die dafür benötigten Mittel wurden dabei durch die Notenpresse beschafft[114]. Des weiteren wurden die Darlehenskassenscheine im Sinne der §§ 9, 17 und 44 des Bankgesetzes vom 14. März 1875 den Reichskassenscheinen, die primäres Deckungsmittel waren,

---

106 §§ 12, 13 des Darlehenskassengesetz vom 04.08.1914; *Fögen*, Geld- und Währungsrecht, S.50.

107 § 4 des Darlehenskassengesetz vom 04.08.1914.

108 § 2 des Darlehenskassengesetz vom 04.08.1914.

109 § 2 S 3 des Darlehenskassengesetz vom 04.08.1914.

110 § 2 S 4 des Darlehenskassengesetz vom 04.08.1914.

111 *Der Höchstbetrag an Darlehenskassenscheinen wurde in der folgenden Zeit laufend heraufgesetzt:*

11.11.1914 auf 3 Milliarden	15.04.1920 auf 40 Milliarden	27.03.1923 auf 2 Billionen
09.03.1916 auf 4 "	25.11.1920 auf 50 "	05.06.1923 auf 4 "
12.10.1916 auf 6 "	28.09.1922 auf 75 "	09.08.1923 auf 15 "
24.05.1917 auf 8 "	16.11.1922 auf 100 "	01.09.1923 auf 300 "
02.11.1917 auf 12 "	07.12.1922 auf 225 "	27.09.1923 auf 5 Billarden
23.07.1918 auf 16 "	21.12.1922 auf 400 "	30.10.1923 auf 750 "
28.11.1918 auf 30 "	08.02.1923 auf 1 Billion	22.11.1923 auf 10 Trillionen

Quelle: Notzke, Das Bankgesetz und das Statut der Reichsbank, S.201.

112 Das erste Mal waren die Darlehenskassen im Preußisch-Französischen Krieg von 1870/71 als Notstandsmaßnahme für die Beschaffung von Krediten zu gewerblichen Zwecken eingerichtet worden. *Haller*, Die Rolle der Staatsfinanzen für den Inflationsprozeß, S.122.

113 *Stolper/Häuser/Borchardt*, Deutsche Wirtschaft seit 1870, S.65 f.

114 *Roesler*, Die Finanzpolitik des Deutschen Reiches im Ersten Weltkrieg, S.43.

gleichgestellt[115]. Damit war die Vorschrift über die 33,3 prozentige Golddekkung, die noch einen gewissen Schutz gegen die Inflation darstellte, ausgehöhlt[116]. Die Reichsbank konnte über die Kreditvergabe der Darlehenskassen ihre eigenen Grenzen der Geldschöpfungskapazität beliebig erweitern[117]. Es existierten keine gesetzlichen Hemmungen mehr gegen die Ausdehnung des Stückgeldumlaufs.

(2) Höchstpreisgesetze

Am 4. August 1914 wurde auch ein Gesetz betreffend die Höchstpreise[118] vom Reichstag verabschiedet. Darin wurden die Bundesstaaten oder die von ihnen beauftragten Behörden ermächtigt, Höchstpreise für Massengüter und Gegenstände des täglichen Lebens, insbesondere für Nahrungs- und Futtermittel, Rohstoffe, Heiz- und Leuchtstoffe auf der Einzelhandels-, Großhandels oder Erzeugerstufe, festzusetzen. Verstöße konnten mit Geld- oder Gefängnisstrafe geahndet werden[119]. Die Behörden konnten aber auch zurückbehaltene Vorräte beschlagnahmen und für Rechnung des Besitzers verkaufen[120]. Die Ziele dieses Gesetzes, welches auch die Höchstpreispolitik der ersten Kriegsmonate bestimmte, werden in der Gesetzesbegründung deutlich. Demnach sollten Preissteigerungen verhindert werden, "die nicht in der Natur der Verhältnisse begründet sind", die aber auch eintreten, "wenn an sich genügend Vorräte zur Versorgung der Bevölkerung vorhanden sind"[121]. Das Gesetz vom 4. August 1914 wurde am 17. Dezember durch das Gesetz betreffend der Höchstpreise vom 4. August 1914[122] verschärft und konnte von nun an auch auf andere Gegenstände als nur die des täglichen Lebens angewendet werden. Aber auch dieses Gesetz reichte nicht aus, um sozial

---

115 § 2 S 1 des Darlehenskassengesetz vom 04.08.1914.

116 *Stolper/Häuser/Borchardt*, Deutsche Wirtschaft seit 1870, S.66; *Roesler*, Die Finanzpolitik des Deutschen Reiches im Ersten Weltkrieg, S.43; *Ausschuß zur Untersuchung der Erzeugungs- und Absatzbedingungen der deutschen Wirtschaft*, Die Reichsbank, S.3.

117 *Haller*, Die Rolle der Staatsfinanzen für den Inflationsprozeß, S.122; *Huck*, Wirtschaftspolitik zwischen Weltkrieg und Weltwirtschaftskrise, S.109; *Stucken*, Deutsche Geld- und Kreditpolitik 1914 - 1963, 3.A., S.18.

118 RGBl. S.339.

119 § 4 des Gesetzes betreffend die Höchstpreise.

120 Vgl. *Stern*, Der Höchstpreis. Eine systematische Untersuchung auf Grund der Erfahrungen der deutschen Kriegswirtschaft; München 1923; *Thieß*, Höchstpreispolitik, S.3 - 6; *Gündell*, Die Organisation der deutschen Ernährungswirtschaft im Weltkriege, S.39.

121 *Thieß*, Höchstpreispolitik, S.6 f.

122 RGBl. S.516.

gerechte Preise zu erreichen. Daher wurde am 23. Juli 1915 die Preiswucherverordnung[123] erlassen. In dieser wurden erstmals Strafen für den Fall verhängt, wenn Preisforderungen für bestimmte Waren einen übermäßigen Gewinn enthielten. Ergänzt wurde diese Verordnung durch die Verordnung vom 25. September 1915 über Preisprüfungsstellen und Versorgungsregelungen[124].

cc.) Weitere gesetzgeberische Maßnahmen ab 1916

Im Frühjahr 1916 wies erstmals auch der Voranschlag für den ordentlichen Haushalt Defizite auf. Die bisherigen Finanzierungsquellen für die Finanzierung des Krieges reichten nicht mehr aus, vor allem nachdem im Herbst 1916 die oberste Heeresleitung im sogenannten "Hindenburgprogramm" eine Verstärkung der Rüstungsausgaben gefordert und genehmigt bekommen hatte. Auch konnte aus den ordentlichen Einnahmen der Zinsendienst für die staatliche Kreditaufnahme nicht mehr aufgebracht werden. Aus diesem Grunde beschloß der Reichstag im Frühjahr 1916 und in den folgenden Jahren verschiedene Steuererhöhungen, die sich ausschließlich auf die dem Reich bereits in der Vorkriegszeit zugestandenen Steuern bezogen[125]. Zu nennen ist die Kriegsgewinnsteuer von 1916, die an die Vermögenszuwachssteuer von 1913 anknüpfte, die Einführung einer Warenumsatzsteuer in Höhe von zunächst 1 %, die 1918 zu einer allgemeinen Umsatzsteuer auf Waren und Leistungen ausgebaut wurde, eine Verbrauchssteuer auf Limonaden und Mineralwasser, die Einführung einer Kohlensteuer ab 1917 sowie die Erhöhung mehrerer Verbrauchssteuern[126]. Begleitet wurden die Steuererhöhungen durch weitere Verschärfungen bei den Höchstpreisgesetzen[127].

Die oben erwähnten Maßnahmen führten zu Mehreinnahmen des Deutschen Reiches von 2,1 Milliarden Mark im Jahr 1916 auf 8,0 Milliarden Mark im Jahr

123 RGBl. S.467.

124 RGBl. S.607.

125 Zu nennen sind vor allem die Verkehrssteuern (Stempelsteuern und die Vermögenszuwachssteuer). Vgl. *Lotz*, Die deutsche Staatsfinanzwirtschaft im Kriege, S.59 ff.; *Roesler*, Die Finanzpolitik des Deutschen Reiches im Ersten Weltkrieg, S.105 f. mit einer Zusammenstellung der damaligen Steuergesetze auf den S.189 - 194.

126 *Stolper/Häuser/Borchardt*, Deutsche Wirtschaft seit 1870, S.69 f.

127 Zu nennen ist die "Bekanntmachung über Kriegsmaßnahmen zur Sicherung der Volksernährung vom 22. Mai 1916", RGBl. S.401. Darin wird der Reichskanzler ermächtigt, die im Deutschen Reich vorhandenen Lebensmittel sowie Rohstoffe und andere Gegenstände, die zur Lebensmittelversorgung erforderlich sind, für die Ernährung des Volkes in Anspruch zu nehmen. Er kann die Einfuhr, Durchfuhr und Ausfuhr solcher Gegenstände regeln (§ 1). Zur Wahrnehmung dieser Aufgabe wurde ein Kriegsernährungsamt eingerichtet.

1917 und 7,4 Milliarden Mark im Jahr 1918[128]. Dennoch reichten diese Einnahmen nicht für mehr aus, als den anschwellenden Schuldendienst aus den Kriegskrediten bedienen zu können. Die Kriegsausgaben wurden weiterhin mit Kriegsanleihen finanziert. Der Krieg, der das Deutsche Reich am Ende 150 Milliarden Mark gekostet hatte, wurde aus dem Ertrag der Kriegsanleihen von rund 100 Milliarden und der Erhöhung der schwebenden Schuld von rund 50 Milliarden finanziert[129].

Großbritannien gelang im Gegensatz zum Deutschen Reich und Frankreich in stärkerem Umfang die Finanzierung der Kriegsausgaben über Steuern[130]. So wurde die Einkommenssteuer während des Krieges von 6,25 Prozent auf 30 Prozent erhöht. Darüber hinaus wurden verschiedene indirekte Steuern und eine Kriegsgewinnsteuer eingeführt. Der Erfolg der Mehreinnahmen durch Steuern lag vor allem an dem Steuersystem Großbritanniens, das - wie bereits dargestellt - im Gegensatz zum Steuersystem des Deutschen Reichs als Einnahmequellen die direkten Steuern hatte[131]. Ungeachtet der Steuererhöhungen stieg das Staatsdefizit während des Krieges dennoch an. Der Schwerpunkt der Kriegsfinanzierung lag in Großbritannien ebenfalls auf der Anleihepolitik[132].

Frankreich finanzierte seine Kriegsausgaben vorerst ausschließlich über Kredite. Erst ab Mitte 1916 erhöhte die französische Regierung einige der bestehenden Steuern und führte eine Einkommens- und Kriegsgewinnsteuer ein[133]. Diese Steuerpolitik brachte aber nicht den gewünschten Erfolg. 1918 lagen die Zinsen der Staatsschuld um 230 Millionen Francs über den Steuereinnahmen. Ähnlich wie im Deutschen Reich wurden nur etwa 15 % der Ausgaben durch Steuern gedeckt. Der Hauptteil wurde durch Kreditoperationen - von 1914 bis 1918 insgesamt 130 Milliarden Francs - beschafft[134].

---

128 Vgl. Tabelle 25 bei: *Holtfrerich*, Die deutsche Inflation 1914 - 1923, S.108; *Huck*, Wirtschaftspolitik zwischen Weltkrieg und Weltwirtschaftskrise, S.110.

129 *Holtfrerich*, Die deutsche Inflation 1914 - 1923, S.114.

130 *Will*, Die schwebenden Schulden der europäischen Großstaaten, S.28 und 109 schätzt den steuerfinanzierten Anteil der Kriegskosten für Deutschland auf 0 %, für Großbritannien auf 28 %. Hingegen *Knaus*, Die deutsche, englische und französische Kriegsfinanzierung, S.175 für Deutschland 6 % und Großbritannien 20 % schätzt. Vgl. auch: *Czada*, Ursachen und Folgen der großen Inflation, S.17.

131 Vgl. *Holtfrerich*, Die deutsche Inflation 1914 - 1923, S.114 Tab. 28 über die Zusammensetzung der ordentlichen Steuereinnahmen der Zentralregierungen im Deutschen Reich und Großbritannien.

132 *Haller*, Die Rolle der Staatsfinanzen für den Inflationsprozeß, S.136.

133 *Haller*, Die Rolle der Staatsfinanzen für den Inflationsprozeß, S.134.

134 Davon entfielen 42 Prozent (55 Milliarden) auf kurz- und mittelfristige Schatzanweisungen, 25 Prozent (32 Milliarden) auf Auslandskredite, 19 Prozent (25 Milliarden) auf Kriegsanleihen, 13 Prozent (17 Milliarden) auf Notenbankkredite, 1 Pro-

dd.) Auswirkungen der Gesetzgebung

Mit der bisher dargestellten Gesetzgebung hatte sich die Reichsregierung entschlossen, den Krieg ausschließlich auf dem Kreditweg und mit Hilfe der Notenpresse zu finanzieren.

Das wichtigste Mittel der Kriegsfinanzierung waren die Kriegsanleihen[135]. Es wurden insgesamt neun Kriegsanleihen zur Zeichnung aufgelegt, und zwar als fünfprozentige Reichsanleihe, für die eine Tilgung nicht zugesichert wurde, oder als zunächst fünf-, später viereinhalbprozentige Schatzanweisungsanleihe, die in verschieden langer Frist zu tilgen war[136]. Durch die neun Kriegsanleihen sind dem Nennbetrag nach etwa 99 Milliarden Mark und dem wirklichen Erlös nach etwa 97 Milliarden Mark aufgebracht worden[137]. Diese Anleihen wurden beim Publikum, bei den Versicherungsträgern und den Sparkassen untergebracht, wohingegen die Notenbank und die Banken wegen des kurzfristigen Geschäfts keine nennenswerten Beträge in ihr Portefeuille nahmen. Daneben ist ein erheblicher Teil der Kriegskosten durch Begebung von Schatzanweisungen finanziert worden, die Ende Juli 1914 nur 0,3 Milliarden ausmachten. Sie betrugen Ende November 1918 51,2 Milliarden Mark[138].

Von einer Kriegsanleiheemission zur nächsten gelang es immer weniger, die Kriegskosten der vorangegangenen Monate mit dem Erlös zu decken und die in der Zwischenzeit angeschwollene Kreditbeanspruchung der Reichsbank auf den früheren Stand zurückzuführen[139]. Ab der fünften Kriegsanleihe änderte sich dies elementar und die Anleihezeichnungen überstiegen nicht mehr die schwebende Verschuldung. Daneben stieg dauernd die Kreditbeanspruchung der Hilfsnotenbanken, das heißt der Darlehenskassen. Nach der ersten Kriegsanleihe betrug die geringste Beanspruchung von Reichsbank und Darlehenskassen, Oktober 1914, 3,9 Milliarden Mark, nach der dritten, Oktober 1915, 6,3 Milliarden Mark, nach der fünften, Oktober 1916, 10,4 Milliarden Mark, nach der siebten, Oktober 1917, 18,5 Milliarden Mark, nach der neunten, Oktober 1918, 33,3 Milliarden

---

zent (1,3 Milliarden) auf verschiedene Quellen. *Hardach*, Der Erste Weltkrieg 1914 - 1918, S.176.

135 Eine Übersicht über die Kriegsanleihen sowie ihren Zeichnungserlös befindet sich in *Holtfrerich*, Die deutsche Inflation 1914 - 1923, S.112 - Tabelle 27 - : Quelle: Die Finanzen des Deutschen Reichs in den Rechnungsjahren 1914 - 1918. Denkschrift der Reichsregierung vom 12. März 1919 (Drucksache der Nationalversammlung Nr. 158), in: Finanzarchiv, Jg. 36, 1919, S.797 f.

136 *Stolper/Häuser/Borchardt*, Deutsche Wirtschaft seit 1870, S.68 f.

137 *Lotz*, Die deutsche Staatsfinanzwirtschaft im Kriege, S.120.

138 Deutschlands Wirtschaft, Währung und Finanzen, S.62.

139 Vgl. *Prion*, Inflation und Geldentwertung. Finanzielle Maßnahmen zum Abbau der Preise, S.20 ff.

Mark. Der Hauptgrund dieser steigenden Notenbankbeanspruchung liegt in der im Verlauf des Krieges sich entwickelnden starken Steigerung der Kriegsausgaben von 1,2 Milliarden Mark pro Monat zu Beginn des Krieges bis auf fast 5 Milliarden Mark zu Ende des Krieges[140]. Je höher der unmittelbare und mittelbare Kriegsaufwand stieg, um so weniger gelang es, ihn durch Steuern, Anleihen und Unterbringung von Schatzanweisungen beim Publikum zu decken, um so mehr stieg die Kreditbeanspruchung der Notenbanken und der durch Zufluß von Notenbankguthaben zur Geldschöpfung befähigten Kreditbanken und demgemäß auch die Geldmenge. Die Geldmengenvermehrung führte zu einer Geldentwertung und damit zur Inflation.

II. Unmittelbare Folgen des Krieges

Durch den Ersten Weltkrieg starben durch direkte oder indirekte Kriegseinwirkungen insgesamt 7 Prozent der europäischen Bevölkerung, das heißt ca. 22 Millionen Menschen ohne Einrechnung der Bevölkerungsverluste Rußlands. Die zerstörten Vermögenswerte werden unter Ausschluß von Kriegsmaterialien auf 200 Milliarden Pfund geschätzt. Die weltweite Produktion wurde durch den Weltkrieg im Bereich der Lebensmittelproduktion um 5,2 Jahre, in der Industrieproduktion um 4,5 Jahre und bei der Rohstoffproduktion um 1,25 Jahre verzögert. Hinzu kommen die durch den Krieg verursachten Strukturveränderungen. So sank der Anteil Europas an der Weltproduktion von 43 Prozent im Jahre 1913 auf 34 Prozent im Jahre 1923, der Anteil am Welthandel ging von 59 Prozent im Jahre 1913 auf 50 Prozent im Jahre 1924 zurück[141]. Im gleichen Zeitraum wandelte sich auch die Struktur der Kapitalbewegungen. Großbritannien verlor seine Position als wichtigstes Finanzzentrum und größte Gläubigerposition an die USA[142], die diese Position nur unwillig übernehmen wollten.

C: Wirtschaftspolitik nach dem 1. Weltkrieg - Zeit der Inflation

Der Erste Weltkrieg hat das Deutsche Reich finanziell in einem bis dahin nicht bekanntem Ausmaße beansprucht. Der Krieg war ausschließlich über den Kre-

---

140 Vgl. über den stetigen Anstieg der Kriegsausgaben die Tabellen bei: *Stolper/ Häuser/Borchardt*, Deutsche Wirtschaft seit 1870, S.67 Tab. 8; *Holtfrerich*, Die deutsche Inflation 1914 - 1923, S.110 Tab. 26.

141 Vgl. hierzu ausführlich mit Tabellen: *Hardach*, Deutschland in der Weltwirtschaft 1870 - 1970, S.104.

142 *Hardach*, Deutschland in der Weltwirtschaft 1870 - 1970, S.98,105.

ditweg finanziert worden und hatte somit zu einer Inflation geführt. Im folgenden sollen die Ursachen für diese inflationäre Entwicklung und ihre Auswirkungen, unter besonderer Berücksichtigung des Gesichtspunktes der Politik zugunsten der Industrie und Landwirtschaft, dargestellt werden.

I. Finanzpolitik des Deutschen Reiches

Nach Beendigung des Ersten Weltkrieges war den Verantwortlichen im Deutschen Reich deutlich geworden, daß die Finanzierung des Krieges allein auf eine möglichst schnelle und komplikationslose Bezahlung der Ausgaben gerichtet worden war. Man war von einer siegreichen Beendigung des Krieges und von Zahlungen der Besiegten an das Deutsche Reich ausgegangen. Nach Beendigung des ersten Weltkrieges stellten nun die Alliierten ihrerseits erhebliche Forderungen an das Deutsche Reich.

1. Ausgangslage nach dem ersten Weltkrieg

a.) Reparationen

Die finanzielle Lage Deutschlands wurde nicht nur durch die angefallenen Kriegskosten, sondern auch maßgeblich durch die von den Alliierten geforderten Reparationen bestimmt. Statt der erhofften Entlastung des Reichhaushalts aus internationalen Transferleistungen durch einen Sieg, trat zunächst eine Belastung der Haushaltslage des Reichs aufgrund der Waffenstillstands- und Versailler Friedensbedingungen ein[143]. Der Versailler Friedensvertrag vom 28. Juni 1919[144] wurde von Deutschland am 11. Juli 1919 und den übrigen restlichen Haupt-

143 Vgl. über den Versailler Vertrag allgemein: *Kindleberger*, Die Weltwirtschaftskrise, S.34; *Stolper/Häuser/ Borchardt*, Deutsche Wirtschaft seit 1870, S.88 ff.
Zusammenfassende Darstellungen: *Haupt*, Deutsche Friedenspolitik 1918 - 1919. Eine Alternative zur Machtpolitik des Ersten Weltkrieges?, Düsseldorf 1977; *Krüger*, Deutschland und die Reparationen 1918/19. Die Genesis des Reparationsproblems in Deutschland zwischen Waffenstillstand und Versailler Friedensschluß, Stuttgart 1973; *Trachtenberg*, Reparation at the Paris Peace Conference, in: Journal of Modern History, Vol. 51 (1979), S.24 - 55.
Zu den wirtschaftlichen Auswirkungen: *Wuest*, Der Vertrag von Versailles im Licht und Schatten der Kritik: Die Kontroverse um seine wirtschaftlichen Auswirkungen, Zürich 1962.

144 Text des Friedensvertrages: RGBl. 1919, S.687 ff.

mächten am 10. Januar 1920 ratifiziert[145]. In diesem Vertrag ist Deutschland zur Übernahme der alliierten Kriegsschäden verpflichtet worden[146]. Eine konkrete Summe ist hierfür nicht genannt worden. Sie wurde erst später im April 1921 von einer eigens geschaffenen Reparationskommission auf 132 Milliarden Goldmark bzw. 32 Milliarden Dollar festgelegt[147]. Zunächst sollte die Schuld aber mit einer ersten Tranche in Höhe von 12 Milliarden sowie einer zweiten über 38 Milliarden Goldmark bedient werden. Eine dritte Tranche in Höhe von 82 Milliarden Goldmark wurde von deutscher Seite als sehr hoch und belastend empfunden. Auf diese Tranche, die sogenannten C-Bonds, wollten die Alliierten aber erst Anspruch erheben, wenn die wirtschaftliche Lage des deutschen Reiches sich gebessert haben würde[148]. Die Höhe der Gesamtsumme war somit beträchtlich und es war voraussehbar, daß die endgültig festgesetzte Summe die deutsche Leistungsfähigkeit weit übersteigen würde[149]. Sie wurde auch von Sachverständigen der Alliierten als zu hoch angesehen. Zu nennen sind unter anderem der Amerikaner Norman Davis[150] oder der Engländer John Keynes[151]. Darüber hinaus verlor das Deutsche Reich durch den Versailler Vertrag 13 % seiner Fläche, 10 % seiner Einwohnerschaft (6,47 Millionen Einwohner), 16 % seiner Weizen- und Roggenproduktion, 25 % seiner Steinkohleförderung, 37 % seiner Stahlwerkskapazität, 43 % seiner Roheisenerzeugung, 75 % seiner Eisenerzeugung und 90 % seiner Handelsflotte[152].

Ein Grund, weshalb die Alliierten so hartnäckig auf den deutschen Reparationszahlungen bestanden, waren die Kriegsschulden der Alliierten untereinander. Die interalliierten Schulden beliefen sich bei Kriegsende auf 26,5 Milliarden Dollar. Hauptschuldner war Frankreich, dessen Schulden gegenüber den USA und Großbritannien 7 Milliarden Dollar betrugen. Dem standen Forderungen

---

145 Vgl. über den Versailler Friedensvertrag und seine Ratifikation: *Huber*, Deutsche Verfassungsgeschichte seit 1789, Bd. VII, S.16 ff.; den Inhalt und sein Zustandekommen ausführlich darstellend: *Huber*, Deutsche Verfassungsgeschichte seit 1789, Bd. V, S.1152 ff.

146 Art. 231 - 244 des Friedensvertrages.

147 *Fischer*, Deutsche Wirtschaftspolitik 1918 - 1945, 3.A., S.16 f.; *Stolper/Häuser/ Borchardt*, Deutsche Wirtschaft seit 1870, S.91.

148 Vgl. ausführlich über C-Bonds: *Holtfrerich*, Die deutsche Inflation 1914 - 1923, S.142.

149 *Huber*, Deutsche Verfassungsgeschichte seit 1789, Bd. V, S.1176.

150 Vgl. hierzu: *Burnett*, Reparation at the Peace Conference, Bd. 1, S.101; insgesamt zu der Problematik: *Link*, Die amerikanische Stabilisierungspolitik in Deutschland 1921 - 1932, Düsseldorf 1970.

151 *Keynes*, Die wirtschaftlichen Folgen des Friedensvertrages, S.105 f.

152 *Krohn*, Stabilisierung und ökonomische Interessen. Die Finanzpolitik des Deutschen Reiches 1923 - 1927, S.14.

Frankreichs in Höhe von 3,5 Milliarden Dollar gegenüber. Hauptgläubiger waren die USA und Großbritannien. Großbritannien hatte zwar Schulden in Höhe von 4,7 Milliarden Dollar, dem standen aber Außenstände in Höhe von 11,1 Milliarden Dollar gegenüber. Der größte Gläubiger waren die USA mit Forderungen gegen Großbritannien, Frankreich und Italien[153]. Da die USA auf die Rückzahlung ihrer vergebenen Kredite bestanden, hatte Großbritannien keine andere Wahl, als ihrerseits auf Rückzahlungen und Reparationen zu bestehen. Hinzu kam, daß die Alliierten auf Reparationen bestanden, auch wenn sie diese meist überhaupt nicht annehmen wollten[154]. In erster Linie war der Transfer der Reparationen nur über Gratislieferungen deutscher Industriegüter und Dienstleistungen an die Alliierten möglich. Die Siegermächte lehnten indes solche Gratislieferungen ab, da sie angesichts ähnlicher Produktionsstrukturen notwendigerweise auf Kosten ihrer Industrie gehen mußten. Ein problemloser Austausch der Reparationen wäre nur dann möglich gewesen, wenn Deutschland in einer Rezession und die Siegermächte in einer Phase der Hochkonjunktur gesteckt hätten. Bei einem solchen Fall hätte Deutschland ohne Probleme kostenlos Industriegüter an die expandierenden Volkswirtschaften liefern können und erforderliche Devisen, da die Siegermächte die Reparationen in Devisen forderten, über den Verkauf von Exportgütern erwirtschaften können. Dies war in der Nachkriegszeit aber nicht der Fall.

Die zunehmend ungeduldiger gewordene französische Regierung veranlaßte, nachdem Deutschland mit Holz- und Kohlelieferungen in Verzögerung geraten war, den Einmarsch von Truppen ins Ruhrgebiet. Deutschland konterte, indem die Regierung zum passiven Widerstand aufrief[155].

b.) Sonstige Finanzlage

Abgesehen von den Reparationen war die finanzielle Situation des Deutschen Reiches geprägt von einer hohen schwebenden Schuld, geringen Einnahmen und hohen Ausgaben, einer Produktion, die hauptsächlich auf Rüstungsgüter ausgerichtet war und einer aufgestauten Inflation. Darüber hinaus war die ökonomische Situation im Gegensatz zu den auch am Krieg beteiligten Ländern deswegen ungünstig, weil diese auch nach dem Waffenstillstand durch den Versailler Vertrag den Wirtschaftskrieg gegen Deutschland weiterführten. So war Deutschland

---

153 Eine Übersicht der interalliierten Schulden befindet sich bei: *Kindleberger*, Die Weltwirtschaftskrise, S.40.

154 *Kindleberger*, Die Weltwirtschaftskrise, S.39.

155 *Fischer*, Deutsche Wirtschaftspolitik 1918 - 1945, S.21; *Stolper/Häuser/Borchardt*, Deutsche Wirtschaft seit 1870, S. 92 ff.; *Kindleberger*, Die Weltwirtschaftskrise, S.35.

weiterhin von einer notwendigen Rohstoff- und Nahrungsmittelversorgung abgeschnitten. Zugleich führte der Zwang zur Demobilmachung des Heeres zu Problemen am Arbeitsmarkt, und schließlich brachten die Vorwegreparationen im Bereich der Verkehrsmittel erhebliche zusätzliche Schwierigkeiten für die Versorgung von Bevölkerung und Industrie[156].

2. *Finanzpolitische Optionen nach dem Krieg*

Die finanzpolitische Situation des Deutschen Reichs nach dem Krieg war eine grundlegende und viel erörterte Frage[157]. Im Zentrum der währungspolitischen Diskussionen stand die Frage, ob und wie das Reich seine im Krieg auf 100 Milliarden Mark gestiegene verzinsliche Anleiheschuld sowie die auch nach Kriegsende weiter ansteigende schwebende Schuld zuzüglich den rund 9 Milliarden Mark Zinsen für die um die Jahresmitte 1919 bereits - unter Berücksichtigung der Addition von konsolidierter und schwebender Schuld - angestiegenen Reichsschulden in Höhe von rund 175 Milliarden bedienen und tilgen könne. Vor allem wenn man bedenkt, daß das gesamte deutsche Volksvermögen vor Ausbruch des Krieges auf ca. 300 Milliarden Mark geschätzt wurde[158], und somit ein großer Teil des gesamten Volksvermögens hätte herangezogen werden müssen, um die Staatsschulden zu tilgen. Die Verzinsung hätte nominal ebenfalls ein Vielfaches der gesamten Reichseinnahmen des Jahres 1913 in Höhe von 2,2 Milliarden Mark ausgemacht[159]. Im Jahre 1919 wurden drei währungstechnische Möglichkeiten diskutiert, die es ermöglichen sollten, den Kaufkraftüberhang abzuschöpfen und den Staatshaushalt zu konsolidieren und zwar die Wiederherstellung der alten Verhältnisse, Stabilisierung auf erreichtem Niveau und Inflation[160].

a.) Wiederherstellung der alten Verhältnisse

Ein Gedanke[161] war die Rückkehr zur Vorkriegsparität durch die Senkung des Preisniveaus und Hebung des Markwechselkurses auf Vorkriegsniveau. Dies

---

156 *Witt*, Staatliche Wirtschaftspolitik in Deutschland 1918 - 1923, S.157 m.w.N.

157 Vgl. *Czada*, Ursachen und Folgen der großen Inflation, S.23 m.w.N.; ausführlich: *Witt*, Staatliche Wirtschaftspolitik 1918 - 1923, S.155.

158 So: *Helfferich*, Deutschlands Volkswohlstand 1888 - 1913, 6.A., S.122. Eine andere Schätzung findet sich bei: *Krohn*, Stabilisierung und ökonomische Interessen. Die Finanzpolitik des Deutschen Reiches 1923 - 1927, S.14 der von 350 Milliarden ausgeht.

159 *Witt*, Die Finanzpolitik des Deutschen Reiches von 1903 bis 1913, S.379.

160 Vgl. hierzu: *Huck*, Wirtschaftspolitik zwischen Weltkrieg und Weltwirtschaftskrise, S.112; *Holtfrerich*, Die deutsche Inflation 1914 - 1923, S.115 ff.

161 Vgl. *Terhalle*, Zum Inflationsproblem der Übergangswirtschaft, S.93.

konnte nur durch eine Deflationspolitik geschehen. Voraussetzung zur Erreichung dieses Zieles war eine straffe Steuer- und Anleihepolitik, um dadurch die überschüssige Kaufkraft aus dem privaten Geldverkehr in die Hände des Staates zu zwingen, so daß dieser seine schwebenden Schulden und die langfristigen Anleihen hätte tilgen könnten.

Der einzige Vorstoß des Deutschen Reiches, eine neue Anleihe auf den Markt zu bringen und zu plazieren, war die sogenannte Sparprämienanleihe von 1919. Sie brachte indes nicht den gewünschten Erfolg[162]. Das Reich hatte bei der Bevölkerung seine Glaubwürdigkeit verloren. Die Kriegsanleihen galten nicht mehr als sicher, so daß die Anleihe nicht untergebracht werden konnte[163]. Ein weiterer Vorschlag zur Wiederherstellung der Vorkriegsverhältnisse war die Zahlung einer einmaligen Vermögensabgabe[164]. Diese Abgabe war schon während des Krieges in Betracht gezogen und ausführlich diskutiert worden[165]. Aber auch diese Möglichkeit mußte als unrealistisch eingestuft werden. So gelang es nicht einmal im Jahr 1919, die Erhöhung der schwebenden Schuld zu verhindern. Zwar verringerten sich die Reichsausgaben in Gegensatz zum letzten Kriegsjahr nominal von 76 auf 55 Milliarden Mark[166], dafür stiegen indes die Ausgaben der Kommunen und Bundesstaaten beträchtlich an, zum Beispiel in Preußen von 9,7 Milliarden im Jahr 1918, auf 17,3 Milliarden im Jahr 1919[167]. Die schwebende Schuld blieb somit im Ergebnis gleich. Wenn aber nicht einmal die Senkung der schwebenden Reichsschulden möglich war, wie sollte dann davon eine Reduzierung und die Erreichung des Vorkriegsniveaus realisiert werden? Der Plan einer Wiederherstellung der alten Währungsverhältnisse nach dem Krieg war also nicht durchsetzbar.

---

162 *Hesse*, Die deutsche Wirtschaftslage von 1914 bis 1923. Krieg, Geldblähe und Wechsellagen, S.137.

163 *Elster*, Kriegsanleihen und Finanznot, S.212.

164 *Heyn*, Die Geldentwertung, ihre Ursache und die Mittel zu ihrer Beseitigung, in: Bank-Archiv, 18. Jg. 1918/19 (15. Jan. 1919), S.72.

165 Vgl. die unterschiedlichen Beiträge von Diehl, Karl / Somary, Felix (beide pro) und Dietzel, Heinrich / Homburger, Paul, (beide contra) und deren Diskussion in: *Henker*, Heinrich, (Hrsg.): Die Neuordnung der deutschen Finanzwirtschaft, SVS, Bd. 156 I - III, München 1918.

166 *Hesse*, Deutsche Wirtschaftslage von 1914 - 1923, S.422.

167 *Jessen*, Finanzen, Defizit und Notenpresse 1914 - 1922, Berlin 1923, Tafel 1.

b.) Stabilisierung auf erreichtem Niveau

Ein weiterer Standpunkt[168] wollte die Konsolidierung der Finanzen auf erreichtem Niveau durchsetzen. Dies bedeutete den Verzicht auf Deflation und eine Besserung des Markwechselkurses bis zur alten Parität. Dies wird auch Devaluation genannt, was mit der Abstempelung oder dem Umtausch der Geldzeichen in einem bestimmten gesetzlich normierten Verhältnis verbunden sein kann und mit der Konversion von Schuldverhältnissen, mit dem Zweck der Herstellung der alten Währungsrelationen[169]. Der größte Anhänger der Stabilisierung der Verhältnisse auf erreichtem Niveau war Prion[170]. In einem dem Reichsfinanzministerium erstatteten Gutachten von 1918 sprach er sich gegen die Wiederherstellung der alten Verhältnisse bzw. der Deflation aus. Nach seiner Ansicht würde durch eine Deflationspolitik zur Erreichung des Vorkriegsniveaus eine Menge von nur schwer lösbaren Problemen entstehen. Als Beispiele nennt Prion die Gefahr des Stillstands der Produktion von neuen Gütern, Lohnkämpfe, die das wirtschaftliche und politische Leben bedrohen, sowie die ungerechte Verteilung von Lasten und Einkommen durch die starke Erhöhung von Steuern[171]. Für die Erreichung seines Zieles, die Stabilisierung der Mark, schlug Prion die Erhebung einer einmaligen, in einem Betrag zu zahlenden, Vermögensabgabe sowie die Einführung von Zwangsanleihen und die Erhöhung der Verbrauchs- und Einkommenssteuern vor.

c.) Inflation

Eine weitere Option war, die Inflation bewußt als Mittel des staatlichen Schuldenabbaus zu benutzen, mit der Folge der Preissteigerung im Inneren und der Abwertung der Währung nach außen[172]. Diese Lösung hatte die weitere Erhöhung der Staatsverschuldung bei der Notenbank und dadurch die Erhöhung der Geldmenge zur Voraussetzung. Dies wird oftmals auch als Gegenmodell zu einem klassischen Staatsbankrott empfohlen, der dadurch charakterisiert ist, daß der Staat die Zahlung seiner Verbindlichkeiten einstellt und diese damit entwer-

---

168 *Prion*, Inflation und Geldentwertung. Finanzielle Maßnahmen zum Abbau der Preise, Berlin 1918.

169 *Weil*, Betrachtungen zum Devaluationsproblem, S.183; *Bendixen*, Devaluation. Eine Richtigstellung, S.163 - 169.

170 *Prion*, Inflation und Geldentwertung. Finanzielle Maßnahmen zum Abbau der Preise, S.108.

171 A.a.O., S.113.

172 Definition Inflation bei: *Veit*, Grundriss der Währungspolitik, 3.A., S.49.

tet[173]. Die Inflation hingegen entwertet alle, das heißt private und öffentliche Schulden. Ob die Inflation jemanden aber persönlich trifft, ist in gewissen Grenzen steuerbar. Voraussetzung, daß jemand von der Inflationssteuer getroffen wird, hängt erstens davon ab, inwieweit sein Vermögen in Geldschulden inländischer Währung besteht und zweitens, inwieweit man Zugang zu Kredit inländischer Währung hat.

Die Inflation ist eine effektive Methode, dem Staat finanzielle Mittel zu beschaffen. Grund hierfür ist, daß die Inflation wie eine Steuer wirkt[174]. Wie dies der Fall ist, soll anhand eines Beispiels erläutert werden[175].

Man muß sich vorstellen, daß ein Land existiert, in dem es nur eine einzige homogene Güterart gibt. In diesem Land gibt es 9 Millionen Banknoten. Diese Banknoten werden im privaten Sektor gehalten. Diesen 9 Millionen steht ein Gegenwert von 36 Millionen homogene Gütereinheiten gegenüber. Daraus folgt, daß jede Banknote einen realen Anspruch auf 4 Güter begründet. Druckt der Staat in einer derartigen Situation 3 Millionen Banknoten, so erhöht sich der Bestand von Banknoten von neun auf 12 Millionen. Dies hat zur Folge, daß der Anspruch einer Banknote nicht mehr 4, sondern nur noch 3 Güter beträgt. Das bedeutet aber, daß der Staat jetzt Gütereinheiten in Höhe von 9 Millionen für sich beanspruchen kann. Dem privaten Sektor stehen infolgedessen nur noch 27 Millionen Gütereinheiten zur Verfügung. Somit sind 25 % der realen volkswirtschaftlichen Ressourcen von dem privaten an den staatlichen Sektor umgeschichtet worden. In einem solchen Fall entspricht die Inflationssteuer 25 % und beträgt mehr als jede staatliche Steuererhöhung. Der staatliche Sektor kann jetzt mehr verbrauchen im Gegensatz zum privaten Sektor, der sich einschränken muß[176]. Eine in dieser Form bestehende Inflationssteuer kann in dieser Form aber nur solange wirken, wie die Privaten bereit sind, eine konstante reale Kasse in Geld zu halten. Merkt die Bevölkerung, daß es die Besitzer von Banknoten sind, die die Staatsausgaben bezahlen, wird sie ihre Nachfrage nach realer Kassenhaltung reduzieren, um der Steuer möglichst zu entgehen. Dies hat zur Folge, daß die Umlaufgeschwindigkeit des Geldes gleichzeitig steigt[177]. Dies wiederum veranlaßt den Staat, mehr Geld zu drucken, womit sich der Inflationssteuersatz erhöht, um real konstante Einnah-

---

173 Vgl. zum Staatsbankrott: *Manes*, Staatsbankrotte. Wirtschaftliche und rechtliche Betrachtungen, Berlin 1918; *Bang*, Staatsbankrott oder -erneuerung?, München 1920; *Haefner-Hainen*, Der Staatsbankrott in Deutschland unvermeidlich. Ein ernster Mahnruf an die Nationalversammlung in Weimar, Leipzig 1919.

174 Die Wirkung der Inflation als Steuer war schon im 19. Jahrhundert anerkannt, vgl.: *Mill*, Grundsätze der Ökonomie, 1. Bd., S.595. Ausführlich bezüglich der Situation des Deutschen Reiches: *Sommer*, Die Inflationssteuer, Diss. Frankfurt/Main 1924, hierzu auch: *Keynes*, Ein Traktat über Währungsreform, S.42 - 64.

175 Grundsätzlich wird in allen Arbeiten die Inflation von 1919 - 1923 als Steuer anerkannt und angeführt, ohne daß die Funktionsweise genau dargestellt wird. Eine anschauliche Erläuterung findet sich bei *Huck*, Wirtschaftspolitik zwischen Weltkrieg und Wirtschaftskrise S.120. Dieses Beispiel ist im folgenden übernommen worden.

176 *Huck*, Wirtschaftspolitik zwischen Weltkrieg und Wirtschaftskrise S.120.

177 *Fischer*, Deutsche Wirtschaftspolitik 1918 - 1945, 3.A., S.23.

men zu erzielen[178]. Dieser Prozeß führt zu einer sich immer schneller drehenden Inflationsspirale und kommt erst dann zum Stillstand, wenn die Bevölkerung Banknoten der Regierung nicht mehr als Zahlungsmittel akzeptiert und Transaktionen statt dessen in Devisen bzw. anderen Zahlungsmitteln durchführt oder zum Naturaltausch zurückkehrt. Bis zu diesem Zeitpunkt handelt es sich bei der Inflation um eine effektive und leicht durchsetzbare Steuer. Diese Steuer täuscht aber darüber hinweg, daß auch ein Staat kein ungedecktes Defizit haben kann[179].

3. Eingeschlagener Weg

Viele Arbeiten zur deutschen Nachkriegsinflation sahen die hohen Reparationsforderungen der Alliierten als auslösendes Moment bzw. Hauptgrund für die darauffolgende Geldentwertung[180]. In der heutigen Literatur hat sich indes die Ansicht durchgesetzt, daß in den Reparationszahlungen nicht allein der Auslöser für die Geldentwertung gesucht werden kann[181]. Auf jeden Fall aber war die inflationäre Politik der Reichsregierung, sei es beabsichtigt[182] oder nur geduldet, die einzige Möglichkeit, die erstens zum damaligen Zeitpunkt politisch durchsetzbar war und die zweitens unter objektiven Gesichtspunkten dem Volk - aber nicht allen Teilen gleichermaßen - mehr genützt als geschadet hat - vor allem unter den vorhandenen Optionen. Gerade bei dem zweiten Punkt handelt es sich um einen häufig außer acht gelassenen Aspekt.

Die finanzielle Situation war geprägt durch die oben dargestellte hohe schwebende Schuld des Reiches, die beträchtlichen Ausgaben der Reichsregierung, de-

---

178 *Huck*, Wirtschaftspolitik zwischen Weltkrieg und Wirtschaftskrise S.121.

179 *Huck*, Wirtschaftspolitik zwischen Weltkrieg und Wirtschaftskrise S.121, zitierend: *Keynes*, Traktat über Währungsreform, S.64: "Was eine Regierung ausgibt, muß die Bevölkerung bezahlen (...). Aber in einigen Ländern kann man, wenigstens eine Zeit lang, offenbar Beifall und Befriedigung in der Bevölkerung erregen, in dem ihr Steuern, die sie bezahlt, fein gravierte Quittungen auf Papier mit Wassermarken gibt. Die Einkommenssteuerquittungen, die wir in England vom Finanzamt bekommen, werfen wir in den Papierkorb; in Deutschland nennt man sie Banknoten und tut sie in die Brieftasche; in Frankreich werden sie als "Renten bezeichnet und in den Familiengeldschrank eingeschlossen."

180 *Reichsbank*, Von der königlichen Bank zur Deutschen Reichsbank, S.41; *Eucken*, Kritische Betrachtungen zum deutschen Geldproblem, Jena 1923.

181 *Czada*, Ursachen und Folgen der großen Inflation, S.10; *Netzband/Widmaier*, Währungs- und Finanzpolitik der Ära Luther 1923 - 1925, S.8 f.; *Huck*, Wirtschaftspolitik zwischen Weltkrieg und Weltwirtschaftskrise, S.118; *Veit*, Grundriss der Währungspolitik, 3.A., S.506 f.; *Holtfrerich*, Die deutsche Inflation 1914 - 1923, S.138.

182 Diese Position wurde vor allem von den Franzosen vertreten, die Deutschland vorwarfen, daß es die Reichsfinanzen unter Druck unordentlich hält, um die Inflation zu nähren und die Zahlungsunfähigkeit Deutschlands zu zeigen. Vgl. hierzu: *Bergmann*, Der Weg der Reparationen, S.188, 252; *von Eynern*, Die Reichsbank, S.79.

nen geringe Einnahmen gegenüber standen, die überhöhten Reparationsforderungen der Alliierten und die aufgestaute Inflation. Die erste der oben erläuterten finanzpolitischen Alternativen wäre auf gar keinen Fall realisierbar gewesen. Somit kamen für die damalige Reichsregierung nur die Stabilisierung der Währung auf erreichtem Niveau und die Möglichkeit einer Sanierung des Staatshaushaltes durch inflationäre Politik in Betracht. Nach den Berechnungen von Haller[183] hätte der Staat nach dem ersten Weltkrieg eine Steuerquote in Höhe von 35 % des Volkseinkommens im Vergleich zu 11 bis 12 % in der Vorkriegszeit benötigt, um die Staatsfinanzen zu finanzieren. Eine solche Steuerquote durchzusetzen, war zum damaligen Zeitpunkt politisch unmöglich. Hierfür war die "neue" Regierung weder stark genug, noch hatte sie das Volk hinter sich, das durch den verlorenen Krieg, Höchstpreisgesetze und Schwarzmarkt schon genug gelitten hatte.

Die damals tatsächlich durchgeführte Politik bestand in einer Mischung von Steuererhöhungen und Inflation, wobei der Aspekt, die Staatsverschuldung durch inflationäre Politik abzubauen, überwogen hat. Dies war für die Reichsregierung gegenüber dem Volk deshalb psychologisch von Vorteil, weil die inflationsbedingte Entwertung von Anleihen und Staatsschulden als Folge der Reparationen und somit als von außen kommend dargestellt werden konnte[184]. Von dem Ökonomen Keynes stammt eine sehr plastische Beschreibung inflationärer Politik: „Die Methode ist einfach, weil sie keine Kosten für den Staat verursacht, und sie ist die politisch einfachste Form der Besteuerung, weil sie der Linie des geringsten Widerstandes folgt, und nicht einzelne verantwortlich gemacht werden können, sogar die schwächste Regierung kann sie durchsetzen, auch wenn sie sonst überhaupt nichts mehr durchsetzen kann“[185].

Begleitet wurde die inflatorische Geldpolitik durch die Erzbergersche Steuerreform. Es handelte sich dabei um einen Versuch, dem Reich endlich Steuern und eine eigene Finanzverwaltung zu verschaffen sowie durch extrem hohe Steuersätze einen Staatsbankrott zu verhindern[186]. Diese Steuerreform führte aber nicht zu den gewünschten Ergebnissen. Weder konnten die Staatsausgaben dadurch gedeckt noch die Inflation eingedämmt werden[187]. Deutlich wird dies vor allem am

183 *Haller*, Die Rolle der Staatsfinanzen für den Inflationsprozeß, S.140 f.

184 *Fischer*, Deutsche Wirtschaftspolitik 1918 - 1945, 3.A., S. 14 f.

185 Vgl. die Zusammenfassung von *Keynes*, Tract on Monetary Reform, bei: *Netzband/ Widmaier*, Währungs- und Finanzpolitik der Ära Luther 1923 - 1925, S.4. Eine ähnliche Aussage stammt auch von Bendixen. Vgl. hierzu: *Holtfrerich*, Die deutsche Inflation 1914 - 1923, S.152.

186 *Czada*, Ursachen und Folgen der großen Inflation, S.25; *Haller*, Die Rolle der Staatsfinanzen für den Inflationsprozeß, S.145.

187 *Huck*, Wirtschaftspolitik zwischen Weltkrieg und Wirtschaftskrise S.113.

sogenannten "Reichsnotopfer", das durch Gesetz vom 31. Dezember 1919[188] eingeführt wurde. Die Steuersätze des Reichsnotopfers waren abhängig vom vorhandenen Vermögen und hatten somit progressiven Charakter. Sie begannen mit 10 % der Vermögenssubstanz bei Vermögen ab 5000 Mark und stiegen auf 65 % bei Vermögen über 7 Millionen Mark an[189]. Auf diese Weise sollte bis zu einem Drittel des deutschen Volksvermögens zur Tilgung der Kriegsanleihen abgeschöpft werden[190]. Ursprünglich war geplant, diese Steuer in einem Betrag zu erheben. Schließlich wurde dieser Plan fallen gelassen, und man konnte diese Steuer, die an einem bestimmten Stichtag per Steuerbescheid nominal festgelegt wurde, innerhalb eines Zeitraums von dreißig Jahresraten zahlen[191]. Dies führte zum einem dazu, daß sie ihren Abschöpfungseffekt verlor, zum anderem ermöglichte sie es dem Steuerzahler, die Inflation auszunutzen und die Steuer somit zu umgehen.

Ein weiterer Versuch, Einnahmen zu erzielen, war die Pflicht Vermögender zur Zeichnung einer Zwangsanleihe. Diese Zwangsanleihe ist am 20. Juli 1922 durch das Gesetz über die Zwangsanleihe eingeführt worden[192]. Sie sollte einen Teil der Reparationsforderungen der Alliierten decken und Einnahmen in Höhe von 1 Milliarde Goldmark erreichen bei einem festen Umrechnungskurs 1 Goldmark = 70 Papiermark. Durch die Hyperinflation blieben aber die Einnahmen weit hinter der veranschlagten 1 Milliarde zurück. Sie betrugen letztendlich nur 50 Millionen Goldmark.

Die eingeschlagene Inflationspolitik der Reichsregierung stellte aber nicht nur die einzige politische Möglichkeit zur Sanierung der Staatsfinanzen und Bezahlung der Reparationen dar, sondern sie war auch die einzige Möglichkeit, das Ausland an den Kosten der Reparation zu beteiligen[193]. So kam es in der Zeit von 1919 bis Mitte 1922 zu einem hohen, durch Spekulationen verursachten, Kapitalimport. Viele Ausländer haben kurz nach dem Ende des Krieges Konten in Papiermarkforderungen eröffnet und auf eine Stabilisierung der Mark durch Wiederansteigen des Markkurses an den Devisenbörsen spekuliert. Diese Konten wurden in deutscher Währung geführt. Für die ausländischen Kontoinhaber bedeutete dies, daß ihre Papiermarkforderungen einschließlich der Rückzahlung und Verzinsung genauso durch die Inflation entwertet wurden wie das bei inlän-

---

188 RGBl. II S.2189.

189 *Eichhorn*, Die einmaligen Vermögensabgaben im Deutschen Reiche, speziell S.16 ff.; *Popitz*, Die deutschen Finanzen 1918 - 1928, S.189 f.

190 *Dietzel*, Abbürdung der Kriegsschuld, S.107.

191 *Huck*, Wirtschaftspolitik zwischen Weltkrieg und Weltwirtschaftskrise, S.114.

192 RGBl. I S.601.

193 Vgl. hierzu: *Huck*, Wirtschaftspolitik zwischen Weltkrieg und Wirtschaftskrise S.122 ff.; ausführlich: *Holtfrerich*, Die deutsche Inflation 1914 - 1923, S.277 ff.

dischen Konten der Fall war. Dies soll anhand eines Beispiels mit fiktiven Werten verdeutlicht werden: Eröffnete ein ausländischer Kapitalanleger ein Konto in Mark mit 1.000 Dollar bei einer deutschen Bank, so erhielt er zum Eröffnungszeitpunkt als Gegenwert 10.000 Mark. Anstatt daß der Markkurs stieg, fiel dieser an den Devisenbörsen aufgrund der starken Inflation. Dies hatte zur Folge, daß die Papiermarkforderung des ausländischen Kapitalanlegers zwar noch 10.000 Mark betrug, bei einer Rückrechnung in Dollar aber nur noch 200 Dollars entsprach. Die Differenz zwischen den 1000 investierten und 200 Dollar in Höhe von 800 Dollar blieb in Deutschland[194]. Die ausländischen Kapitalimporte zu spekulativen Zwecken bedeuteten somit einen "unentgeltlichen Wohlstandstransfer"[195] des Auslands an das Deutsche Reich. Dies wurde auch von der zeitgenössischen Literatur so beurteilt. So schreibt Keynes 1922[196]: "Auf diese Weise hat Deutschland schon seine viel diskutierte internationale Anleihe erhalten, und zwar zu den denkbar günstigsten Bedingungen; was Zinsen angeht, so sind die meisten dieser Kredite zinsfrei - was das Kapital betrifft, so ist es nur in dem Verhältnis zurückzuzahlen, das Deutschland selbst festsetzt, wenn es über das Niveau entscheidet, auf dem die Papiermark festgesetzt wird." Im selben Jahr äußerte Bonn[197]: "organisierte auswärtige Kredite von beträchtlichen Umfange ... nicht zu erhalten. Die nötigen Mittel hat die Spekulation in Mark in allen Formen geliefert".

Erst Mitte 1922 überwogen die Meinungen, die nicht mehr mit einer baldigen Stabilisierung der Mark rechneten, so daß der ausländische Kapitalimport nach Deutschland fast vollständig zum Erliegen kam[198]. Der Grund für diesen Zeitpunkt lag an mehreren inner- und außenpolitischen Ereignissen im Jahre 1922, die allesamt zu einem endgültigen Vertrauensverlust in die Mark führten. Dazu gehören unter anderem ein Bericht vom 10. Juni 1922 des von der Reparationskommision eingesetzten Bankierausschusses, der empfiehlt, langfristige Anleihen an Deutschland zurückzustellen, solange eine erneute Erörterung der Reparationsfrage nicht stattgefunden hat, und die Ermordung Rathenaus am 22. Juni, die ebenfalls im Ausland Unsicherheit über die innenpolitische Stabilität verbreitete, sowie das Scheitern der Genua-Konferenz. Die ausländischen Verluste durch die

194 Bei dieser Zahl handelt es sich um einen fiktiven Wert. Gebühren oder Abgaben aufgrund ausländischer Devisenbestimmungen etc. bleiben hier unberücksichtigt.

195 *Huck*, Wirtschaftspolitik zwischen Weltkrieg und Wirtschaftskrise S.123.

196 *Keynes*, Speculation in the Mark and Germany's Balances Abroad, S.480 zitiert nach der von Holtfrerich übernommenen deutschen Übersetzung aus: *Holtfrerich*, Die deutsche Inflation 1914 - 1923, S.294.

197 *Bonn*, Die Stabilisierung der Mark, S.29.

198 Vgl. hierzu: *Eucken*, Kritische Betrachtungen zum deutschen Geldproblem, S.15, 20 f., 57, 65.

Entwertung der Mark werden für die Jahre 1919 bis 1923 auf 7 bis 8 Milliarden Goldmark geschätzt[199]. Dem standen Reparationszahlungen an die Alliierten in Höhe von 2,6 Milliarden Mark gegenüber. Unter Berücksichtigung der Sachleistungen an die Alliierten hat das Deutsche Reich ungefähr Reparationen an die Alliierten in Höhe von 8 Milliarden Goldmark geleistet, was ungefähr dem Transfer durch Verluste ausländischer Kapitalgeber entspricht[200].

Aber auch in einem weiteren Punkt war die Inflation für das Deutsche Reich von Vorteil. Die Deutsche Regierung hatte keine andere Möglichkeit, als mit frisch gedrucktem Geld Devisen anzukaufen, um die geforderten Reparationen zu bezahlen. Die durch die Geldmengensteigerung einsetzende Inflation führte zum sinkenden Außenwert der Mark. Dies wiederum benutzten die deutschen Exporteure, um auf Kosten der Alliierten in ausländische Märkte einzudringen, was wiederum die Alliierten zu der Forderung veranlaßte, daß die Deutschen ihre Währung stabilisieren mögen[201].

Zusammenfassend läßt sich sagen, daß die Reparationen nicht der alleinige Auslöser für die Inflation gewesen sind. Vielmehr kommen noch weitere Faktoren dazu, vor allem die Wirtschaftspolitik zur Finanzierung des Ersten Weltkrieges, die in sich selbst schon viele Ansätze für eine inflationäre Entwicklung nach dem Krieg barg. Die Inflation war aber die einzige Option, um das Ausland an den Kosten der Reparationen zu beteiligen und einen Zusammenbruch der Wirtschaft zu verhindern. Hierfür spricht vor allem die im Vergleich zu den übrigen Industriestaaten wesentlich geringere Arbeitslosigkeit im Deutschen Reich[202]. Darüber hinaus ist, auch aus heutiger Sicht, zu bezweifeln, daß die Alliierten von

---

199 Es existieren weder genaue Zahlen, wieviele Ausländer in welcher Höhe Markkonten bei deutschen Banken unterhielten noch inwieweit festverzinsliche Markanleihen an Ausländer verkauft wurden. Auch über den "Export" von deutschen Banknoten ins Ausland sind keine Zahlen vorhanden. Die bisher umfassendste Analyse über den Kapitalimport hat *Holtfrerich*, Die deutsche Inflation 1914 - 1923, S.277 - 294 vorgenommen. Dabei wird auch auf die Problematik der Berechnungsmethode bezüglich der Höhe des Kapitalimports hingewiesen. Vgl. vor allem die Ausführungen zu der Berechnungsmethode nach dem System der doppelten Buchführung bezüglich der Erfassung internationaler Transaktionen S.280 f. mit vielen Nachweisen. Auf S.284 wird auf die Untersuchung eines Bankausschusses von den damals führenden Banken im Deutschen Reich hingewiesen. Die im Text genannten Zahlen stammen aus: *Huck*, Wirtschaftspolitik zwischen Weltkrieg und Weltwirtschaftskrise, S.117. Eine Quelle wird dort nicht angeführt. Die Zahlen decken sich aber mit den Berechnungen von *Holtfrerich*, Die deutsche Inflation 1914 - 1923, S.293.

200 *Huck*, Wirtschaftspolitik zwischen Weltkrieg und Wirtschaftskrise S.124.

201 Dabei handelte es sich um eine der Hauptforderungen der Alliierten bei der Konferenz von Cannes im Januar 1922. Zu den Forderungen der Alliierten auf der Konferenz von Cannes vgl.: *Bergmann*, Der Weg der Reparationen, S.149 ff.

202 Vgl. *Czada*, Ursachen und Folgen der Inflation, S.42 Tab. 5.

ihren Reparationsforderungen abgewichen wären, wenn es nicht zu der Inflation in Deutschland und einer damit einhergehenden Zahlungsunfähigkeit gekommen wäre.

II. Entwicklung der Währung

Unter der angeführten Politik der Reichsregierung kam es zu einer phasenartigen Entwertung der Mark. Die Entwertung ging dabei zunächst schleichend voran, bis diese im Jahre 1923 in eine Hyperinflation überging. Der Zerfall der Währung in der Inflationszeit der Jahre 1918 bis 1923 ist gekennzeichnet durch den Verfall des Wechselkurses im Vergleich von Dollar zu Papiermark, dem starken Anwachsen der Geldmenge und dem steilen Anstieg der Umlaufgeschwindigkeit des Geldes. Die Geldentwertung vollzog sich dabei nicht linear, sondern vielmehr in mehreren Etappen, die - von zeitweiliger trügerischer Beruhigung unterbrochen - zu einem jeweils rascheren und schließlich am Ende in geometrischer Progression verlaufenden Kurs- und Wertverfall der Mark führten. Die einzelnen Phasen der Inflation können an dieser Stelle nicht näher dargestellt werden, sondern lediglich an ihren Hauptkriterien verfolgt werden[203].

Nachdem während des Krieges die Inflation schleichend vorangeschritten war, mündete die erste Inflationswelle zunächst Anfang 1920 in eine etwa einjährige Phase relativer Stabilität, in der sich trotz des wachsenden Haushaltsdefizits die Rückwirkungen der „Weltwirtschaftskrise" auch in Deutschland bemerkbar machten. Das Fallen des Markkurses war im Jahre 1920 und in der ersten Hälfte des Jahres 1921 zum Stillstand gekommen. Die Kursentwicklung war vielfach so, daß man die Hoffnung auf eine Besserung des Markkurses hegen konnte. Das änderte sich nach der Londoner Konferenz und dem Beginn der Erfüllungspolitik. Zwar war das weitere Fallen der Mark im zweiten Halbjahr 1921 und ersten Halbjahr 1922 ebenfalls mit leichten Schwankungen unterworfen, doch hatte die Mark am Ende dieser Periode einen Wert von 1 Goldpfennig. Mit Mitte 1922 begann die Zeit des rapiden Währungsverfalls. Mitunter gab es noch Tagesschwankungen, doch sank der Wert der Mark, so daß Ende 1922 ein Dollar im

---

203 Über den Verfall der Währung existiert sehr ausführliches und umfangreiches Zahlenmaterial. Vgl. statt vieler mit ausführlichen Nachweisen: Zahlen zur Geldentwertung in Deutschland 1914 - 1923, Berlin 1925; *Holtfrerich*, Die große Inflation 1914 - 1923, Tabellen 11 bis 26 und Schaubilder 2 bis 4; *Fischer*, Deutsche Wirtschaftspolitik 1918 - 1945, 3. A., Tabellenhang S.99 ff.; *Czada*, Ursachen und Folgen der großen Inflation, Tabellenanhang S.39 ff.; *Mügel*, Das gesamte Aufwertungsrecht, 4. A., Einl. S.43 ff.; *Veit*, Grundriss der Währungspolitik, 3. A., Tabellen 29 - 36.

Durchschnitt 7589,20 Mark entsprach. Bei dem Wertverfall darf nicht noch eine letzte umfangreiche Stützungsaktion übersehen werden, bei der die Reichsbank rund 400 Millionen Goldmark einsetzte[204]. Zwar hatte diese eine Senkung des Dollarkurses von 49.000 auf 22.800 Papiermark zur Folge, doch setzte bereits Ende März wiederum ein massiver Angriff auf den Kurs ein, der das ganze Jahr 1923 andauerte[205]. So erreichte der Dollarkurs Ende Juli 1 Million, Mitte Oktober 1 Milliarde, Mitte November 1 Billion. In den auf den 12. November 1923 folgenden Tagen verschlechterte sich der Kurs der Mark an den ausländischen Devisenmärkten und vor allem in Köln um mehrere hundert Prozent. So sah sich die Reichsbank gezwungen, den amtlichen Dollarkurs in Berlin in einigen Etappen bis zum 20. November 1923 auf Billionen Mark hinaufzusetzen[206]. Als tiefster Stand wurden in Köln am 26. November 1923 11 Billionen Mark für einen Dollar notiert. Auch konnte trotz verzweifelter Anstrengungen und Hilfe von über 100 privaten Druckereien und 30 Papierfabriken die Reichsbank die erforderliche Banknotenmenge nicht mehr bereitstellen[207]. Die Zunahme des Tempos der Geldentwertung in den letzten Monaten vor der Stabilisierung wird auch an der Verkürzung des Verfallszeitraumes deutlich. Bis die Mark auf ein Zehntel ihres Vorkriegswertes gefallen war, vergingen vom Kriegsbeginn an 5½ Jahre, bis zum nächsten Rückgang auf den zehnten Teil brauchte sie noch 2½ Jahre, dann dauerte er nur noch 108 Tage, und im Oktober 1923 fiel der Kurs jeweils in 8 bis 11 Tagen auf ein Zehntel[208].

III. Politik der Reichsbank

Die Politik der Reichsbank und ihr Handeln wird oft sehr widersprüchlich und teilweise auch unsachlich dargestellt. So wird in der Literatur der Reichsbank vorgeworfen, daß sie die damalige Situation in Bezug auf Wechselkursverschlechterung und die daraus resultierende Inflation "grundlegend fehlbewertet" habe[209]. Manche bezweifeln gar, daß nach dem ersten Weltkrieg überhaupt eine Wirtschaftspolitik stattgefunden habe, und bezeichnen die Handlungen der

---

204 *Czada*, Ursachen und Folgen der großen Inflation, S.30.

205 Vgl. Bericht des Reichsbankpräsidenten vor dem Zentralausschuß der Reichsbank vom 23. April 1923 abgedruckt und kommentiert in: Akten der Reichskanzlei, Weimarer Republik. Das Kabinett Cuno ..., S.424 f.

206 *Veit*, Grundriss der Währungspolitik, 3. A., S.525.

207 Vgl. Die Reichsbank 1901 - 1925, S.121 f.

208 *Mügel*, Das gesamte Aufwertungsrecht, 4. A., Einl. S.43 ff.

209 *Krohn*, Stabilisierung und ökonomische Interessen. Die Finanzpolitik des Deutschen Reiches 1923 - 1927, S.16.

Reichsregierung und der Reichsbank als ein "eher zufälliges, ad hoc betriebenes Hineinregieren des Staates in die Wirtschaft"[210]. Bresciani-Turroni spricht in seiner Darstellung[211] über die deutsche Inflation und in diesem Zusammenhang bezüglich der Reichsbankpolitik: "Die Reichsbankpolitik war ebenso wie die Finanzpolitik charakterisiert durch Irrtümer in der Interpretation monetärer Phänomene, durch übermäßige Nachsicht gegenüber den Interessen einflußreicher Gruppen und durch späte - und infolgedessen unwirksame - Neuerungen. Die Reichsbankpolitik war eine wesentliche Ursache der Papiermark-Inflation und damit die Entwertung der Mark."[212] Der gleichen Ansicht ist auch Keynes[213], der zum Sturze des Reichskanzlers Cuno schrieb: "Es ist notwendig zuzugeben, daß Dr. Cunos Versagen vor der Aufgabe, die Unfähigkeit des Finanzministeriums und der Reichsbankpolitik zu zügeln, zu diesem Ergebnis führen mußte. Während dieser katastrophalen Periode trafen die für die Finanzpolitik Deutschlands verantwortlichen Männer nicht eine einzige weise Maßregel und zeigten nicht das geringste Verständnis für das, was sich vollzog. Die Gewinne aus dem Notendruck waren nicht einmal zugunsten der Regierung monopolisiert, sondern Herr Havenstein hat den deutschen Banken fortdauernd gestattet, sich an ihnen zu beteiligen, indem er ihre Wechsel zu einem Diskontsatz annahm und diskontierte, der weit unter der Entwertungsrate lag. Erst Ende August 1923 begann die Reichsbank zu fordern, daß die Kreditnehmer bei der Rückzahlung einen Prozentsatz des Verlustes wiedergutmachten, der während der Laufzeit des Kredits dank der Entwertung der Mark (gemessen am Dollarkurs) entstanden war."[214]

Wie aus diesen Stellungnahmen ersichtlich, wird die Politik der Reichsbank als unkoordiniert und inflationsfördernd dargestellt. Dabei ist den oben zitierten Darstellungen gemein, daß sie die Politik der Reichsbank und die Umstände, aus denen sich ihre Politik ergab, nicht exakt analysieren. Ein verändertes Bild ergibt sich nämlich, wenn man die Verwaltungsberichte und, auf diesem Hintergrund basierend, die einzelnen Schritte der Reichsbank, insbesondere ihre Diskontpolitik, verfolgt. Im folgenden sollen die Zahlungsbilanz- und Quantitätstheorie dargestellt und sich die daraus ergebende Politik der Reichsbank analysiert und interpretiert werden.

---

210 *Witt*, Staatliche Wirtschaftspolitik in Deutschland 1918 bis 1923, S.151.

211 *Bresciani-Turroni*, The Economics of Inflation, London 1937, S.79.

212 Zitiert nach der Übersetzung in: *Netzband/Widmaier*, Währungs- und Finanzpolitik der Ära Luther 1923 - 1925, S.7 FN 7.

213 *Keynes*, A Tract on Monetary Reform, London 1923.

214 Zitiert nach der Übersetzung in: *Netzband/Widmaier*, Währungs- und Finanzpolitik der Ära Luther 1923 - 1925, S.7 FN 10.

1. Theoretischer Ausgangspunkt

Den Schwerpunkt der damals geldtheoretischen Diskussion der Nachkriegszeit bildete die Frage, ob die Geldmenge für das Fallen des Wechselkurses der Reichsmark gegenüber anderen Währungen eine aktive oder passive Rolle spielte, das heißt, ob sie Ursache oder Wirkung des Entwertungsprozesses war[215]. Verkörpert wurden diese beiden Ansatzpunkte von der Zahlungsbilanztheorie und Quantitätstheorie, die diese Frage auf unterschiedliche Weise beantworten[216]. Im folgenden sollen diese beiden Theorien im Zusammenhang mit der damaligen Situation des Deutschen Reiches und der Politik der Reichsbank kurz dargestellt werden.

Die Zahlungsbilanztheorie[217] setzte realwirtschaftliche Vorgänge in der Produktion und Verteilung von Gütern und Leistungen in den Mittelpunkt. Sie erklärt Schwankungen des Wechselkurses durch Veränderungen der Angebots- und Nachfragebedingungen des Devisenmarktes. Bei erhöhter Nachfrage nach Devisen steigt der Preis für ausländische Währungen an.

Auf die Situation des damaligen Deutschen Reiches übertragen ergibt sich folgende Sichtweise: Die deutsche Wirtschaft benötigte eine bestimmte Menge an Nahrungsmitteln für die Bevölkerung und Rohstoffe zur Auslastung ihrer Industrieanlagen. Beides konnte nur durch Importe aus dem Ausland beschafft werden, da sie im Inland nicht ausreichend zu Verfügung standen. Hierzu und zur Tilgung der Reparationsforderungen benötigte das Deutsche Reich einen zusätzlichen Bedarf an Devisen, dem ein verringertes Devisenangebot gegenüberstand[218]. Diese Devisenlücke ließ sich ausschließlich durch ausländischen Kapitalimport decken, aber nur so lange, bis ausländische Kapitalanleger ihr Vertrauen in die Stabilität der Reichsmark verloren. Danach führte der Rückgang der Kapitalimporte über Devisensteigerungen, Steigerungen der Importwarenpreise und zuletzt ein Anstieg des gesamten inländischen Preisniveaus zu zusätzlichen Ausgaben des Reiches, die aufgrund der Defizitfinanzierung unabwendbar eine

215 Vgl. *Krohn*, Stabilisierung und ökonomische Interessen. Die Finanzpolitik des Deutschen Reiches 1923 - 1927, S.16.

216 Eine Übersicht mit Erläuterung der beiden Theorien befinden sich in: *Holtfrerich*, Die deutsche Inflation 1914 - 1923, S.155 ff.; *Fischer*, Deutsche Wirtschaftspolitik 1918 - 1945, S.22.

217 Vgl. *Bonn*, Die Stabilisierung der Mark, Berlin 1922; *Helfferich*, Außenhandel und Valutaschwankungen, in: Schmollers Jahrbuch, Bd. 21, 1897, S.353 - 409; *Helfferich*, Geld und Banken, Teil 1: Das Geld, 6.A., S.644 ff.

218 *Huck*, Wirtschaftspolitik zwischen Weltkrieg und Wirtschaftskrise S.114.

Erhöhung der Geldmenge zu Folge hatten. Die Geldmengensteigerung war letztendlich Folge und nicht Ursache des Wechselkursverfalls[219].

Die Anhänger der Quantitätstheorie[220] setzten im Gegensatz zu den Zahlungsbilanztheoretikern den Schwerpunkt auf die Wirkungen der Geldmenge im Hinblick auf das Preisniveau. Ausgangspunkt ist, daß es keinen starren Bedarf gibt, und das wirtschaftliche System elastisch reagiert. Erhöht sich die Geldmenge, steigen die Preise und der Wechselkurs verfällt. Die passive Handelsbilanz und fallende Wechselkurse im Deutschen Reich waren somit nicht die Ursache sondern die Folge der Kaufkraftschöpfung.

Auf die Situation des Deutschen Reiches übertragen bedeutet dies: Wirft das Reich die Notenpresse an und vermehrt das Geld, so steigt der Preis an. Folge hiervon ist der Verfall der Mark mit einer einhergehenden Inflation.

2. Strategie der Reichsbank

In der Zeit des Ersten Weltkrieges hat die Reichsbank den wesentlichen Grund für das Fallen der Wechselkurse in der kriegsbedingten Behinderung des deutschen Handels- und Zahlungsverkehrs mit dem Ausland gesehen[221]. Die Erhöhung der Zahlungsmittel sah sie als notwendige Reaktion auf die Ausdehnung des Wirtschaftsgebietes, die starke Bargeldverwendung und die allgemeine Preissteigerung[222]. Somit verfolgte die Reichsbank während des Ersten Weltkrieges die Zahlungsbilanztheorie, die realwirtschaftliche Vorgänge in den Mittelpunkt rückte. Bei dieser Haltung blieb die Reichsbank auch in ihren Verwaltungsberichten nach dem Krieg in den Inflationsjahren. Die Argumentation änderte sich indes dahingehend, daß unter den notwendigen "Bedarf" an Zahlungsmitteln die Preis- und Lohnsteigerungen, der Schleichhandel, der Geldexport zur Bezahlung von Wareneinfuhr, die steigende schwebende Schuld des Reichs und die Reparationen verstanden wurden[223].

Ein anderes Bild ergibt sich, wenn man die Argumentation der Reichsbank gegenüber der Reichsregierung verfolgt[224]. Dabei argumentierte die Reichsbank

---

219 *Holtfrerich*, Die deutsche Inflation 1914- 1923, S.158 f.

220 *Cassel*, Das Geldwesen nach 1914, Leipzig 1925; *Lansburgh*, Die Politik der Reichsbank und die Reichsschatzanweisungen nach dem Kriege, München, Leipzig 1924; *Eucken*, Kritische Betrachtungen zum deutschen Geldproblem, Jena 1923; *Hahn*, Unsere Währungslage im Lichte der Geldtheorie, Frankfurt/Main 1924.

221 Verwaltungsbericht 1915, S.4.

222 Verwaltungsbericht 1916, S.9.

223 Verwaltungsbericht 1919, S.3 f.

224 Eine ausführliche Analyse der Argumentation der Reichsbank gegenüber der Bevölkerung und der Reichsregierung findet sich in: *Holtfrerich*, Die deutsche Inflation

auf der Grundlage der Quantitätstheorie. So sah die Reichsbank die Hauptgefahr für die Währung im Inland und vor allem in dem starken Anwachsen der schwebenden Schuld und der damit in Verbindung stehenden Geldmengenvermehrung. Sie forderte die Beschaffung von Reichseinnahmen, um die laufenden Ausgaben decken zu können[225]. Die jährlichen Verwaltungsberichte nach dem Kriege wurden mit einer Zusammenfassung und mit einem Begleitschreiben an die Reichsregierung versehen. In diesem Begleitschreiben wurden oftmals Empfehlungen zu der weiteren Wirtschaftspolitik ausgesprochen. Das erste Begleitschreiben wurde im Jahre 1919 verfaßt[226]. In diesem wurden die Gründe für die Geldentwertung einerseits in der unsicheren innen- und außenpolitischen Lage, andererseits in dem Anwachsen der schwebenden Reichsschulden und der daraus resultierenden Vermehrung der Geldmenge gesehen. Die Geldentwertung als Ursache für das stetige Anwachsen der Geldmenge kommt auch in zwei weiteren Briefen der Reichsbank an die Reichsregierung zum Ausdruck. In den Schreiben vom 1. und 14. Juli 1919[227] sah sie in dem Steigen der schwebenden Schuld die Ursache des erhöhten Geldumlaufs und darin die Ursache für die starke Entwertung der Valuta und forderte die Regierung zu einer Umstrukturierung des Steuersystems auf, um die Reichsausgaben ohne die Notenpresse finanzieren zu können. Dies kommt auch in einem weiteren Begleitbericht vom 6. April 1920 an den Reichskanzler und Reichspräsidenten zum Ausdruck[228].

Änderungen in der Argumentation der Reichsbank fanden erst statt, als die Reparationsschulden auf 132 Milliarden Goldmark festgesetzt worden waren. Zu diesen 132 Milliarden Goldmark kamen aber noch Annuitäten in Höhe von 2 Milliarden Goldmark plus 26 % des jährlichen Wertes der deutschen Ausfuhr, was nach den damaligen Verhältnissen einer Summe von ca. 3 Milliarden Goldmark jährlich entsprach. Diese sowohl von dem damaligen Reichsbankpräsidenten Havenstein[229] als auch anderen führenden Finanzsachverständigen als viel zu hohe Summe kritisierten Reparationszahlungen[230] veranlaßte auch die Reichsbank in einem vertraulichen Schreiben vom 21. Mai 1921 an die Reichsregierung

---

1914 - 1923, S. 162 ff.; Diese zusammenfassend darstellend: *Huck*, Wirtschaftspolitik zwischen Weltkrieg und Weltwirtschaftskrise, S.115.

225 Vgl. Brief des Reichsdirektoriums an den Reichskanzler vom 29. Juli 1918. BA R 2/1894.

226 Brief des Reichsdirektoriums an den Reichskanzler vom 31. März 1919. BA R 43 I/638 Bd.1, Blatt 26 ff.

227 Briefe des Reichsbankdirektoriums an den Reichsfinanzminister vom 01. und 14. Juli 1919. BA R I/2391 und R 2/1894.

228 Brief des Reichsbankdirektoriums an den Reichspräsidenten vom 06. April 1920. BA R 43 I/638 Bd.1.

229 Besprechung im Auswärtigen Amt am 24. Januar 1921. BA R 2/3216.

230 Vgl. die Nachweise bei Punkt: C : I. 1. a.).

und den Reichspräsidenten, keine konkreten Möglichkeiten mehr zur Konsolidierung der Währungsverhältnisse zu sehen[231]. Die Reichsbank sah als Grundlage für eine Währungsstabilisierung nicht nur die immer wieder geforderte Stillegung der Notenpresse, sondern auch eine Begrenzung der Kriegsentschädigungen. In ihrem Verwaltungsbericht für das Jahr 1920[232] machte die Reichsbank erstmals öffentlich die Wirtschaftspolitik der Reichsregierung für die Geldentwertung verantwortlich, bezeichnete sie aber wegen der Finanzlage des Reiches als unvermeidbar. In ihrem Verwaltungsbericht für das Jahr 1921 machte die Reichsbank deutlich, daß das Reich erst auf die geldentwertende Finanzierung der schwebenden Schuld verzichten kann, wenn die Reparationsverpflichtungen in der Weise herabgemindert werden, daß die Ausgaben des Reiches durch die Einnahmen von Steuern gedeckt werden können[233].

Zusammenfassend kann man daher sagen, daß die Reichsbank eine differenzierte Auffassung über die Ursachen der Inflation und einen vermittelnden Ansatz über den Theorienstreit Zahlungsbilanz- bzw. Quantitätsheorie hatte[234]. Kurz nach dem Krieg hat die Reichsbank in der Öffentlichkeit als Gründe für die Geldentwertung die äußeren Umstände, wie Verlust des Krieges, die Sperrung der deutschen Kapitalanlagen in Deutschland etc. angeführt und somit im Sinne der Zahlungsbilanztheorie argumentiert. Im Innenverhältnis zwischen Reichsbank und Reichsregierung hat die Reichsbank mehrmals die Wirtschaftspolitik der Reichsregierung kritisiert und darauf hingewiesen, daß das stetige Ansteigen der schwebenden Schuld des Reiches und die zu deren Konsolidierung nötige starke Zunahme der Geldmenge als eigentliche Ursache für die Geldentwertung zu sehen sei. Dies entspricht der Begründung der Quantitätstheorie. Erst nachdem die Londoner Kommission die Reparationszahlungen für das Deutsche Reich im Jahre 1921 festgelegt hatte, argumentierte die Reichsbank nach "außen" und "innen" einheitlich. Sie machte für die Geldentwertung das Ansteigen der schwebenden Schuld und die Steigerung der Geldmenge verantwortlich, wies aber daraufhin, daß zum gegenwärtigen Zeitpunkt finanzpolitisch keine Alternative bestehe. Der Grund, warum die Reichsbank anfangs unterschiedlich argumentiert hatte, wird in der Verantwortung der Reichsbank für ein solides und funktionierendes Währungssystem gesehen. Aus dieser Verantwortung heraus hätte unmittelbar nach dem Krieg das öffentliche Kritisieren der Finanzpolitik zur weiteren Verunsiche-

231 BA R 43 I/638 Bd. 1.
232 Verwaltungsbericht 1920, S.3.
233 Verwaltungsbericht 1921, S.5.
234 Vgl. auch: *Czada*, Ursachen und Folgen der großen Inflation, S.11 der ebenfalls wie: *Holtfrerich*, Die Deutsche Inflation 1914 - 1923, S.162 ff. eine differenzierte Betrachtung der Politik der Reichsbank in die Inflationstheorien anrät.

rung der Wirtschaft und damit zu einer noch zusätzlichen Erschütterung des Vertrauensverlustes in die Mark geführt[235].

Die Frage, ob die Reichsbank nach 1921 die Geldentwertung planvoll gefördert oder nur akzeptiert hat, ist nur *schwer beantwortbar*. Ihr Ergebnis ist auch nicht von Bedeutung. Zumindest wird man *Holtfrerich* zustimmen müssen, daß die Reichsbank nach den Ereignissen im Jahre 1921 ihre konservative, gegen die Geldentwertung gerichtete, Politik zugelassen hat[236]. Dies wird vor allem bei den darauffolgenden, von der Reichsregierung erlassenen, Gesetzen deutlich. Die Dritteldeckungsvorschrift, die durch das Gesetz vom 4. August 1914[237] aufgeweicht worden war, wurde im Einverständnis mit der Reichsbank und ihrer Unterstützung durch die Novelle zum Reichsbankgesetz vom 9. Mai 1921[238] bis zum 31. Dezember 1923 außer Kraft gesetzt[239]. Am 1. Juni 1921 begann die Reichsbank mit dem Ankauf von Goldmünzen aus der Bevölkerung unter Zahlung eines Agios und erkannte damit die Inflation an[240].

Aber auch in einem weiteren Punkt wird die Untätigkeit der Reichsbank zur Beseitigung der Geldentwertung deutlich. Nach dem oben dargestellten Kapitalimport Deutschlands und den schwierigen Exportmöglichkeiten der Alliierten und des restlichen Auslandes sahen die Alliierten das Problem der Geldentwertung in der nicht vorhandenen Unabhängigkeit der Reichsbank von der Reichsregierung nach dem Bankgesetz von 1875. Die Alliierten gingen davon aus, daß durch die Unabhängigkeit der Reichsbank gegenüber der Reichsregierung die Geldentwertung eingedämmt werden würde. Hierauf richteten sich die Hoffnungen der Alliierten, als sie auf der Konferenz von Cannes im Januar 1922 - als Bedingung für ein Moratorium bei den Reparationszahlungen - die Autonomie der Reichsbank gefordert hatten[241]. Daraufhin wurde am 26. Mai 1922[242] das Gesetz über die Autonomie der Reichsbank erlassen. Damit war die Reichsbank theoretisch in die Lage versetzt, gegen den Willen der Reichsregierung zu handeln und

235 So schreibt *Huck*, Wirtschaftspolitik zwischen Weltkrieg und Weltwirtschaftskrise, S.115 f.: "Die Popularität der Zahlungsbilanztheorie im Deutschen Reich läßt sich darauf zurückzuführen, daß es sich hierbei um eine im Interesse des Deutschen Reiches theoretische Begründung für die Unfähigkeit zur Zahlung von Reparationen lieferte. ... Eine Entscheidung für sie bedeutet somit gleichzeitig auch die Wahl auf eine sozialpolitische konfliktmindernde Option."

236 *Holtfrerich*, Die deutsche Inflation 1914 - 1923, S.167.

237 Vgl. Punkt B: I. 2 b.) bb.) (1).

238 RGBl. I S.508.

239 § 1 des Gesetzes betreffend Änderung des Bankgesetzes vom 14. März 1875.

240 *Schacht*, Die Stabilisierung der Mark, S.31.

241 Vgl. *Uhlenbruck*, Die verfassungsmäßige Unabhängigkeit der Deutschen Bundesbank und ihre Grenzen, S. 11 m.w.N. in FN 15.

242 RGBl. S.135.

eine Politik gegen die Geldentwertung zu betreiben. Von dieser Möglichkeit machte die Reichsbank aber keinen Gebrauch. Im Gegenteil, selbst auf dem Höhepunkt der Inflation im August 1923 gab sie den Kreditforderungen der Reichsregierung nach und nahm in größeren Mengen private Handelswechsel und Reichsschatzanweisungen in ihr Portefeuille. Sie war sich zwar der weiteren Zunahme der Inflation bewußt, sah aber in ihr eine Notwendigkeit[243]. Gerade in dieser Notwendigkeit liegt die Logik in der Vorgehensweise der Reichsbank, nämlich ihre Politik gegen die Inflation aufzugeben. Die Reichsbank hat nach dem Londoner Ultimatum vom 11. Mai 1921 die einzige Möglichkeit für einen Schuldenabbau in der Inflation gesehen. Wie bereits oben[244] erörtert, war die Inflation die einzige Möglichkeit, die Wirtschaft anzukurbeln und das Ausland an den Kosten der deutschen Reparationen zu beteiligen. Die Reichsbank hat somit im Einklang mit der Reichsregierung den Nutzen einer Inflationspolitik für Deutschland höher eingeschätzt, als wenn eine Deflationspolitik betrieben worden wäre. Insofern wird man das Handeln der Reichsbank nicht als konzeptionslos, sondern als rationales, auf solidem Urteilsvermögen beruhendes Ergebnis verstehen müssen.

3. Diskontpolitik der Reichsbank

Des weiteren wurde auch die Diskontpolitik als fehlerhaft bezeichnet[245]. Während des Krieges und nach dem Krieg ist ein großer Teil der Schatzanweisungen an den Kapitalmarkt weitergegeben worden. Im Laufe der Zeit, vor allem Ende 1920, änderte sich dies, da bis Ende 1923 nur noch ein Bruchteil dieser Schatzanweisungen in den privaten Markt geflossen sind[246]. Hier wird von den Kritikern einer falschen Diskontpolitik der Reichsbank gefragt, warum diese Schatzanweisungen nicht in den Kapitalmarkt gedrückt worden sind. So herrschten auf dem Markt in den Jahren 1920 bis Juli 1922 Zinssätze um ca. 5 % für Tages- und Monatsgeld, die erst langsam und dann sprungartig auf 90 % anstiegen[247]. Die Reichsbank hätte so nach der Meinung der Kritiker nur für die Schatzanweisun-

---

243 BA R 43 I/632.

244 Punkt: 2. Teil C: 3.

245 Vgl. *von Eyern*, Die Reichsbank. Probleme des deutschen Zentralnoteninstituts in geschichtlicher Darstellung, S.78 f.; *Krohn*, Stabilisierung und ökonomische Interessen. Die Finanzpolitik des Deutschen Reiches 1923 - 1927, S.17; *Hirsch*, Die deutsche Währungsfrage, S.14 ff.; *Eucken*, Kritische Betrachtungen zum deutschen Geldproblem, S.62; *Breciani-Turroni*, The Economics of Inflation, S.78 f; *Netzband/Widmaier*, Währungs- und Finanzpolitik der Ära Luther 1923-1925, S.4 ff.

246 *Breciani-Turroni*, The Economics of Inflation, S.294 ff., *Krohn*, Stabilisierung und ökonomische Interessen. Die Finanzpolitik des Deutschen Reiches 1923 - 1927, S.16.

247 Vgl. Tab. 23 bei *Holtfrerich*, Die deutsche Inflation 1914 - 1923, S.70.

gen einen günstigeren Zins garantieren müssen, um die Schatzanweisungen auf den Kapitalmarkt unterzubringen[248]. Darüber hinaus hätte eine frühzeitige Erhöhung des Diskontsatzes Kapital aus dem Ausland angezogen.

Die damalige Diskontpolitik der Reichsbank wird häufig als zu einseitig betrachtet. Sie fügt sich jedoch in die übrige Strategie der Reichsbank ein. Eine Erhöhung des Diskontsatzes und eine einhergehende Stabilisierung der Mark wäre nur gleichzeitig mit der Erhöhung von Steuern möglich gewesen, also mit einem Gesamtkonzept[249]. Eine Erhöhung des Diskontsatzes hätte zwar im ersten Moment einen Rückgang der Inflation bedeutet, hätte dem Reich aber keine zusätzlichen Einnahmen gebracht[250]. Diese Einnahmen konnten nur durch Steuern oder durch Kapital aus dem Ausland beschafft werden. Das Kapital aus dem Ausland hätte nicht ausgereicht[251], abgesehen davon wäre dies nicht entwertet worden, wie oben dargestellt[252]. Steuern waren zu diesem Zeitpunkt nicht durchsetzbar. Insofern war es für das Reich leichter, durch Neuemissionen und Geldentwertung seine Ausgaben zu decken als über den Diskontsatz eine Stabilisierung der Mark herbeizuführen.

4. Zusammenfassung

Die häufig kritisierte Politik der Reichsbank war nicht, wie von den Kritikern behauptet, unorganisiert und konzeptionslos, sondern vielmehr Ausfluß von wohlüberlegtem und konservativ bestimmtem Handeln. Interessant ist in diesem Zusammenhang, daß die Kritik an der Politik der Reichsbank hauptsächlich von den Sachverständigen der Siegermächte kommt, für die eine stabile Währung große Vorteile gehabt hätte. Wie bereits oben ausgeführt, ist es müßig, die Frage zu diskutieren, ob die Reichsbank, wie behauptet, die Inflation gefördert oder diese nur akzeptiert hat. Tatsache ist, daß - und dies ist heute unstreitig - die Reparationsforderungen wie sie anfangs gegenüber dem Deutschen Reich geltend gemacht worden sind, die Leistungsfähigkeit Deutschlands bei weitem überstiegen haben. Festzuhalten ist weiterhin, daß die Inflation die einzige Möglichkeit war, das Ausland an den Reparationszahlungen zu beteiligen und gleichzeitig die

---

248 *Krohn*, Stabilisierung und ökonomische Interessen. Die Finanzpolitik des Deutschen Reiches 1923 - 1927, S.17.

249 *Schmitt*, Die Diskontpolitik der Reichsbank während der Inflation, Diss. Freiburg 1926, S.67.

250 Vgl. ausführlich die 3 Beispiele mit veränderten Diskontsatz bei: *Holtfrerich*, Die deutsche Inflation 1914 - 1923, S.174 f.

251 *Guderjahn*, Ursachen und Wirkungen der Inflation in Deutschland unter besonderer Berücksichtigung des Zinsfußes, S.43.

252 Punkt: 2. Teil C: 3.

Konjunktur und den Export zu fördern. Nach dem Londoner Ultimatum vom 11. Mai 1921 hat die Reichsbank ihre Politik zur Stabilisierung der Mark aufgegeben, da sie den Nutzen der Inflation höher bewertete als den durch sie verursachten Schaden.

IV. Ergebnis

Die Opfer einer harten Finanzpolitik in Deutschland nach dem Ersten Weltkrieg wären überwiegend im Inland gewesen. Ein Anziehen der Steuern hätte zu Konsumverzicht, Wachstumsstörungen und Arbeitslosigkeit geführt. Beispiele für diese Erscheinungsformen waren die Depression der Jahre 1920 - 1922 in Großbritannien und den USA. Den Vorteil einer solchen Politik hätten indes inländische Pensionäre, Sparer und Rentiers gehabt, soweit sie nicht auch Hauptleidtragende einer harten Steuerpolitik gewesen wären. Den größten Vorteil einer harten Finanzpolitik hätte aber das Ausland davongetragen. Es wäre nicht an den Reparationen beteiligt worden, sondern hätte vielmehr weit größere Zahlungen erhalten. Den ausländischen Privatgläubigern in Mark wären, wie allen inländischen Geldgläubigern, Verluste aus der Markentwertung erspart worden. Die ausländischen Reparationsgläubiger hätten ihre Forderungen erhöhen oder zumindest auf Ermäßigungen verzichten können. Des weiteren wäre auch die Reparationsfrage nicht wieder neu bzw. zu einem viel späteren Zeitpunkt aufgegriffen worden. In der Zeit, in der die Höhe der Reparationszahlungen unbestimmt war oder von deutscher Seite als unerfüllbar schien und damit als noch offen bezeichnet wurde, mußte die deutsche Regierung befürchten, daß ihr auf die nächste Forderung der Alliierten etwas aufgeschlagen würde, was auch immer sie in der Zwischenzeit an wirtschafts- und finanzpolitischen positiven Ergebnissen herausgearbeitet hätte. Die Inflation hingegen bot die Möglichkeit, das Kosten-Nutzen-Verhältnis auf Inländer und Ausländer anders zu verteilen. Der Nutzen an Arbeitsplätzen, Wachstum, Realeinkommen und Konsumkraft breiter Bevölkerungsschichten fiel im Inland an, während das Ausland einen beträchtlichen Teil der Kosten trug, nämlich sowohl in der Entwertung seiner Papierforderungen, wie auch in einem allmählichen Abbau der Reparationsforderungen gegenüber einer deutschen Regierung, die sich inmitten einer prosperierenden Wirtschaft im Zustand finanzieller Erschöpfung und finanzpolitischer Ausweglosigkeit präsentieren konnte. Die Inflation ist durch die Finanzpolitik der Reichsregierung und Reichsbank unterstützt worden.

D: Stabilisierung der Währung

Nachdem ab Mitte 1922 die Inflation in die Hyperinflation übergegangen war, und sich aus der Währungskatastrophe eine Versorgungskatastrophe entwickelte, die Geschäfte anfingen, nur noch sporadisch zu öffnen, die Reichsbanknoten als gesetzliches Zahlungsmittel zurückgewiesen wurden, war die Regierung gezwungen, zu handeln und die deutsche Mark zu stabilisieren[253]. Dazu existierten eine Reihe von unterschiedlichen Vorschlägen[254]. Diese Vorschläge[255] reichten von der Beibehaltung der Mark und der Stabilisierung dieser mit Hilfe der Steuer- und Devisenpolitik, einer Kreditsperre und der umfassenden Einführung der wertbeständigen Rechnung über die Stabilisierung der Mark durch Rückkehr zur Goldwährung[256] sowie die Stabilisierung auf der Basis einer Deckung des Geldes durch Rentenbriefe, die auf Sachwertbelastung[257] in Verbindung mit der Einführung einer Roggenmark beruhten[258].

---

253 Vgl. zur Stabilisierung der Mark: *Kindleberger*, Die Weltwirtschaftskrise, S.42; *Holtfrerich*, Die deutsche Inflation 1914 - 1923, S.298 ff.; *Huck*, Wirtschaftspolitik zwischen Weltkrieg und Weltwirtschaftskrise, S.124; *Hardach*, Deutschland in der Weltwirtschaft 1870 - 1970, S.44; *Stucken*, Deutsche Geld- und Kreditpolitik 1914 - 1963, 3.A., S.47 ff.; *Krohn*, Stabilisierung und ökonomische Interessen. Die Finanzpolitik des Deutschen Reiches 1923 - 1927, S.22 ff.; *Mügel*, Das gesamte Aufwertungsrecht, 5. A., § 1 VI; *Fischer*, Deutsche Wirtschaftspolitik 1918 - 1945, 3.A., S.26 ff.

254 Die Diskussionen zu den Plänen und ihre Entstehungsgeschichten sind wiederholt dargestellt worden. Es findet daher nur eine kurze Übersicht der wichtigsten Pläne statt. Vgl. aber diese ausführlich darstellend: *Lohnes*, Die deutschen Währungsreformen 1923 bis 1948, Diss. Zürich 1959; *Rehn*, Die Pläne zur Stabilisierung der deutschen Währung 1923, Diss. Halle 1959; *Netzband/Widmaier*, Währungs- und Finanzpolitik der Ära Luther 1923 - 1925, S.12 ff.; *Hardach*, Weltmarktorientierung und relative Stagnation. Währungspolitik in Deutschland 1924 - 1931, S.10 - 28.

255 Eine Einteilung in drei Gruppen mit Erläuterungen befindet sich bei: *Beusch*, Währungszerfall und Währungsstabilisierung, S.25.

256 Hier sind die Pläne von der Industrie, Schacht und Hilferding einzuordnen. Vgl. *Netzband/Widmaier*, Währungs- und Finanzpolitik der Ära Luther 1923 - 1925, S.17 ff.

257 Dabei handelt es sich um den Plan von Minoux.

258 Der Plan Minoux deckt sich mit dem Plan Helfferich, der aber das neue Geld mit dem Preis des Roggens verbinden wollte. Vgl. ausführlich alle Pläne darstellend: *Netzband/Widmaier*, Währungs- und Finanzpolitik der Ära Luther 1923 - 1925, S.15 ff.

I. Rentenmark

Durch die herrschende Notsituation war eine ausführliche Diskussion nicht möglich. Der damalige Reichsfinanzminister Luther griff daher in die Diskussion ein und gestaltete schließlich die Rentenmark. Luther ließ dabei durchblicken, daß es sich bei der Schaffung der Rentenbank in Verbindung mit der Rentenmark nur um eine provisorische Lösung handele[259]. Auf Grundlage des 1. Ermächtigungsgesetzes vom 13. Oktober 1923 [260] erließ schließlich das Reichskabinett unter Reichskanzler Stresemann am 15. Oktober 1923 die "Verordnung über die Errichtung der Deutschen Rentenbank"[261]. Die Ausgabe der Rentenmark war nicht sofort möglich, da es einiger organisatorischer Vorbereitungen bedurfte. Sie wurde in der Kabinettssitzung vom 7. November 1923 auf den 15. November festgelegt[262]. Die sich daraus ergebende Übergangszeit war eine für das deutsche Reich schwierige innenpolitische Situation, wozu nur auf den Putschversuch Hitlers vom 9. November 1923 in München hingewiesen werden muß.

Das Reichskabinett hatte ebenfalls beschlossen gehabt, den Außenwert der Papiermark zu stabilisieren. So wurde am 20. November 1923 in Berlin der Zwangskurs - 4,2 Billionen Mark entspricht 1 Dollar - festgesetzt (Berliner Zwangskurs). Darüber hinaus tauschte die Reichsbank ab dem 14. Dezember 1923 1 Billion Papiermark in 1 Rentenmark um. Dadurch war ein Dreieck entstanden, durch das die Rentenmark und die Papiermark fest an den Dollar gebunden waren[263]. Ebenfalls wurde das Wachstum der Geldmenge begrenzt und zwar auf 3,2 Milliarden Rentenmark, von denen der Staat 1,2 Milliarden Mark zur Finanzierung seiner laufenden Ausgaben erhielt[264]. Die Rentenmark wurde, da sie von der Bevölkerung und der Industrie akzeptiert wurde, ein voller Erfolg.

II. Rückkehr zur Goldwährung mit der Reichsmark

Das Ausland hatte in die Rentenmark nur ein begrenztes Vertrauen. Es hatte die Befürchtung, daß die Rentenmark wie auch die Papiermark Opfer einer Inflation

---

259 *Netzband/Widmaier*, Währungs- und Finanzpolitik der Ära Luther 1923 - 1925, S.28.

260 RGBl. I S.943.

261 RGBl. I S.963.

262 Kabinettsprotokolle, BA R 43 I/1389.

263 *Netzband/Widmaier*, Währungs- und Finanzpolitik der Ära Luther 1923 - 1925, S.37 FN 6; *Hardach*, Deutschland in der Weltwirtschaft 1870 - 1970, S.44.

264 Vgl. *Huck*, Wirtschaftspolitik zwischen Weltkrieg und Weltwirtschaftskrise, S.124.

werden könne[265]. Es forderte daher das Deutsche Reich auf, zur Goldwährung zurückzukehren. Dies geschah durch zwei Sachverständigenausschüsse mit entsprechenden Gutachten, wovon der Vorsitzende des ersten Ausschusses Charles G. Dawes war[266]. Die dafür notwendigen Gesetze dürfen nicht als freiwillige Akte deutscher Gesetzgebungsgewalt angesehen werden. Sie waren vielmehr Forderungen der Alliierten Reparationskommission[267]. Die Rückkehr zur Goldwährung und die Liquidierung der Rentenmark mit gleichzeitiger Einführung der Reichsmark erfolgte durch vier am 30. August 1924 erlassene Gesetze[268]:

1. Bankgesetz[269]
2. Privatnotenbankgesetz[270]
3. Gesetz über die Liquidierung des Umlaufs an Rentenbankscheinen[271]
4. Münzgesetz[272].

Durch das Gesetz über die Liquidierung des Umlaufs von Rentenbankscheinen wurde der Rentenbank das Recht entzogen, weiterhin Noten auszugeben[273], und ihr Kapital auf 2.000 Millionen Rentenmark herabgesetzt[274]. Zentraler Punkt des neuen Bankgesetzes bildete § 28 a) des Bankgesetzes, wonach eine vierzigprozentige Gold- und Devisendeckung der umlaufenden Noten notwendig sei. Des weiteren war die Reichsbank verpflichtet, ihren gesamten bisherigen Notenumlauf aufzurufen und gegen Reichsmarknoten umzutauschen[275]. Dabei entsprach eine Billion Mark bisheriger Ausgabe einer Reichsmark[276]. Wie schon

---

265 *Stucken*, Deutsche Geld- und Kreditpolitik 1914 - 1963, 3.A., S.62.

266 Vgl. diese beiden Ausschüsse darstellend: *Fischer*, Deutsche Wirtschaftspolitik 1918 - 1945, 3.A., S.27; *Veit*, Grundriss der Währungspolitik, 3.A., S.539 f.; *Heymann*, Die Reichsbankgesetze, S.29 ff.

267 Vgl. zu dieser Problematik: *Krohn*, Stabilisierung und ökonomische Interessen. Die Finanzpolitik des Deutschen Reiches 1923 - 1927, S. 79 ff.; *Uhlenbruck*, Die verfassungsmäßige Unabhängigkeit der Deutschen Bundesbank und ihre Grenzen, S.12; *Eun*, Die rechtliche Stellung der Deutschen Bundesbank und Währungsstabilität, S.88.

268 Die Gesetze werden auch Dawes-Gesetze genannt. Vgl. diese einzelnen Gesetze erörternd: *Netzband/Widmaier*, Währungs- und Finanzpolitik der Ära Luther 1923 - 1925, S.61 f.; *Veit*, Grundriss der Währungspolitik, 3.A., S. 540 ff.; *Beck*, Gesetz über die Deutsche Bundesbank, E 6 f; *Mügel*, Das gesamte Aufwertungsrecht, § 1 VII; *Stucken*, Deutsche Geld- und Kreditpolitik 1914 - 1963, S.63 ff.

269 RGBl. II S.235.

270 RGBl. II S.246.

271 RGBl. II S.252.

272 RGBl. II S.254.

273 § 1 des Gesetzes über die Liquidierung an Rentenbankscheinen.

274 § 2 des Gesetzes über die Liquidierung an Rentenbankscheinen.

275 § 3 II des Bankgesetzes vom 30.08.1924.

276 § 3 III des Bankgesetzes vom 30.08.1924.

durch das Autonomiegesetz vom 26. Mai 1922 wurde im Bankgesetz vom 30. August 1924 die Unabhängigkeit der Reichsbank bestätigt[277]. Die Währung war durch die Einführung der Reichsmark endgültig auch im Sinne des Auslandes stabilisiert worden. Deutschland erlebte ab 1924 einen Wirtschaftsaufschwung, der ab Mitte 1925 in eine Stabilisierungskrise mündete[278]. Anschließend folgte die wirtschaftlich erfolgreichste Zeit der Weimarer Republik[279].

---

277 § 1 I des Bankgesetzes vom 30.08.1924 "Die Reichsbank ist eine von der Reichsregierung unabhängige Bank ...".

278 *Huck*, Wirtschaftspolitik zwischen Weltkrieg und Weltwirtschaftskrise, S.125.

279 Es wird auch von "Blütezeit", "goldenen Jahre" gesprochen. Vgl. *Hardach*, Deutschland in der Weltwirtschaft 1870 - 1970, S.45; *Fischer*, Deutsche Wirtschaftspolitik 1918 - 1945, 3.A., S.31.

3. Teil: Aufwertung

Den Kern des Aufwertungsproblems bildete die Erfüllung von Verträgen nach dem Währungsverfall gegen Ende und nach Beendigung des Ersten Weltkrieges. Viele Gläubiger, vor allem die Geldbesitzer, hatten aufgrund der Geldentwertung einen Großteil ihres Vermögens eingebüßt. Anleihen, Renten waren, von der Kaufkraft aus betrachtet, nur noch einen Bruchteil ihres vorherigen Wertes "wert". Die breiten Bevölkerungsmassen erhofften sich daher die Aufwertung von Geldbeträgen. Unter Aufwertung ist die Erhöhung in einem Vertrag einer in entwertetem Geld ausgedrückten Geldschuld über ihren Nennbetrag hinaus zu verstehen[280]. Bei dem Problem der Aufwertung handelt es sich nicht um die Schaffung einer neuen Zusatzforderung, auch keine das Rechtsverhältnis umändernde Gestaltung oder um eine Erhöhung des der Forderung innewohnenden Wertes, sondern um die Aufrechterhaltung des ursprünglichen Wertes gegenüber dem nicht mehr zutreffenden Ausdrucke, den dieser Wert im Nennbetrage der Forderung gefunden hat[281].

Der Kampf um die Aufwertung ist von der breiten Masse des Volkes über einen großen Zeitraum mit äußerstem Einsatz geführt worden. Ein großer Teil des Volksvermögens war in Ansprüchen enthalten, die vom Währungsverfall betroffen waren, und man erhoffte sich eine Aufwertung über deren Nennbetrag hinaus. Die Gläubiger der Ansprüche, darunter fast der gesamte Mittelstand, arbeitsunfähige Rentner, Wissenschaftler und Beamte hatten ihr Vermögen teilweise vollständig verloren und erwarteten durch die Schaffung eines Aufwertungsrechts die Rückgewinnung der notwendigsten Mittel zum Lebensunterhalt. Die Aufwertungsfrage und ihre Lösung war für einen Großteil der Bevölkerung, und dabei vor allem für den Mittelstand, zu einer Existenzfrage und somit zu einer sozialen Frage geworden. Die Lösung der Frage durch die Aufwertung von Ansprüchen stieß jedoch auf erheblichen Widerstand, denn auch Schuldner hatten unter dem Währungsverfall mehr oder weniger gelitten und an wirtschaftlicher Leistungskraft eingebüßt.

---

280 Vgl. *Michaelis*, Aufwertungsrecht, 2.A., S.333; *Mügel*, Das gesamte Aufwertungsrecht, 5.A., § 9; *Werner* in Staudinger, BGB, 9. A., § 242 V 1. Auf die Definition des Begriffs "Aufwertung" wird später im Hauptteil noch ausführlicher eingegangen werden. Vgl. auch 3. Teil B: I.

281 Vgl. *Michaelis*, Dritte Steuernotverordnung, S. 49.

Dadurch, daß einerseits eine so außerordentliche Menge von Ansprüchen für die Aufwertung in Betracht kam, andererseits die Stärke des Interessenwiderstreits zwischen Gläubiger- und Schuldnergruppen eine gütliche Einigung erschwerten, trug die Rechtspflege mit der Lösung der Aufwertungsfrage eine große gesellschaftspolitische Verantwortung. Dabei stieß die Rechtspflege auf neue, im bestehenden Recht selbst begründete Schwierigkeiten, nämlich die Gedanken des Aufwertungsrechts auf der einen Seite und Grundsätze des übrigen Rechtssystems auf der anderen Seite. Diese galt es, im angemessenen Verhältnis zueinander zu berücksichtigen und vor allem den Sonderbedürfnissen des Einzelfalles gerecht zu werden.

A: Das Aufwertungsproblem in der Rechtsgeschichte

Über das Problem der Aufwertung von Geldforderungen war schon einige Zeit vor dem 20. Jahrhundert gestritten worden[282]. So kannte man aus dem Altertum in der Zeit vom 5. bis 1. Jahrhundert vor Christus mehrere Geldentwertungen sowohl in Griechenland als auch vom 3. bis 6. Jahrhundert in Rom, wobei von einem Ausgleich des Entwertungsschadens nichts bekannt ist[283]. Meistens ist es nach einem verlorenen Krieg vorgekommen, daß die Währung verfiel und eine neue Währung an die Stelle der alten Währung trat. In Deutschland waren vor allem im 16. und 17. Jahrhundert zahlreiche Verschlechterungen hinsichtlich der Währung eingetreten[284]. Man versuchte, dem durch zahlreiche Stabilisierungsedikte und Münzverordnungen einzelner Reichsstädte entgegenzuwirken[285]. Dabei wurde eine Aufwertung nach der bonitas intrinseca, also der Zahl- oder Kaufkraft, anerkannt. Zu erwähnen waren für den Vorgänger des deutschen Reiches die Schuldtilgungsbestimmungen des "Jüngsten Reichstagsabschiedes" von 1654[286], die die Geldentwertung des Dreißigjährigen Krieges einheitlich für das ganze Reich zu lösen versuchten und einen Teilerlaß der Zinsen und Kapitalstun-

---

282 Die Aufwertungsproblematik seit dem römischen Reich sowie in verschiedenen Ländern zum Beispiel Frankreich, Österreich, Nordamerika aufzeigend: *Weyn*, Die Herabsetzung des Aufwertungsbetrages, S.2 ff m.w.N.; *Kanter*, Schranken der Aufwertung, S.10 ff. Vgl.: *Reichsfinanzministerium*; Denkschrift über die Aufwertung, Beilage zu Heft 4 der DJZ 1925.

283 *Kanter*, Schranken der Aufwertung, S.10.

284 Kipper- und Wipperzeit 1619 - 1622.

285 Vgl. zum Beispiel für die Stadt Frankfurt am Main: *Achterberg*, Der Bankplatz Frankfurt am Main, S.20. Ausführlich über Erlasse und Verordnungen, sowie Prägungen auf Veranlassung des Frankfurter Rats: *Joseph/Fellner*, Die Münzen von Frankfurt am Main, Teil C, Die Neuzeit 1540 - 1866.

286 *Kanter*, Schranken der Aufwertung, S.11.

dung gewährten, das Wertverhältnis des Anspruches nach der Zeit seiner Entstehung aber aufrecht erhielten. In Preußen hat später das Zirkular Friedrichs des Großen vom 12.01.1762[287] einen Geldentwertungsausgleich nach dem Siebenjährigen Kriege unternommen und verordnet: "Daß alle und jede Schuldner so ihren Gläubigern die Capitalien aufkündigen, von nun an, selbige in dem erhaltenen guten Gelde zu bezahlen, ohne dafür das currente Agio sogleich baar zu erlegen umsomehr gehalten seyn sollen, als es nur bei ihnen stehet, die Aufkündigung zu unterlassen: dagegen aber sich durch der Creditorium Schaden zu bereichern, von ihnen nicht praetendiret werden kann." Auch schuf Preußen nach dem Kriege von 1806 in den sogenannten Tresorscheinen ein Zahlungsmittel, welches nach Einstellung des Zwangskurses ebenfalls einer Geldentwertung unterlag und in seinem Kurs auf 24 % des Nennwertes herabsank[288]. Diese historischen Erfahrungen waren jedoch den Richtern der Weimarer Republik nicht hilfreich, als sie das Problem lösen mußten.

B: Die Aufwertung der Mark durch die Rechtsprechung

I. Problemstellung für die Rechtsprechung

Das Sinken des Kurswertes der Mark hätte den Gläubiger einer Markforderung nicht berührt, wenn der Gläubiger die Papiermark nur zu ihrem jeweiligen Kurswert hätte in Zahlung nehmen müssen. Dies hätte jedoch dem Inhalt der Währungsgesetze vom 4. August 1914 widersprochen. Die strikte Durchführung der Gesetze stellte die Gerichte wie auch die Gesetzgebung vor große Schwierigkeiten.

Um die Problematik aufzuzeigen, soll dies anhand eines Beispiels näher erläutert werden. Der Sachverkäufer, der sich in der Zeit einer gefestigten Goldwährung verpflichtet hatte, zu einem in Mark vereinbarten Festpreis seine Ware an den Käufer zu liefern, sollte für seine Leistung den ursprünglich in Mark vereinbarten Preis erhalten. Dieser vereinbarte Preis war aber aufgrund der Geldentwertung und der Inflation nur einen Bruchteil des ursprünglich von beiden Seiten gedachten Gegenwertes wert. In der Zeit des vollständigen Verfalls der Währung war der Preis in Papiermark sogar ein "wirtschaftliches Nichts". Um einen Ausweg aus solchen Fällen zu finden, wurden damals vereinbarte Geldbeträ-

287 "Novum corpus Constitutionen Prussico-Brandenburgensium" Bd. 3, S.120 zit. nach *Wagemann*, Die neuen Aufwertungsgesetze mit Durchführungsbestimmungen, 3. A., S.255 f.

288 *Weyn*, Die Herabsetzung des Aufwertungsbetrages, S.2.

ge "aufgewertet". Der Begriff der Aufwertung ist nicht ein traditionell bekannter und feststehender Rechtsbegriff in der juristischen Fachsprache. Er ist vielmehr erst anläßlich der in Deutschland eingetretenen Geldentwertung nach dem 1. Weltkrieg entstanden und in den Sprachgebrauch der Gerichte und des Schrifttums übergegangen. Man kann den Begriff Aufwertung bestimmen als die ziffermäßige Erhöhung des Vertrags einer in entwertetem Gelde ausgedrückten Geldschuld über ihren Nennbetrag hinaus derart, daß zur Tilgung der Schuld eine größere Anzahl von Geldeinheiten geleistet werden muß, als der Nennbetrag ergibt[289]. Für zu lösende Fälle bedeutete dies, daß gemessen an der Inflation, geschuldete Geldbeträge zu einem größeren Nennbetrag wie ursprünglich vereinbart aufgewertet wurden.

II. Entwicklung des Aufwertungsgedankens in der Rechtsprechung

Die eigentliche Aufwertungsrechtsprechung begann erst mit der grundlegenden Entscheidung des Reichsgerichts vom 28. November 1923[290] über die Aufwertung eines durch eine Hypothek gesicherten Darlehens. Bis es zu diesem Urteil des Reichsgerichts kam, erging eine Vielzahl von Entscheidungen, in denen der Grundsatz Mark = Mark langsam aufgeweicht worden ist. Dabei ging die Rechtsprechung nur sehr zögernd vor[291].

1. Theoretische Grundlagen

Die Entwicklung des Gedankens "Nennbeträge aufzuwerten", stellte die Rechtsprechung vor zwei große Hindernisse, die es zu überwinden galt: Zum einem mußte die Rechtsprechung einen tatsächlichen Ausweg aus dem Grundsatz Mark = Mark finden, wie dieser in den Gesetzen vom 14. März 1914 manifestiert war, zum anderen mußte die Rechtsprechung die Aufwertung rechtlich begründen. Die Problematik des Grundsatzes Mark = Mark in Zusammenhang mit den Geldtheorien sowie die rechtliche Herleitung und Begründung der Aufwertung mit der clausula rebus sic stantibus sollen im folgenden dargestellt werden.

---

289 *Michaelis* in RGRK, BGB, 6. A., § 242, Anm. 5 b.).

290 RGZ 107, 78.

291 Vgl. als Abhandlungen über die geschichtliche Entstehung des Aufwertungsgedankens: *Fabian*, Neue Rechtsgedanken die im Aufwertungsrecht entstanden, S.7 ff.; *Mügel*, Das Reichsgericht und die Aufwertung, DJZ 1929, Sp. 1279 ff.; *Mügel*, Die Entwicklung der Aufwertungslehre des Reichsgerichts, DJZ 1928, Sp. 29 ff.

a.) Grundsatz Mark = Mark

Das Aufwertungsproblem basierte nämlich nicht nur auf der tatsächlichen Geldentwertung, sondern auch maßgeblich auf der rechtlichen Struktur des damaligen Währungsrechts. Zunächst ist es daher notwendig, die währungstheoretischen Grundlagen zu erläutern und die Problematik der Rechtsprechung in bezug auf den Grundsatz Mark = Mark aufzuzeigen.

aa.) Problemstellung

Die Tatsache, daß ein bestimmter Stoff wie zum Beispiel Gold, Silber und Papier in eine bestimmte Form gebracht, mit einer Werteinheit versehen wird und danach als gesetzliches Zahlungsmittel gilt, beantwortet nicht die Frage, welche Mengen dieses Zahlungsmittels zur Tilgung einer in dem Zahlungsmittel ausgedrückten Geldschuld erforderlich sind[292]. Diese Frage ist so lange bedeutungslos, wie die der Werteinheit, nach der die einzelnen Zahlungsmittelstücke bezeichnet sind, im inner- und zwischenstaatlichen Verkehr beigelegte Wertschätzung die gleiche bleibt oder nur geringen Schwankungen unterworfen ist. Denn solange bleibt auch die den Geldstücken aufgeprägte Bezeichnung des Einfachen oder Vielfachen dieser Werteinheit, das heißt der Nennbetrag, der gleiche. Die Frage gewinnt hingegen Bedeutung, wenn sich die Wertschätzung ändert, zum Beispiel durch Münzverschlechterung oder Inflation durch Papiergeld. Die Wertschätzung kommt im innerstaatlichen Verkehr durch die Kaufkraft des Geldes, im zwischenstaatlichen Verkehr durch seinen Kurs, das heißt seinem Verhältnis zu ausländischen Zahlungsmitteln zum Ausdruck. Bei einer eingetretenen Veränderung der Wertschätzung der Geldeinheit stellt sich die Frage, wieviel Währungseinheiten der Schuldner zur Tilgung seiner Geldschuld bei Änderung im Kurse zu leisten hat, den Nennbetrag (Nennbetragstheorie, Nominalismus) oder den Geldbetrag, der dem wirklichen Wert, zum Beispiel der Kaufkraft des Geldes entspricht (Wertbetragstheorie, Kurswerttheorie, Valorismus).

bb.) Einzelne Geldtheorien

Das BGB selbst enthält Bestimmungen darüber, durch welche Zahlungsmittel eine Geldschuld erfüllt werden kann, nur für die Sonderfälle, in denen eine in ausländischer Währung oder in einer nicht mehr im Umlaufe befindlichen Münzsorte

292 Zur Problemstellung vgl.: *Weber* in Staudinger, BGB, 11.A., Vorbem. zu § 244, 245 RN 44.

ausgedrückte Geldschuld zu erfüllen ist gemäß §§ 244, 245 BGB[293]. Ob nicht besondere gesetzliche Vorschriften bestehen, wonach der Nennwert oder der Kurswert des Geldes maßgebend sein soll, war in der älteren Rechtslehre umstritten[294].

(1) Kurswerttheorie

Viele Jahrhunderte galt der Grundsatz, daß über die Zahlkraft des Geldes, das eine Qualitätsminderung erfahren hatte, nicht der aufgedruckte Wert (valor impositus), sondern die innere Kaufkraft (bonitas intrinseca) maßgeblich ist[295]. Diese Theorie wird auch Kurswerttheorie genannt und wurde gerade in der Zeit der Inflation vertreten[296]. Vertreter dieser Theorie war unter anderem auch schon Savigny gewesen[297]. Savigny meinte, daß nach dem Willen der Parteien, der sich aus der Auslegung des Rechtsgeschäfts ergebe, grundsätzlich der Kurswert maßgeblich sei. Er verkannte dabei nicht, daß durch staatliches Gesetz die Maßgeblichkeit des Nominalwertes vorgeschrieben werden kann.

(2) Nennwerttheorie

Der Nominalismus[298] und die mit ihm einhergehende Nennwerttheorie entstand Anfang des 19. Jahrhunderts. Dieser Theorie zufolge bildet der Inhalt einer Geldschuld eine bestimmte Anzahl von Geldstücken, die von der staatlichen Gesetzgebung mit Zahlkraft zu einem bestimmten Nennwerte ausgestattet sind, ohne

293 Hierzu: *Michaelis*, Aufwertungsrecht, 2.A., S.6 f.

294 Bei dem Meinungsstreit in bezug auf die "richtige" Geldtheorie handelt es sich um eine in der damaligen Zeit ausführlich diskutierte wirtschaftswissenschaftliche Frage. Die Diskussion wird daher hier nur kurz dargestellt soweit sie für die folgende Untersuchung der Aufwertungsrechtsprechung relevant ist. Detailliertere Ausführungen befinden sich bei: *Elster*, Die deutsche Not im Lichte der Währungstheorie, Jena 1921; *ders.*, Die Seele des Geldes, 2.A., Jena 1923; *Del Vecchio*, Grundlinien der Geldtheorie, Tübingen 1930; *Kerschagl*, Theorie des Geldes und der Geldwirtschaft, Jena 1923; *Moll*, Die modernen Geldtheorien und die Politik der Reichsbank, Stuttgart 1917.

295 Vgl. *Kanter*, Schranken der Aufwertung, S.10.

296 *Goldschmidt*, Die Aufwertungskrise, 1926; *Kohler*, Geldentwertung und Erbenausgleichung, AcP 122; S.70, 89; *Kreß*, Allgemeines Schuldrecht, § 13; *Eckstein*, Geldschuld und Geldwert im materiellen und internationalen Recht, Diss., Berlin 1932.

297 *v. Savigny*, Obligationsrecht I, § 47.

298 *Helfferich*, Das Geld, 6.A., S.35 ff.; *Nußbaum*, Das Geld in Theorie und Praxis, 44; *Hartmann*, Internationale Geldschulden, AcP 65, S.147 ff.

Rücksicht auf die Wertbeziehung zu einem bestimmten Metall oder auf die Kaufkraft dieser Stücke[299]. Ausführlich dargestellt wurde diese Theorie von Knapp[300].

(3) Einordnung

Dem Nominalismus werden eine Reihe von Vorteilen zugeschrieben. Hierzu gehört eine praktikablere Berechnungsmethode, größere Verkehrssicherheit sowie Verbundenheit mit dem herrschenden Währungssystem. Weiterhin wird dem Nominalismus nachgesagt, er begünstige die Stabilität der Währung und entspreche dem Willen der Parteien. Auch gewähre die nominalistische Theorie in der Praxis einen reibungsloseren Ablauf des rechnerischen Verkehrs.

Andererseits läßt sich der Valorismus aber auch recht gut mit der Verkehrssicherheit vereinbaren. Nach ihm findet, eher als nach dem Nominalismus, ein gerechter Ausgleich unter den Parteien statt. Nach dieser Lehre hat die Geldsumme der Gegenleistung zu entsprechen, während nach dem Nominalismus der Gläubiger eine starre Summe erhält, die in Anbetracht seiner Gegenleistung und bei starker Geldentwertung einem wirtschaftlichen Nichts entsprechen kann. Nicht in dem Festhalten an einer bestimmten Summe besteht die Verkehrssicherheit, sondern darin, daß der Gläubiger die für ihn und den Schuldner gerechte Geldleistung erhält. Auch das für den Nominalismus ins Feld geführte Argument, er halte die Währung stabil, ist nur im ersten Moment überzeugend und gilt nur für geringe Kursschwankungen. Gerade in kritischen Zeiten berücksichtigt der Valorismus den in Erscheinung getretenen Willen der Parteien durch seine automatischen Kursanpassungen stärker, da er auf den wirtschaftlichen Ausgleich von Leistung und Gegenleistung abzielt. Dieser Ausgleich ist aber nur dann möglich, wenn die Schuldsumme sich jeweils dem Wert der Gegenleistung anpassen könne.

Die Entscheidung, welche Theorie vorzugswürdig ist, ist in stabilen Zeiten, das heißt solange die Wertschätzung ungefähr dem aufgeprägten Wert entspricht und nur geringen Schwankungen ausgesetzt ist, von keiner praktischen Bedeutung[301]. Hingegen wird die Frage relevant, wenn Nennwert und Kurswert in erheblicher Weise voneinander abweichen, sei es, daß der Metallgehalt der Münze oder die Kaufkraft des Geldes sich verschlechtert, sei es, daß eine Inflation durch Papiergeld einsetzt. Für beide Theorien sprechen Argumente dafür und dagegen. Für die Vor- und Nachteile der jeweiligen Theorie wird man auf die Art der

299 *Helfferich*, Das Geld, 6.A., S.367.

300 *Knapp*, Die staatliche Theorie des Geldes, 3.A., München, Leipzig 1921.

301 *Weber* in Staudinger, BGB, 11.A., Vorbem. zu §§ 244, 245 RN 43.

Geldschulden abstellen müssen[302]. In den meisten Ländern hatte sich in der damaligen Zeit die Nennwerttheorie durchgesetzt, da Kursschwankungen nur selten waren und die oben aufgezeigten Vorteile der Nennwerttheorie überwogen haben[303].

cc.) Herrschende Geldtheorie

Das BGB enthält keine ausdrückliche Vorschrift über die Anwendung des Kurs- oder Nennwertes bei Geldschulden, anders als der Code Civil für das Darlehen[304]. Die Motive zum BGB[305] verweisen für Geldschulden vielmehr auf das durch die Reichsmünzgesetzgebung eingeführte gesetzliche Währungssystem. Demgegenüber sei für besondere Vorschriften nur in sehr beschränktem Maße Raum. Sie erklären, für im Inlande zahlbare Geldschulden folge schon aus dem eingeführten Währungssystem, daß der Wert einer in Reichswährung ausgedrückten Schuld der Nennwert sei, und die Zahlung in Geld der Reichswährung zum Nennwerte genommen werden müsse[306]. Aus dem unbedingten Annahmezwang ergebe sich von selbst die Annahmepflicht zum Nennwert. Das gleiche gilt auch für vor den Währungsgesetzen von 1914 entstandene Geldschulden. Die Motive zum BGB[307] verweisen für den Fall einer Änderung der Reichswährung in der Zeit zwischen der Begründung des Schuldverhältnisses und der Zahlung auf das betreffende künftige Reichsgesetz. Man wird aber aus dem Sinn und Zweck der Gesetze, die zur Abhilfe der augenblicklichen Kriegsnot bestimmt waren, auch ohne besonderen Ausspruch entnehmen können, daß sie auch auf damals bereits begründete Verbindlichkeiten Verwendung finden sollten, weil sie sonst jenen Zweck schwerlich hätten erfüllen können[308].

---

302 Argumente Für und Wider der jeweiligen Theorien befinden sich bei: *Weber* in Staudinger, BGB, 11.A., Vorbem. zu §§ 244, 245 RN 46.

303 *Kanter*, Schranken der Aufwertung, S.13; *Weyn*, Die Herabsetzung des Aufwertungsbetrages, S.5; *Michaelis*, Aufwertungsrecht, 2.A., S.7.

304 Vgl. Art. 1895 des französischen Code Civil, der vorschreibt, daß die Verbindlichkeit, welche aus dem Gelddarlehen entsteht, stets nur die im Vertrage ausgedrückte Summe nach ihrem Nennwerte zum Gegenstande hat, und noch ausdrücklich hinzufügt, daß im Falle der vor der Rückzahlung eingetretenen Verschlechterung der Geldsorte, in der das Darlehen zurückzuzahlen ist, der Schuldner die Summe nur in denjenigen Geldsorten, die zur Zeit der Zahlung im Umlauf sind, zurückzuzahlen braucht.

305 Motive zum BGB II S.12 bis 15.

306 Vgl. auch: *Kanter*, Schranken der Aufwertung, S.14 die Motive darstellend.

307 Motive zum BGB II S.15.

308 *Michaelis*, Aufwertungsrecht, 2.A, S. 8.

Somit war aufgrund der damaligen Währungsgesetze im Deutschen Reich die rechtlich verbindliche Geldtheorie der Nominalismus[309]. Das Papiergeld war aufgrund der Währungsvorschriften im Deutschen Reich gesetzliches Zahlungsmittel gewesen und mit einem Zwangskurs versehen[310]. Eine auf die gesetzliche Währung lautende Schuld, das heißt Mark, mußte im Währungsgeld zum Nennwert erfüllt werden. Dies war der Inhalt des Grundsatzes Mark = Mark. Dieser von der Rechtsprechung und der herrschenden Meinung angenommene Grundsatz führte dazu, daß der Schuldner, wenn er zum Beispiel eine Hypothek in Höhe von 10.000 Mark zu begleichen hatte, diese Schuld auch in dieser Höhe begleichen mußte, obwohl diese 10.000 Mark aufgrund der Inflation ein wirtschaftliches Nichts darstellten. Es ist daher von verschiedenen Seiten versucht worden, den Grundsatz Mark = Mark bzw. den Nennwertzwangskurs zu beseitigen. Dies geschah, indem auf dem Höhepunkt der Inflation der Nennwertzwangskurs kritisiert bzw. als nicht mehr zeitgemäß eingestuft wurde[311], indem man argumentierte, daß er durch Gewohnheitsrecht beseitigt worden sei[312] oder ihn einfach leugnete[313].

b.) Clausula rebus sic stantibus

Das Vertragsrecht ist von dem Grundsatz beherrscht, daß Verträge so wie sie geschlossen worden sind, auch erfüllt werden müssen - pacta sunt servanda. Die Parteien gehen regelmäßig davon aus, daß nicht nur sie selbst sondern auch der

---

309 Hierbei handelt es sich um die damalige herrschende Meinung. Dies wurde vertreten von: *Michaelis*, Aufwertungsrecht, 2.A., S.7; *Mügel*, Das gesamte Aufwertungsrecht, 5.A., § 10 V; *Stampe*, Das Aufwertungsurteil, S.12; *Abraham*, Die Gefährdung der Zivilrechtspflege, DJZ 1923, Sp. 269 ff.; *Kanter*, Schranken der Aufwertung, S.13 f.; *Weyn*, Die Herabsetzung des Aufwertungsbetrages, S.5; *Weber* in Staudinger, BGB, 11. A., Vorbem. zu §§ 244, 245 RN 45 f. *Goldschmidt*; Die Aufwertungskrise, S.7.

310 *Mügel*, Das gesamte Aufwertungsrecht, 5.A., § 10 V; *Michaelis*, Aufwertungsrecht, 2.A., S.6 ff.

311 *Goldschmidt*; Die Aufwertungskrise, S.7; *Stampe*, Das Aufwertungsurteil, S.12; *Abraham*, Die Gefährdung der Zivilrechtspflege, DJZ 1923, Sp. 269 ff.

312 *Zacharias*, Die Aufwertung von Geldschulden nach geltendem Recht, JW 1924, 85; *Stoll*, Anmerkung zur Entscheidung des Reichsgerichts (66/ 24 I - Urteil vom 29.10.1924), JW 1925, S.235; LG Königsberg, 14. Nov. 1923, JW 1924, S.1552; *Staedel*, Forderungsaufwertung oder Schuldnachlaß der dritten Steuernotverordnung? JW 1924, 485 ff.

313 Von folgenden wurde der Nennwertzwangskurs geleugnet: *Kohler*, Geldentwertung und Erbenausgleichung, AcP 122, 70; *Stampe*, Anmerkung zu Entscheidungen des Reichsgerichts in Sachen Aufwertung, JW 1925, 933 ff; *Kleineberg*, Das geltende Recht und die Aufwertung, DJZ 1925, Sp. 228 ff.

Partner die jeweils übernommenen Verpflichtungen erfüllen kann, sonst hätten sie die Vereinbarung nicht getroffen. Die Erwartungen an einen Vertrag und seinen Inhalt brauchen sich aber nicht selbstverständlich zu realisieren. So können sich die Umstände, unter denen die Parteien ihre Leistungen zu erbringen haben, gravierend ändern. Entfallen die tatsächlichen oder rechtlichen Voraussetzungen, von denen die Parteien bei Vertragsschluß ausgegangen sind, verändern sie sich oder fallen sie später fort, so kann die Folge sein, daß der Vertrag für die Beziehungen zwischen den Parteien keinen angemessenen Leistungsaustausch mehr gewährleistet. In solchen Fällen einen Ausweg zu finden, ist das Ziel der Lehre vom Wegfall der Geschäftsgrundlage bzw. der clausula rebus sic stantibus[314].

Die Lehre von der clausula rebus sic stantibus wurde im älteren Gemeinen Recht entwickelt und besagt, daß jeder schuldrechtliche Vertrag nur solange bindend sein soll, wie die Verhältnisse, die für seinen Abschluß bestimmend waren, sich nicht von Grund auf geändert haben[315]. Es wurde angenommen, daß jede Verpflichtung von vornherein nur unter dem Vorbehalt eingegangen sein könne, daß die maßgeblichen Verhältnisse unverändert Bestand hätten[316]. Diese Lehre fand Eingang in die Gesetzbücher der damaligen Zeit. Zu nennen sind das Allgemeine Preußische Landrecht von 1794[317] und der Codex Maximilian. Bavaricus civilis von 1756[318]. In Rechtsprechung und Schrifttum[319] des neueren Gemeinen Rechts wurde die clausula rebus sic stantibus abgelehnt. Man sah in ihr das Vertrauen in den Bestand vertraglicher Verpflichtungen gefährdet und einen Verstoß gegen den Grundsatz pacta sunt servanda. Daran konnte auch die von Windscheid[320] entwickelte Lehre von den Voraussetzungen, die zweite Wurzel, auf der die Lehre von dem Wegfall der Geschäftsgrundlage basiert, nichts ändern[321]. Daher wurde die clausula rebus sic stantibus auch nicht in das BGB als

---

314 Vgl. allgemein zur clausula rebus sic stantibus jeweils m.w.N.: *Roth* in Münchener Kommentar, BGB, 3.A., § 242 RN 470 ff.

315 Vgl. über die Entstehung der clausula rebus sic stantibus und ihre geschichtliche Entwicklung vom römischen Recht an: *Weber* in Staudinger, BGB, 11. A., § 242 E 6 ff.

316 Vgl. *Roth* in Münchener Kommentar, BGB, 3. A., § 242 RN 470.

317 ALR I 5 §§ 377 bis 384.

318 Codex Maximilian. Bavaricus von 1756 IV Kap. 15 § 12.

319 *Thibaut*, System der Pandekten, 2. A., 1805, § 992; *Wächter*, Pandekten I. 1880, § 84, S.439.

320 *Windscheid*, Die Lehre von der Voraussetzung, 1850; *Windscheid*, Die Voraussetzung, in: AcP 78 (1892), 161, 197.

321 Vgl. zum Ganzen: *Fikentscher*, Die Geschäftsgrundlage als Frage des Vertragsrisikos, S.5 f.

auf alle Schuldverhältnisse anzuwendende Norm aufgenommen[322], sondern nur in eine Reihe von bestimmten Vorschriften. Zu erwähnen sind namentlich § 321 Vorleistungsverpflichtung, § 614 Darlehensversprechen und §§ 712, 713 Gesellschaftsverhältnis.

2. *Entstehung des Aufwertungsgedankens in der Rechtsprechung*

Das Reichsgericht wandte die clausula rebus sic stantibus zunächst nur in den gesetzlich geregelten Fällen an. Die betreffenden Vorschriften - §§ 321, 610 BGB - sind vom Reichsgericht aber auch auf andere Vertragsverhältnisse entsprechend angewendet worden, wenn diese von längerer Dauer waren und ein besonderes gegenseitiges Vertrauen der Parteien Voraussetzung war[323]. Bei solchen Verhältnissen wurde ein wichtiger Grund zur Kündigung regelmäßig dann anerkannt, wenn durch das Verhalten eines Beteiligten das Einvernehmen zwischen den Parteien gestört worden war[324]. Sonst verhielt sich das Reichsgericht gegenüber der Frage der Anwendbarkeit der Klausel außerhalb der durch positive Gesetzesbestimmungen geregelten Fälle ablehnend. Schon in einer Entscheidung vom 13. März 1902[325] hatte das Reichsgericht die entsprechende Anwendung der §§ 321 und 610 BGB auf sonstige Fälle einer Änderung der Vermögenslage abgelehnt. Es berief sich darauf, daß das BGB einen Satz des Inhalts, daß jeder Vertrag als mit der clausula rebus sic stantibus abgeschlossen anzusehen sei, nicht aufgenommen habe[326].

Während des Krieges wurde die Frage immer drängender, welchen Einfluß die durch den Krieg hervorgerufene Änderung der Verhältnisse auf die unter anderen Voraussetzungen abgeschlossenen Verträge habe. In Hinblick auf einen Lösungsansatz griff das Reichsgericht auf die alte Lehre der clausula rebus sic stantibus zurück[327]. Es ging dabei zunächst von dem Gesichtspunkt der Unmög-

---

322 Motive II, S.314 ff., 843; Protokolle I, S.631, II, S.47 ff. mit dem Hinweis, daß im Einzelfall eine Prüfung durchaus möglich sei.

323 *Michaelis* in RGRK, BGB, 6. A., § 242 Anm. 5 a.).

324 RGZ 65, 37; 78, 385; 78, 424; 79, 161; RG in JW 1919, S.309.

325 RGZ 50, 255.

326 RGZ 50, 255, 257.

327 Vgl. über die Entwicklung des Aufwertungsgedankens in der Rechtsprechung die Darstellungen bei: *Fabian*, Neue Rechtsgedanken, die im Aufwertungsrecht entstanden sind, S.7 ff.; *Michaelis* in RGRK, BGB, 6.A., § 242 Anm. 5 a.); *Mügel*, Die Entwicklung der Aufwertungslehre des Reichsgerichts, in: DJZ 1928, Sp. 29 ff.; *ders.*, Das Reichsgericht und die Aufwertung, in: DJZ 1929, Sp. 1279 ff.; *ders.*, Das gesamte Aufwertungsrecht, 5.A., § 10 III; *Michaelis*, Aufwertungsrecht, 2. A., S.10 ff. Die Entwicklung wird auch dargestellt im Urteil des Reichsgerichts vom 28. Januar 1925, in: JW 1925, S.1377; *Geyer*, Recht Gerechtigkeit und Gesetze: Reichs-

lichkeit der Erfüllung aus und setzte die sogenannte wirtschaftliche Unmöglichkeit mit der echten Unmöglichkeit gleich[328]. Danach wurde die Rechtslage verstärkt aus dem Gesichtspunkt der §§ 157, 242 BGB betrachtet. Zunächst wurde gefordert, daß die Erfüllung den Lieferungsschuldner geschäftlich zugrunde richten müsse[329]. Später wurde es für die Befreiung von der Lieferpflicht als ausreichend angesehen, wenn infolge allgemeiner Umgestaltung der gesamten Verhältnisse zwischen Vertragsschluß und Lieferungstermin die Lieferung ihren wirtschaftlichen Inhalt als eine vollkommen andere erscheine und für den Unternehmer oder Verkäufer eine so erhebliche wirtschaftliche Schädigung bedeuten würde, daß ihm nach Treu und Glauben die Lieferung nicht mehr zugemutet werden könne[330]. Die Geldentwertung selbst wurde zunächst nicht als ein Grund zum Rücktritt angesehen. Sie kam nur in Betracht, wenn wegen der Verteuerung der Gestehungskosten die Lieferung nicht mehr als zumutbar erschien[331].

Diese Tendenz entwickelte sich in einer goßen Zahl von Entscheidungen. Die wichtigsten Entscheidungen, durch die der Aufwertungsgedanke in die Rechtsprechung Eingang fand, sollen im folgenden kurz der zeitlichen Reihenfolge nach aufgeführt werden.

In einer Entscheidung vom 4. Mai 1915[332] hatte das Reichsgericht ausgeführt, daß durch die Vorschriften des geltenden Rechts dem Richter nicht die Machtbefugnis erteilt worden sei, zwecks Milderung der Härten des Krieges einen Ausgleich zwischen den Vertragsparteien zu schaffen, und hatte dem Mieter eines Zirkuses das Rücktrittsrecht wegen der durch den Krieg geschaffenen Verhinderung an dem vertragsmäßigen Gebrauch versagt. Ein solches könne nur dann anerkannt werden, wenn es stillschweigend vereinbart worden wäre[333]. Dieses könne auch unter Berücksichtigung der in den §§ 133, 157 BGB ausgesprochenen Grundsätze aus dem vorliegenden Vertrag nicht entnommen werden[334]. Auch der Gesichtspunkt der Unmöglichkeit der Leistung wurde zunächst von der Rechtsprechung[335] unter Bezugnahme auf § 279 BGB abgelehnt, solange noch eine Leistung aus der Gattung möglich sei. Dies treffe bei Großhandelsgeschäften solange zu, wie ein Marktpreis für die Ware bestehe. Die Ansicht, daß, wenn dieser

---

gerichtsrat Zeiler und die Inflation, ZNR 1994, S.349, 358 ff.; *Nörr*, Zwischen den Mühlsteinen, § 10 3.

328 RGZ 100, 131.

329 RGZ 99, 258; 100, 134; 102, 273; RG WarnRspr 1921 Nr. 32.

330 RGZ 101, 74; 103, 180; WarnRspr 1922 Nr. 87 und 114; WarnRspr. 1923 Nr. 66.

331 *Mügel*, Das Reichsgericht und die Aufwertung, in: DJZ 1929, Sp. 1279, 1280.

332 RGZ 86, 399.

333 RGZ 86, 397, 398.

334 RGZ 86, 397, 399.

335 RGZ 92, 322; 95, 41.

Marktpreis gewisse Grenzen überschreite, dem Verkäufer der Deckungskauf nicht mehr zugemutet werden könne und deshalb die Leistung gemäß § 242 BGB nach Treu und Glauben von ihm nicht mehr gefordert werden dürfe, wurde ausdrücklich verworfen, weil eine Befreiung des Verkäufers aus solchem Grunde durch die Regel von Treu und Glauben nicht gerechtfertigt würde und in aufgeregten Zeiten die Einhaltung eines geordneten Wirtschaftslebens unmöglich machen würde[336]. Noch in einem Urteil vom 8. Juli 1920[337] vertrat das Reichsgericht die Auffassung, daß ein Lossagungsrecht des Lieferungspflichtigen wegen außerordentlicher und nicht vorhersehbarer Preissteigerung der zur Beschaffung der Lieferung erforderlichen Stoffe (Elektrizität und Dampfkraft) auch für andere Verträge als die des Großhandels nicht bestehe, außer wenn die Lieferung für den Lieferungspflichtigen geradezu ruinös sei[338].

Nachdem aber in Folge des Krieges die Inflation immer stärker wurde, sah sich das Reichsgericht dennoch dazu veranlaßt, seinen Standpunkt über die Gleichwertigkeit der Leistung in bezug zum Papiergeld zu lockern. Dies kam das erste Mal in einer Entscheidung des Reichsgerichts vom 21. September 1920[339] zum Ausdruck. In diesem Urteil war das Begehren nach einer Erhöhung einer vor Kriegsbeginn vereinbarten Vergütung für die Lieferung von Dampfkraft ausdrücklich "vom Standpunkte der clausula rebus sic stantibus" als gerechtfertigt erklärt worden[340]. Zwar wurde auch dort noch angeführt, daß das BGB diesen Grundsatz nicht als einen "allgemein durchgreifenden" anerkenne. Es sei aber "wegen des durch den ungeahnten Verlauf und Ausgang des Krieges herbeigeführten Umsturzes und Umschwunges aller wirtschaftlichen Verhältnisse" eine Lossagung von bestehenden Verträgen "ausnahmsweise" dann für gerechtfertigt zu erklären, wenn einer Partei das Aushalten des Vertrages unter den neuen Verhältnissen nicht mehr zugemutet werden könne, weil die Vertragsleistung jetzt wirtschaftlich zu einer ganz anderen geworden sei, wie sie ursprünglich von beiden Seiten gedacht und gewollt war. Die Anknüpfung an das positive Gesetzesrecht fand an den §§ 242, 325 BGB statt. Der 3. Zivilsenat führte aus, daß unter § 325 BGB nicht nur die tatsächliche, sondern auch die wirtschaftliche Unmöglichkeit zu verstehen sei[341]. Der Satz, daß der Richter nicht die Befugnis habe, zwecks Milderung der Härten des Krieges einen Ausgleich unter den Vertragsparteien zu schaffen, wurde ausdrücklich aufgegeben und im Gegenzug erklärt, daß das Eingreifen des Richters geboten sei, wenn nicht ein gegen Treu und

---

336 RGZ 95, 41, 43.
337 RGZ 99, 258.
338 RGZ 99, 258, 259 f.
339 RGZ 100, 129.
340 RGZ 100, 129, 130.
341 RGZ 100, 129, 131.

Glauben und Gebote der Gerechtigkeit "hohnsprechender Zustand" geschaffen werden solle. Es sei die vornehmste Aufgabe des Richters, den unabweislichen Bedürfnissen des Lebens gerecht zu werden und sich in dieser Beziehung von den Erfahrungen des Lebens leiten zu lassen[342]. Auf dieser Grundlage war das Reichsgericht, nachdem durch einzelne Urteile erst- und zweitinstanzlicher Gerichte[343] bereits vorgearbeitet worden war, an die Aufgabe herangetreten, und zwar schrittweise nach Maßgabe der ihm zur Entscheidung unterbreiteten Fälle. Das Reichsgericht akzeptierte aber vorerst eine Lossagung vom Vertrag nur, wenn die Erfüllung des Vertrages den Lieferungsschuldner wirtschaftlich zugrunde richten würde[344]. Von dieser Voraussetzung wurde aber mit der Entscheidung vom 29. November 1921[345] Abstand genommen. In dieser Entscheidung ging es um die Lieferung von 10 Tonnen geglühtem Eisendraht. Der Kläger hatte beim Beklagten im Oktober 1918 10 Tonnen geglühten Eisendraht bestellt. Nachdem dieser nicht geliefert hatte, verklagte der Kläger den Beklagten nach vergeblicher Fristsetzung auf Schadensersatz wegen Nichterfüllung. In dieser Entscheidung nahm das Reichsgericht Abstand von der Voraussetzung des Ruins des Leistungspflichtigen und begründete dies damit, daß dies eine einseitige Benachteiligung des einen Teils bedeuten würde, wenn man die bei einem Vertragsschlusse nicht vorhersehbaren wirtschaftlichen Verhältnisse nur dem einen Teil auferlegen würde[346].

Dem Äquivalenzgedanken stand anfangs bei Geldschulden die Meinung von der unbedingten und ausnahmslosen Maßgeblichkeit des Nennwerts bei Geldschulden, des sogenannten Zwangskurses, hindernd entgegen. Noch in einer Entscheidung vom 16. April 1921[347] lehnte der 5. Zivilsenat des Reichsgerichts ab, ihn auf einen Fall anzuwenden, in dem sich ein Grundstückseigentümer durch langfristiges Angebot zur Übertragung des Eigentums an einem bereits in seinem Eigentum befindlichen Grundstück verpflichtet hatte, ungeachtet der nach den getroffenen Feststellungen "im wesentlichen auf die Entwertung der Reichsmark als Folge der Papiergeldwährung zurückzuführenden unerhörten Preissteigerung". Der Grundsatz Mark = Mark wurde damit begründet, daß weder die Leistung schwerer zu beschaffen gewesen sei, noch sich die Gegenleistung verändert

---

342 RGZ 100, 129, 132.

343 Vgl. OLG Darmstadt, Beschluß vom 29. März 1923 (JW 1923, S.459), Urteil vom 18. Mai 1923 (JW 1923, S.522), Obergericht Danzig, 16. Mai 1923 (JW 1923, S.691) und Polnischer Oberster Gerichtshof, 26. Februar 1922 (JW 1922, S.332).

344 RGZ 100, 134, 137; 102, 272, 274 f.

345 RGZ 103, 177.

346 RGZ 103, 177, 179.

347 RGZ 102, 98.

habe. Es sei vielmehr nur eine Verschiebung des Wertverhältnisses zwischen Leistung und Gegenleistung eingetreten[348].

Eine weitere wichtige Entscheidung stellte das Urteil vom 3. Februar 1922[349] des 2. Zivilsenats dar. In dieser Entscheidung war zum ersten Mal die Erkenntnis zum Ausdruck gekommen, daß die eingetretene Veränderung nicht auf der Seite der Sachleistung liege und in einer Preissteigerung der zu leistenden Sache bestehe, sondern daß die vereinbarte Geldleistung, die in einem bestimmten Marknennbetrage ausgedrückt war, durch die eingetretene Geldentwertung eine Veränderung erfahren hatte und dadurch die beim Vertragsschluß vorausgesetzte Gleichwertigkeit der beiderseitigen Leistungen nicht mehr gegeben war. In dieser Entscheidung ist der Äquivalenzgedanke dahingehend ausgelegt worden, daß die Anwendung der clausula rebus sic stantibus - Fortfall der Geschäftsgrundlage - auch gerechtfertigt sei bei einer bloßen Valutaverschiebung, wenn die Fortdauer der Äquivalenz von Leistung und Gegenleistung bei Abschluß des Vertrages vorausgesetzt worden sei. Dieser Gedanke ist von den übrigen Senaten des Reichsgerichts, vom 5. Zivilsenat in seiner Entscheidung vom 6. Januar 1923[350], übernommen worden. Die Auflösung des Vertrages oder der Rücktritt wurde aber auch davon abhängig gemacht, daß der Schuldner den Gläubiger zur Erhöhung der Gegenleistung aufgefordert hatte. Erst wenn dieser sich weigerte, wurde er frei[351].

Eine weitere Maßnahme zur Anerkennung der Aufwertung war das Urteil vom 27. Juli 1922[352]. Es betraf die Rückgewähr des Pachtinventars zum Schätzungswert. In dieser Entscheidung ging das Reichsgericht davon aus, daß bei dem katastrophalen Umschwung der Geldverhältnisse die Goldmark, die der früheren Schätzung zugrunde lag, und die Papiermark, in der jetzt der Ausgleich erfolgen müsse, trotz ihrer gesetzlichen Gleichstellung wirtschaftlich nicht vergleichbar seien. Das Reichsgericht vertrat die Auffassung, daß wegen der Geldentwertung durch selbstschöpferische Entscheidung des Richters eine von den Forderungen der Gerechtigkeit und Billigkeit geleistete Ausgleichung der wirtschaftlichen Interessen der beiden Parteien stattzufinden habe. Ein nächster Schritt war dann die Entscheidung vom 6. Januar 1923[353], in der es um die Verpflichtung ging, aufgrund eines Vorvertrages den Verkauf eines Grundstücks vorzunehmen. In dieser Entscheidung nahm das Reichsgericht an, daß mit der grundstürzenden Verschlechterung der Währung, deren Eintritt in diesem Aus-

---

348 RGZ 102, 98, 101 f.
349 RGZ 103, 329.
350 RGZ 106, 12.
351 RGZ 103, 329, 333.
352 RGZ 104, 394.
353 RGZ 106, 7.

maße für niemanden vorhersehbar gewesen sei und dem Schuldner nach Treu und Glauben nicht mehr zugemutet werden könne, seine Vertragspflicht schlechthin zu erfüllen, weil dann ein gerechter Austausch von Gütern, wie er ursprünglich beabsichtigt gewesen sei, nicht stattfinde. Der Schuldner würde gezwungen, sich für eine vollwertige Sachleistung mit einer gänzlich minderwertigen Geldleistung zu begnügen[354]. Ein nächster Schritt zur Anerkennung der Aufwertung war schließlich das Urteil vom 6. August 1923[355], das die Berufung auf die Störung der beim Vertragsschluß vorausgesetzten Äquivalenz zwischen Leistung und Gegenleistung auch dann zuließ, wenn sich der Schuldner mit seiner Sachleistung im Verzug befand. Das Urteil des Reichsgerichts vom 28. November 1923 brachte dann an Stelle des Rücktrittsrechts einen Anspruch auf Zahlung eines aufgewerteten Betrages. In diesem Sinne war schon das Oberlandesgericht in Darmstadt mit zwei Entscheidungen vom 29. März 1923[356] und 18. Mai 1923[357] vorausgegangen.

Eine Sonderstellung in der Gerichtsbarkeit nahmen die Ansprüche auf Rente aus Unterhalts- und Altenteilsverträgen ein. Die Rechtsprechung gestattete die Aufwertung von Unterhaltsansprüchen bzw. nahm eine Abänderung der Höhe der Rente vor, wenn es infolge der Geldentwertung dem Berechtigten nicht mehr annähernd möglich war, aus der ziffernmäßig festgesetzten Rentensumme sich den erforderlichen Lebensunterhalt zu finanzieren. Eine derartiger Anspruch war schon im Jahre 1921 anerkannt worden[358].

3. Urteil des Reichsgerichts vom 28. November 1923

Grundlegend für die Aufwertungsrechtsprechung und ausschlaggebend für die anschließenden Aktivitäten des Gesetzgebers zur Regelung des Aufwertungsproblems war die Entscheidung des 5. Zivilsenats vom 28. November 1923[359] - V31/1923 in Sachen Stolz gegen Reichshagen.

In dem Rechtsstreit ging es um das Begehren einer Löschungsbewilligung für eine im Grundbuch des Bezirksgerichts Lüderitzbucht (Deutsch-Südwest-Afrika) eingetragene Hypothek über 13.000 Mark. Der Schuldner und Kläger hatte im Jahre 1920 die Forderung sowie rückständige Zinsen in Höhe von 18.980 Mark mit entwerteter Mark zurückgezahlt. Der Kläger begehrte daraufhin die Herausgabe des Hypothekenbriefs. Der Beklagte verweigerte diese mit der Begründung,

---

354 RGZ 106, 7, 9 f.
355 RGZ 106, 422.
356 JW 1923, 459
357 JW 1923, 522
358 Vgl. die Urteile des RG vom 23. und 26. Mai 1921, JW 1921, S.1080 Nr. 5 u. 6.
359 RGZ 107, 78.

daß die Schuld in der im früheren deutschen Schutzgebiete Südwestafrika geltend gewesenen Hartgeldwährung oder in entsprechenden Kurswerten zu entrichten sei. Das Landgericht gab der Klage statt, das Kammergericht wies die Berufung des Beklagten zurück. Seine Revision hatte Erfolg.

Der Beklagte hatte geltend gemacht, daß nach dem für Südwestafrika geltenden Währungsrechte, das zur Anwendung zu kommen habe, er zur Annahme von Papiergeld nicht verpflichtet sei. Das Berufungsgericht hatte aber angenommen, daß, da beide Parteien zur Zeit der Hypothekenbestellung ihren Wohnsitz in Berlin gehabt hätten, das im eigentlichen deutschen Reichsgebiete geltende Recht zur Anwendung zu kommen habe und nach diesem der Beklagte zur Annahme der Papiermark zum Nennwerte verpflichtet gewesen sei[360]. Das Reichsgericht ließ dahingestellt, ob das eine oder das andere Recht anwendbar sei, da in beiden Fällen das Berufungsurteil nicht aufrechterhalten werden könne. Da hier nur die Gründe interessieren, für den Fall der Anwendung des im eigentlichen deutschen Rechtsgebiete geltenden Rechts, sollen auch nur diese dargestellt werden[361].

Für den Fall, daß Berlin Erfüllungsort war und somit das im eigentlichen Reichsgebiete zugrunde liegende Recht anwendbar sei, erkannte das Reichsgericht die rechtliche Möglichkeit einer Aufwertung von Hypothekenforderungen aufgrund der starken Entwertung der Papiermark an. Dabei berief sich das Urteil in erster Linie auf § 242 BGB, für dessen Anwendung in Betracht komme, daß gerade bei Hypothekenforderungen der Schuldner regelmäßig in dem - wenigstens nach dem Papiergeldnennwerte - erheblich gestiegenen Werte des Grundstücks einen entsprechenden Ausgleich erhalten habe[362]. Dabei wurde gleichzeitig hinzugefügt, daß die in § 242 BGB geforderte Berücksichtigung dessen, was Treu und Glauben erforderte, die Berücksichtigung der Interessen beider Teile gebiete. Daraus folge, daß nicht schlechthin jede Hypothekenforderung oder jede in gleichem Maße, etwa gar in vollem Wertverhältnis der Papiermark zur Goldmark, aufgewertet werden müsse, sondern daß neben dem hauptsächlich maßgebenden gesteigerten Grundstückswerte auch die anderen Umstände des Falles hinzugezogen werden, wie zum Beispiel die wirtschaftliche Leistungsfähigkeit des Schuldners, ferner die Umstände, ob es sich um landwirtschaftliche, industrielle oder städtische Grundstücke handele. Ebenso werden die Lasten, namentlich öffentlicher Art, die dem Grundbesitz auferlegt sind, bei Mietgrundstücken auch die Verminderung ihres Ertrages durch die zum Schutz der Mieter ergangenen Bestimmungen zu berücksichtigen sein[363].

---

360 RGZ 107, 78, 79.

361 Die Gründe für die Beurteilung der Rechtslage im deutschen Reichsgebiet ist unter B der Urteilsbegründung abgedruckt, RGZ 107, 78, 85 ff.

362 RGZ 107, 78, 87.

363 A.a.O.

Als zweiten grundlegenden Satz sprach das Urteil aus, daß die Bestimmungen des deutschen Währungsrechts der Zulässigkeit der Aufwertung nicht entgegenstehen. Dies wurde unter Bezugnahme auf die Entstehungsgeschichte, den Zweck und die Verhältnisse, unter denen die in Betracht kommenden Gesetze entstanden sind, dargelegt[364]. Nach dem später eingetretenen Verfall der Papiermark sei ein "Widerstreit" zwischen beiden Gesetzen und der das Rechtsleben beherrschenden Vorschrift des § 242 BGB eingetreten, bei dem letztere den Vorrang hat und die Währungsvorschriften insoweit zurücktreten müßten, als sie mit den Grundsätzen von Treu und Glauben nicht vereinbar seien, denn bei ihrem Erlasse sei die Möglichkeit eines solchen Währungsverfalls nicht in Betracht gezogen, ein starres Festhalten an ihnen für diesen Fall also nicht vorgesehen worden[365]. Es wurde dann hervorgehoben, daß auch die Reichsgesetzgebung selbst den Satz "Mark gleich Mark" in der letzten Zeit nicht mehr ohne Einschränkung habe aufrechterhalten können, und dies durch Anführung einer Anzahl von reichsgesetzlichen Bestimmungen, die in der letzten Zeit ergangen sind, belegt[366]. In gleicher Weise wurde gezeigt, daß auch die Rechtsprechung des Reichsgerichts sich in immer steigenderem Maß in diese Richtung bewegt habe[367]. Wenn das bisher im wesentlichen nur bei gegenseitigen Verträgen geschehen sei, so könne es doch keinem begründeten Bedenken unterliegen, aus § 242 BGB die Zulässigkeit der Aufwertung auch für hypothekarisch gesicherte Darlehensforderungen anzunehmen. Das wurde aus dem Wesen des Darlehens und aus der Vorschrift des § 607 BGB hergeleitet. Diese Grundsätze würden allerdings durch die Währungsvorschriften in gewissem Umfange durchbrochen. Der durch sie den gesetzlichen Zahlungsmitteln verliehene Zwangskurs, durch den dem Gläubiger die Tragung der Gefahr einer Geldentwertung zugemutet werde, sei nur für normale wirtschaftliche Verhältnisse berechnet und müsse zurücktreten, falls er infolge einer außergewöhnlich starken, bei Erlaß der Währungsvorschriften nicht voraussehbaren Entwertung zu Ergebnissen führen würde, die mit § 242 BGB nicht mehr zu vereinbaren wären[368].

Die Entscheidung zeigt dann noch einen weiteren Weg auf, durch den man zur Zustimmung der Zulässigkeit der Aufwertung gelangen könne. So sei nämlich der Vertrag durch die ergänzende Auslegung mittels Lückenausfüllung aufgrund des § 157 BGB dahingehend zu interpretieren, daß nach der zu unterstellenden Absicht der Parteien, falls sie an den Fall einer außerordentlichen Entwertung des gesetzlichen Zahlungsmittels gedacht hätten, der Anspruch des Gläubigers sich

364 RGZ 107, 78, 87 f.
365 RGZ 107, 78, 88.
366 RGZ 107, 78, 88 ff.
367 RGZ 107, 78, 90.
368 RGZ 107, 78, 91.

gegenüber der ziffernmäßigen Festlegung der Geldsumme im Vertrage in angemessenem Umfange vergrößern sollte[369].

Das war der positive Inhalt des Urteils, soweit er sich auf die Aufwertung der durch eine Hypothek gesicherten persönlichen Darlehensforderung im Verhältnisse zwischen dem Gläubiger und dem persönlichen Schuldner bezieht. Es wurde dann noch hervorgehoben, daß es für die Entscheidung des Rechtsstreits keiner Stellungnahme zur Frage der Zulässigkeit der Aufwertung bei anderen als Hypothekenforderungen, insbesondere bei Anleiheforderungen von Privatunternehmungen oder Körperschaften des öffentlichen Rechts, bei Sparkassenguthaben, Pfandbriefforderungen usw. bedürfe[370]. Auch die Entscheidung der Frage nach der dinglichen Sicherung der aufgewerteten Forderung wurde für den Rechtsstreit als nicht erforderlich abgelehnt, da der hier allein erhobene Anspruch des Schuldners auf Löschung der Hypothek gegen Papiermarkzahlung in jedem Fall ungerechtfertigt sei, denn ein solches Verlangen widerspreche Treu und Glauben, solange nicht der Gläubiger mit seiner ganzen Forderung, einschließlich der Aufwertung, befriedigt sei. Unter allen Umständen aber könne der Gläubiger solange die Löschung verweigern aufgrund des ihm aus § 273 BGB zustehenden Zurückbehaltungsrechts[371].

4. Hintergründe der Aufwertungsentscheidung vom 28. November 1923

Betrachtet man die oben dargestellten Währungsvorschriften[372] und den Zweck des Zwangskurses, den Ablauf des Wirtschaftslebens mit einer im Inland funktionierenden Währungsordnung abzusichern, und mit einem Zwangskurs Kursschwankungen zu verhindern, so ist dieser Zweck mit fortschreitender Entwertung der Mark mehr und mehr vereitelt worden[373]. Der Verfall der Währung und die damit einhergehende immer ungerechter werdende Schädigung der Geldgläubiger machten eine Rechtfertigung des Grundsatzes „Mark = Mark" immer problematischer. Mit dem Auswuchern der Inflation ab Mitte 1922[374] hatte jedoch die Beibehaltung des Zwangskurses auf die weitere Entwicklung der Währung keinen Einfluß mehr. Der Zwangskurs war für die Erhaltung des Währungssystems bedeutungslos geworden[375]. Kaum jemand zahlte und schloß Verträge, bei denen die Mark noch Gegenstand des Vertrages war.

369 RGZ 107, 78, 92.
370 A.a.O.
371 RGZ 107, 78, 93.
372 2. Teil: A. I. 2. und B: I. 1. b.).
373 *Rüthers*, Die unbegrenzte Auslegung, S.73.
374 Vgl. zur Entwicklung der Währung die Ausführungen in: 2. Teil C II.
375 So auch: *Rüthers*, a.a.O.

Das Reichsgericht hingegen blieb dem Grundsatz „Mark = Mark“ sehr lange treu, vor allem wenn man den kontinuierlichen Verfall seit 1914 und die stark zunehmende Inflation seit 1920 berücksichtigt[376]. Selbst als Ende 1920 das Reichsgericht sich in der Frage der Vertragsveränderung von der Autorität des Gesetzgebers gelöst hatte[377], blieb es bei dem Problem der Hypothekenaufwertung bei der gesetzlichen Lösung, dem Nennwertzwangskurs.

Dies zeigt auch ein Urteil vom 18. Dezember 1920[378]. In dieser Entscheidung war der Kläger Gläubiger eines Hypothekendarlehens und hatte mit dem Beklagten Zahlung in deutscher Reichsgoldmünze vereinbart. Er verlangte Schadensersatz dafür, daß ihm aufgrund der Währungsgesetze nur der Nennwert in Papiermark gezahlt wurde. Das Reichsgericht wies die Klage ab, obwohl die Mark inzwischen auf 6,2 % des Vorkriegswertes gefallen war. Dabei zitierte das Reichsgericht die einschlägigen gesetzlichen Bestimmungen und zog zu deren Auslegung die „Denkschrift über wirtschaftliche Maßnahmen aus Anlaß des Krieges“ heran. Aus diesen Quellen zog das Gericht den Schluß, der Nennwertzwangskurs bestehe unverändert fort, und der Gläubiger habe allein den Schaden aus der Geldentwertung zu tragen. Rechtliche Bedenken, die sich aus dieser Lastenverteilung ergeben könnten, behandelte das Gericht mit einem Satz:

> „Der Hinweis auf das durch das nachträgliche Sinken der Währung herbeigeführte entgegenstehende Interesse des Gläubigers kann nicht durchschlagen.“[379]

Auch Anfang 1922 als 100 Mark noch sechs Goldpfennige wert waren, änderte sich die Rechtsprechung nicht. In einem Urteil vom 11. Januar 1922[380] ging das Reichsgericht bei der Auslegung eines Darlehnsvertrages von der Gültigkeit des Nennwertzwangskurses aus, ohne darüber ein Wort in den Entscheidungsgründen zu verlieren. Die Autorität des Gesetzes war somit noch ungebrochen[381].

a.) Besoldung der Richter

Warum aber vermochten die Richter in der Entscheidung vom 28. November 1923 dem Nennwertzwangskurs nicht mehr zu folgen? Die klare Linie der Recht-

376 Vgl. 2. Teil C II.
377 Ausführungen zu § 242 BGB und clausula rebus sic stantibus in Punkt: 3. Teil B: II. 1. b.) und 2.
378 RGZ 101, 141.
379 RGZ 101, 141, 146 f.
380 RGZ 103, 384.
381 Zur Autorität der Gesetze und Umfang des richterlichen Prüfungsrechts vgl. die Ausführungen in: 3. Teil C: IV.

sprechung ermunterte nicht dazu, wegen der Frage des Nennwertzwangskurses Revision einzulegen. Deshalb dauerte es fast zwei Jahre, bis das Reichsgericht dieses Problem wieder aufnehmen konnte[382]. Inzwischen war der Wert der Mark fast auf Null gesunken, die Goldmark entsprach dem Wert von einer Milliarde Papiermark[383]. Somit hatte gerade in dem Zeitraum von Anfang 1922 bis 1923 die Reichsmark noch einmal um einige 1000 % eingebüßt[384]. Es bot sich somit den Richtern nochmals eine viel dramatischere und ungerechtere wirtschaftliche Lage als bei den vorherigen Entscheidungen. Die oben beschriebenen Inflationswirkungen hatten sich nochmals um ein Vielfaches verschärft. Die Opfer der Inflationspolitik, der gesamte Mittelstand, die Arbeiterschaft, Rentiers, Wissenschaftler und Beamte, die ihr Vermögen überwiegend in Staatsanleihen, Sparkassenguthaben, Hypotheken und Pfandbriefen angelegt hatten, standen im Herbst 1923 vor dem wirtschaftlichen Nichts.

Hiervon waren auch im extremen Maße die Richter betroffen, die auch Geldgläubiger und Verbraucher waren und die die Inflation ebenfalls schwer geschädigt hatte[385]. Bei ihnen kam zusätzlich noch der Umstand hinzu, daß ihre Gehälter in der Inflationszeit kaum angepaßt worden waren. Die Gehälter der Reichsrichter waren seit der Gründung des Reichsgerichts 1897 bis 1920 nur einmal erhöht worden[386]. Lediglich im Jahre 1909 hatten die Reichsrichter eine einmalige Aufbesserung ihrer Gehälter in Höhe von 1000 Mark jährlich erhalten[387]. Somit war das Realeinkommen der Richter gefallen und die meisten hatten einen Großteil ihrer Vermögenswerte eingebüßt. Beim Eintreten für die Aufwertung vertraten die Richter somit nicht nur die Interessen der allgemeinen Bevölkerung, sondern auch ihre eigenen[388]. Darüber hinaus hatten in einigen Ländern des Reiches, wie zum Beispiel in Bayern, die Gehälter von Beamten die Gehälter der Reichsrichter überholt. Dies hatte zur Folge, daß "das Verständnis für die hohe Bedeu-

---

382 *Hempel*, Richterleitbilder in der Weimarer Republik, S.85.

383 Zur Geldwertsituation zum Zeitpunkt des Aufwertungsurteils vom 28. Nobember 1923 vgl. auch: *Rüthers*, Die unbegrenzte Auslegung, S.66 und 2. Teil C II. einschließlich den Nachweisen über Statistikmaterial.

384 Vgl. 2. Teil C II. Entwicklung der Währung.

385 *Dessauer*, Recht Richtertum und Ministerialbürokratie. Eine Studie über den Einfluß von Machtverschiebungen auf die Gestaltung des Privatrechts, S.89.

386 *Zeiler*, Die Erhaltung des Reichsgerichts auf seiner Höhe, DJZ 1922, Sp. 93, 94.

387 *Geyer*, Recht, Gerechtigkeit und Gesetze: Reichsgerichtsrat Zeiler und die Inflation, ZNR 1994, S.349, 352.

388 *Geyer*, Recht, Gerechtigkeit und Gesetze: Reichsgerichtsrat Zeiler und die Inflation, ZNR 1994, S.349, 350; *Dessauer*, Recht Richtertum und Ministerialbürokratie. Eine Studie über den Einfluß von Machtverschiebungen auf die Gestaltung des Privatrechts, S.89.; *Eyck*, Geschichte der Weimarer Republik, S.383.

tung der Rechtsprechung gesunken" war[389]. Aus dem „einst so hoch gestellten obersten Gerichtshof des Reiches“ hatte man eine „unbedeutende Behörde gemacht, deren Mitglieder eben noch in den untersten Stufen der Sonderklassen ihren Platz gefunden“ hätten, hieß es voller Ressentiments und mit Blick auf frühere bessere Verhältnisse in der 1929 erschienen Jubiläumsschrift des Reichsgerichts[390]. Ihre weit über andere Beamte und Richter herausgehobene Position war damit merklich zusammengeschmolzen. Durch die Annäherung der Richter an die wirtschaftliche Lage der Arbeiter wurden die Richter endgültig zum Kleinbürger[391]. Die allgemeine und die besondere wirtschaftliche Lage, aber auch das breite Bedürfnis in der Bevölkerung, waren sicherlich ursächlich für die Aufwertung. Hinzu kam auch noch die Untätigkeit des Gesetzgebers, auf die im folgenden noch näher einzugehen sein wird, die ebenfalls ausschlagebend für das Bedürfnis der Richter gewesen war, eine Aufwertung von Geldforderungen in dem Urteil vom 28. Novemeber 1923 auszusprechen.

Das Bedürfnis der Richter, den Grundsatz „Mark = Mark“ zu erörtern, wird aber auch vor allem durch die Tatsache deutlich, daß die Behandlung der Frage des Nennwertzwangskurses in der Entscheidung vom 28. November 1923[392] gar nicht zwingend gewesen war. Obwohl die Parteien vor allem über den Erfüllungsort stritten, - der Beklagte vertrat die Auffassung, Erfüllungsort sei Lüderitzbucht[393], dies hätte zur Folge gehabt, daß bei diesem Ort die Zwangskursbestimmungen keine Gültigkeit gehabt hätten[394] - entschied das Gericht nicht, wo der Erfüllungsort für den Darlehnsanspruch war, sondern löste den Fall alternativ. Unabhängig, wo der Erfüllungsort sei, so das Reichsgericht, habe der Zwangskurs in keinem Fall Geltung. Das Reichsgericht ließ somit eine vorrangige Frage offen, wenngleich die nachrangige schwieriger zu beantworten war. Hätte nämlich das Reichsgericht die Frage des Erfüllungsortes zugunsten des Beklagten geklärt und wäre Lüderitzbucht der Erfüllungsort gewesen, so wären die langwierigen Ausführungen zum Nennwertzwangskurs nicht nötig gewesen.

Mit der Entscheidung des Reichsgerichts ist Art. 3 des Änderungsgesetzes des Bankgesetzes außer Kraft getreten. Die Richter hatten versucht, über mehrere

---

389 *Zeiler*, Die Erhaltung des Reichsgerichts auf seiner Höhe, DJZ 1922, Sp. 93, 95; *Geyer*, Recht, Gerechtigkeit und Gesetze: Reichsgerichtsrat Zeiler und die Inflation, ZNR 1994, S.349, 352 f.

390 *Fünfzig Jahre Reichsgericht*, Hg. von Lobe unter Mitarbeit von Mitgliedern und Beamten des Reichsgerichts, der Reichsanwaltschaft und der Rechtsanwaltschaft am Reichsgericht, S.220, 222.

391 *Kübler*, Der deutsche Richter und das demokratische Gesetz, AcP 162 (1963), S.105, 113.

392 RGZ 107, 78 ff.

393 RGZ 107, 78, 80.

394 *Hempel*, Richerleitbilder in der Weimarer Republik, S.86.

Entscheidungen den Währungsgesetzen zu folgen, und über Rücktritt und wirtschaftliche Unmöglichkeit einen gerechten Ausgleich zwischen den Parteien zu schaffen[395]. Erst als der Wert der Mark fast auf Null gefallen und eine gesetzliche Lösung nicht in Sicht war, vermochten die Richter nicht mehr, den Nennwertzwangskurs zum Schutz der Geldgläubiger zu akzeptieren[396].

b.) Allgemeine Verteilungswirkungen der Inflation

Ein Grund für die Richter, sich für eine Aufwertung auszusprechen, war sicherlich auch die Verteilungswirkung der Inflation. Für eine Beurteilung des Inflationsprozesses ist es nötig, die Frage zu klären, welche Verteilungswirkungen die Inflation hatte. Von Historikern wird die Meinung vertreten, daß die sozialen Kosten der Inflation überwiegend von der unteren Arbeitnehmer- und der Mittelschicht getragen worden sind, da diese durch die rasche Geldentwertung bei weniger stark steigenden Nominallöhnen erheblich an Einkommen einbüßten[397]. Diese Kernthese ist in letzter Zeit von einigen Autoren relativiert worden[398]. Eine Untersuchung über die Verteilungswirkungen der Inflation wird vor allem an der Entwicklung des Volkseinkommens und der Reallöhne festzumachen sein. Dabei steht insbesondere die Frage im Vordergrund, ob und inwieweit die Politik der Reichsregierung Industrie und Landwirtschaft bevorzugt hat bzw. eine Politik zugunsten dieser betrieben worden ist.

---

395 Vgl. die Ausführungen in: 3. Teil B: II. 2.

396 Zur Geldwertsituation zum Zeitpunkt des Aufwertungsurteils vom 28. Nobember 1923 vgl. auch: *Rüthers*, Die unbegrenzte Auslegung, S.66.

397 *Gossweiler*, Großbanken, Industriemonopole, Staat. Ökonomie und Politik des staatsmonopolistischen Kapitalismus in Deutschland 1914 - 1932, S.151; *Czada*, Ursachen und Folgen der großen Inflation, S.33; *Hardach*, Deutschland in der Weltwirtschaft 1870 - 1970, S.41 ff.; *Krohn*, Die große Inflation in Deutschland 1914 - 1932, S.35; *ders.*, Stabilisierung und ökonomische Interessen. Die Finanzpolitik des Deutschen Reiches 1923 - 1927, S. 19 ff.; *Netzband/Widmaier*, Währungs- und Finanzpolitik der Ära Luther 1923 - 1925, S.3 f.; *Stolper/Häuser/Borchardt*, Deutsche Wirtschaft seit 1870, S. 101 ff.; *Kindleberger*, Die Weltwirtschaftskrise, S. 35; *Kuczynski*, Die Geschichte der Lage der Arbeiter unter dem Kapitalismus, Bd. 5, Berlin 1966; *Nörr*, Zwischen den Mühlsteinen, § 10 1.

398 Zu nennen ist vor allem die ausführliche Untersuchung bei: *Holtfrerich*, Die deutsche Inflation 1914 - 1923, S.218 ff; sowie von: *Kunz*, Verteilungskampf oder Interessenkonsensus? Einkommensentwicklung und Sozialverhalten von Arbeitnehmergruppen in der Inflationszeit 1914 bis 1924, S. 347 ff. Die Untersuchung von *Kunz* bezieht sich im Gegensatz zu der von *Holtfrerich* auf die Einkommensverteilung zwischen Angestellten und Beamten im Verhältnis zu Arbeitern.

Exakte Angaben über die Entwicklung des Volksvermögens existieren nicht. Zwar gibt es verschiedene Schätzungen und Berechnungen[399]. Es ist aber zu berücksichtigen, daß diese auf unterschiedlichen Berechnungsmethoden beruhen und somit Abweichungen indizieren[400]. Allen Berechnungen ist allerdings gemeinsam, daß das reale Volkseinkommen von Beginn des Krieges bis zum Ende der Hyperinflation 1923 gefallen ist[401]. Dadurch können aber keine Aussagen getroffen werden, inwieweit sich die Verteilung des Volkseinkommens zwischen einzelnen Klassen oder innerhalb der Klassen verändert hat.

Um diese Frage zu beantworten, ist es hingegen notwendig, sich das Realeinkommen der Bevölkerungsgruppen anzusehen[402]. Die These, die Gewinner der Inflation waren die großen Kapitalbesitzer, die Industrie und die Landwirtschaft, die eigentlichen Verlierer der Mittelstand und die Arbeiter, ist richtig. Die allgemeine Begründung für diese These ergibt sich wie folgt.

Die Industrie nahm Bankkredite auf und investierte diese langfristig in Sachwerte und Beteiligungen[403]. Dabei wurden Anlagen neu erworben oder bestehende ausgebaut. Wenn die Zeit der Rückzahlung des Darlehens gekommen war, war der fällige Nennbetrag durch die Inflation derart stark entwertet worden, daß die neuen Anlagen oder die Materialien nur einen Bruchteil vom vorherigen Wert gekostet haben. Die Nachfrage der Kredite war durch diese Möglichkeiten der

---

399 Eine Übersicht über verschiedene Berechnungen von Wirtschaftswissenschaftlern befindet sich bei: *Holtfrerich*, Die deutsche Inflation 1914 - 1923, S.221 Tab. 40. Dort werden Schätzungen von den folgenden Wirtschaftshistorikern vorgenommen: Hoffmann, Hennig, Graham, Roesler und Witt. Dabei soll nicht unerwähnt bleiben, daß auch amtliche Schätzungen über die Entwicklung des Volkseinkommens existieren, die auf der sogenannten Verteilungsrechnung beruhen. *Statistisches Reichsamt*, Das deutsche Volkseinkommen vor und nach dem Kriege. Einzelschriften zur Statistik des Deutschen Reichs, Nr. 24, Berlin 1932.

400 Zum Beispiel benutzt Hennig die Produktionsmengen einzelner Branchen, das landwirtschaftliche Produktionsvolumen, die Beschäftigung im erwerbswirtschaftlichen und nicht-erwerbswirtschaftlichen Teil des tertiären Sektors, um seinen Index für die Entwicklung des realen Volkseinkommens zu ermitteln. *Hennig*, Das industrialisierte Deutschland 1914 bis 1972, Paderborn 1974. Hingegen versucht Witt auf der Grundlage von Steuerstatistiken über die Verteilungsrechnung Ergebnisse zu erzielen. *Witt*, Finanzpolitik und sozialer Wandel in Krieg und Inflation 1918 - 1924, S.395 - 425.

401 Vgl. die Angaben bei der Tabelle von Holtfrerich a.a.O.

402 Vgl. Tabelle als Anlage Nr. 1 für Arbeiter.

403 Vgl. über diese vorgehensweise der Industrie: *Czada*, Ursachen und Folgen der großen Inflation, S.28; *Hardach*, Deutschland in der Weltwirtschaft 1870 - 1970, S.43; *Stolper/Häuser/Borchardt*, Deutsche Wirtschaft seit 1870, S.101; *Krohn*, Stabilisierung und ökonomische Interessen. Die Finanzpolitik des Deutschen Reiches 1923 - 1927, S.20; *Netzband/Widmaier*, Währungs- und Finanzpolitik der Ära Luther 1923 - 1925, S.3 f.

Sachwertgewinnung sehr groß. Gefördert wurde diese Industriepolitik durch die Reichsbank, die der Industrie in großem Umfang Kredite zu einem extrem günstigen Zinssatz zur Verfügung stellte[404]. Als Beispiel für clevere Spekulanten, die in wenigen Jahren in den Besitz von großen Sachwerten kamen, gelten vor allem Peter Klöckner, der Bankier Hugo Herzfeld, Otto Wolf, Friedrich Flick. Erwähnt wird aber vor allem Hugo Stinnes, der in der Inflationszeit das bisher größte Industrieimperium im Deutschen Reich aufbaute[405].

Opfer dieser Inflationspolitik waren diejenigen, die ihre Vermögenswerte in festen Geldbeträgen angelegt hatten, wie zum Beispiel in Staatsanleihen, Sparkassenguthaben, Pfandbriefen, Hypotheken etc., da diese während der Zeit der Inflation wertlos wurden[406]. Vorwiegend betroffen war davon in erster Linie die Mittelschicht und dabei vor allem die Rentiers, Wissenschaftler[407] und Beamten[408]. Aber auch Stiftungen, Universitäten, Gewerkschaften und Vereine, die ebenfalls große Vermögen in inländischer Währung angelegt und den Zugang zu inländischen Kreditquellen nicht genutzt hatten. Daneben traf die Inflation auch die Arbeiter. Zwar ist beim Rückgang des realen Tarifstundenlohns zu berücksichtigen, daß dieser zum Großteil auch auf den Abbau von Überstunden und Verkürzung der Arbeitszeit zurückzuführen ist und somit dem Rückgang des Reallohns auch Nutzengewinne gegenüberstanden[409]. Nimmt man aber, um diesen Effekt auszuschalten, den Reallohn einer Arbeitsstunde, bzw. rechnet man Abschläge durch Stundenreduzierungen ein, ist dennoch ein Rückgang des Realeinkommens bei den Arbeitern festzustellen[410]. So sank der tarifliche Realwochenlohn, wenn man das Jahr 1913 mit 100 ansetzt, bei gelernten Eisenbahnarbeitern

---

404 Vgl. Punkt C III 3 und FN 225. Hierbei handelt es sich um den Hauptvorwurf der Kritiker der Politik der Reichsbank.

405 Hugo Stinnes kommt in allen, die Inflation beschreibenden, Werken vor. Vgl.: *Stolper/Häuser/Borchardt*, Deutsche Wirtschaft seit 1870, S.102 f.; *Krohn*, Stabilisierung und ökonomische Interessen. Die Finanzpolitik des Deutschen Reiches 1923 - 1927, S.19; *Czada*, Ursachen und Folgen der großen Inflation, S.29; *Kindleberger*, Die Weltwirtschaftskrise 1929 - 1939, S.32.

406 Vgl. statt vieler: *Stucken*, Deutsche Geld- und Kreditpolitik 1914 - 1963, 3.A., S.32.

407 Dieses Problem ausführlich behandelnd: *Weber*, Die Not der geistigen Arbeiter, S.173; *Schreiber*, Die Not der deutschen Wissenschaft und der geistigen Arbeiter, Leipzig 1923.

408 Die Beamtenbesoldung und ihre soziale Gerechtigkeit, vor allem unter Berücksichtigung der Richterschaft, behandelnd: *Geyer*, Recht, Gerechtigkeit und Gesetz: Reichsgerichtsrat Zeiler und die Inflation, ZNR 1994; S.349, 351 ff.

409 *Huck*, Wirtschaftspolitik zwischen Weltkrieg und Weltwirtschaftskrise, S.122.

410 Dies ist unstreitig, jedoch bestehen bei der Bewertung der Höhe Unterschiede. Dies liegt an den Verkürzungen der Arbeitszeit und der Berechnungsmethode der Lebenshaltungskosten. vgl. hierzu: *Holtfrerich*, Die deutsche Inflation 1914 - 1923, S.242 f.

auf 50,9 %, bei ungelernten Eisenbahnarbeitern auf 69,1 %, bei Buchdruckern auf 54,2 % und bei Hauern und Schleppern im Ruhrgebiet auf 70,1 %[411]. Das bedeutet, daß die Steigerung der Arbeiter-, aber auch der Beamten- und Angestellteneinkommen[412] hinter der Geldentwertung weit zurückblieb[413]. Deutlich wird dies auch an dem Rückgang der Spareinlagen. Diese sanken von den kleineren und mittleren Geldvermögen von 19 Milliarden Reichsmark vor Ausbruch des Krieges im Jahre 1913 auf 25 Millionen Reichsmark im Jahr 1923 und rund 1,7 Milliarden Reichsmark Ende 1925[414]. Die Verarmung der Bevölkerung war auch im allgemeinen Straßenbild erkennbar geworden. So gab es Schlangestehen, Hamsterfahrten, Tauschhandel, und ein Großteil der Bevölkerung war auf Sozialhilfe angewiesen[415].

Gewinner der Inflation war, wie bereits dargestellt, die Industrie. Die Politik zugunsten der Industrie wird aber auch an anderen Zusammenhängen deutlich. Ein Beispiel für die Industrie als Nutznießer der Inflation ist die rapide Zunahme der industriellen Aktiengesellschaften. So gab es Ende 1913 ca. 5000 Aktiengesellschaften in Deutschland. Diese Zahl verdreifachte sich in Deutschland bis 1923[416]. Der Ausbau der Industrie wird aber auch an dem Ausbau der Infrastruktur deutlich. So besaß die deutsche Reichsbahn vor dem Krieg 25.000 Lokomotiven und 650.000 Waggons. Durch die Reparationen mußte das Deutsche Reich 20 % an die Siegermächte abliefern. Aber schon gegen Ende der Inflation besaß Deutschland wieder 31.000 Lokomotiven und 750.000 Waggons[417].

Weiterhin hat durch die Inflation die Landwirtschaft profitiert. Die Inflation ermöglichte den Bauern, angefangen vom Kleinbauern bis zum Großgrundbesitzer, sich zu entschulden. Die Landwirte hatten sich wie die Industrie hoch verschuldet. Sie konnten aber ihre Hypothekenschulden mit wertlosem Geld til-

---

411 Der Rückgang des Reallohneinkommens fand nicht stetig, sondern phasenweise statt. Vgl. dazu die umfassenden Darstellungen bei: *Huck*, Wirtschaftspolitik zwischen Weltkrieg und Weltwirtschaftskrise, S.122; *Holtfrerich*, Die deutsche Inflation 1914 - 1923 Tab. 41., S.230; *Czada*, Ursachen und Folgen der großen Inflation, S.33 Tab.4; Quelle zur Geldentwertung, S.41.

412 Im folgenden soll nicht das Verhältnis zwischen den einzelnen Bevölkerungsgruppen untersucht werden. Eine solche Untersuchung hat unternommen: *Kunz*, Verteilungskampf oder Interessenkonsensus? Einkommensentwicklung und Sozialverhalten von Arbeitnehmergruppen in der Inflationszeit 1914 bis 1924, S. 347 ff.

413 *Hardach*, Deutschland in der Weltwirtschaft 1870 - 1970,S.43.

414 *Czada*, Ursachen und Folgen der großen Inflation, S.33.

415 *Holtfrerich*, Die deutsche Inflation 1914 - 1923, S.309.

416 *Wittkowski*, Großbanken und Industrie in Deutschland 1924 - 1931, S.98.

417 *Krohn*, Stabilisierung und ökonomische Interessen. Die Finanzpolitik des Deutschen Reiches 1923 - 1927, S.21.

gen[418]. Zusammenfassend läßt sich sagen, daß die Leidtragende die Mittelschicht gewesen war, die im Gegensatz zur Industrie und Landwirtschaft benachteiligt wurde.

C: Auseinandersetzung zwischen Reichsregierung und Reichsgericht

In dem bedeutenden Urteil vom 28. November 1923[419] hatte sich die Rechtsprechung für eine Aufwertung hypothekarisch gesicherter Forderungen entschieden und damit, wie noch aufzuzeigen sein wird, gegen den Willen des Gesetzgebers, einen neuen Rechtsgrundsatz aufgestellt. Die Entscheidung des Reichsgerichts vom 28. November 1923 und die noch zu erörternde Eingabe des Vorstandes des Richtervereines vom 8. Januar 1924[420] führten zu einer ausführlichen Auseinandersetzung über die verfassungspolitische Stellung des Reichsgerichts. Im Vordergrund stand dabei das richterliche Prüfungsrecht von Reichsgesetzen und die grundsätzliche Verfassungsfrage über die Abgrenzung der gesetzgebenden und richterlichen Gewalt. Zwar nahm an dieser Diskussion weniger die Bevölkerung teil, um so mehr aber die Juristen und Verfassungspolitiker. Dabei entfachte sich ein Streit um das richterliche Prüfungsrecht und seinen Umfang.

Die Frage ist sowohl in der zeitgenössischen[421] wie auch in der folgenden Literatur[422] ausführlich erörtert worden. Dabei wird vornehmlich davon ausgegangen, daß seit Weimar der treue Diener der positiven Gesetze mehr und mehr verschwunden sei. An seine Stelle sei die richterliche Rechtsschöpfung getreten, ohne viel Rücksicht auf die Gesetze und somit ein neuer Richter[423].

---

418 *Huck*, Wirtschaftspolitik zwischen Weltkrieg und Weltwirtschaftskrise, S.119.

419 RGZ 107, 78.

420 JW 1924, S.90.

421 Vgl. die eingehenden Nachweise bei Gliederungspunkt: 3. Teil C: I. 5. a.).

422 Eine ausführliche Zusammenstellung der Literatur befindet sich in: Staudinger, 12. A. Einl. RN 197; *Ogorek*, Richterliche Normenkontrolle im 19. Jahrhundert: Zur Rekonstruktion einer Streitfrage, in: ZNR 1989, S.12 ff.; *ders.* Richterkönig oder Subsumtionsautomat? S.371 ff.; *Biaggini*, Verfassung und Richterrecht, Diss., Basel, Frankfurt/Main 1991.

423 *Hattenhauer*, Wandlungen des Richterleitbilde im 19. und 20. Jahrhundert, S.19; *Dessauer*, Recht Richtertum und Ministerialbürokratie, S.70, 74 ff.; *Kübler*, Der deutsche Richter und das Gesetz. Versuch einer Deutung aus richterlichen Selbstzeugnissen, AcP 162 (1963), S.104 ff.. Vgl. auch die Nachweise in FN 15 bei *Rükkert*, Richterrecht seit Weimar, S.207. Ähnlich auch die Untersuchung von *Rückert*, Weimar und die Folgen, in: Kritische Justiz 30, Heft 4 1997, S.429 ff.

Dem wird seit neuem die Auffassung vom Krisenmanagement entgegengesetzt[424]. Danach haben die Richter in der Weimarer Zeit nicht am Gesetz vorbei judiziert, sondern nur versucht, in kaum bestreitbaren Lückenfällen und ersichtlicher Krisenlage, wie es bei der Aufwertungsproblematik der Fall ist, Lückenfüllung zu betreiben. Es wurde nicht richterköniglich neues Recht für diese Fälle geschaffen, sondern lediglich auf gesetzlich ungeregelte Sachverhalte reagiert. Entgegen der bisherigen Auffassung habe es den alten, strikt gesetzespositivistischen Richter nicht gegeben. Somit sei in der Weimarer Zeit auch diesbezüglich keine Wende zu sehen, genausowenig wie eine Rechtskrise. Als Argumente für die These vom Krisenmanagement wird unter anderem angeführt, daß mit dem Ende der Inflationsfälle auch die korrigierenden Krisenurteile verschwinden. Weiterhin wird auf die Anführungen zu § 242 BGB hinsichtlich der Aufwertung sowie auf die bestehende Rechtsfortbildung in anderen Rechtsgebieten hingewiesen. Von einer neuen Richtermacht könne ebenfalls nicht gesprochen werden. Zum einen sei die Anzahl der Entscheidungen, die sich mit der neueren Richtermacht beschäftigen, nur sehr gering, zum anderem sei zu berücksichtigen, daß die meisten Entscheidungen, in denen die Frage der Richtermacht aufgeworfen worden war, im Ergebnis keine neue Richtermacht annahmen bzw. bejahten[425]. Der in den Zeitschriften oftmals angekündigte Widerstand gegenüber dem Gesetzgeber fand in der Judikatur, deren Gegenstand und Grundlage Urteile sind, ebenfalls nicht statt, vor allem nicht, nachdem die Aufwertungsgesetze und Verordnungen erlassen wurden, die sämtlich hinter den Forderungen der Richter zurückgeblieben waren[426].

Die Frage, ob in der Weimarer Zeit ein neues Richterleitbild entstanden oder gar von der Entstehung einer neuen Richtermacht zu sprechen ist, soll an dieser

424 So: *Rückert*, Richterrecht seit Weimar, S.203 ff.

425 *Rückert*, a.a.O. S.213 f. unter Berufung auf die Untersuchung von *Klemmer*: Von 57 krisenbezogenen Entscheidungen nach 1918 äußern sich 28 irgendwie explizit zur (neuen) Richtermacht. Elf davon tun dies im Zusammenhang mit der Prüfungsrechtsfrage, aber i. E. alle folgenlos. Eine von diesen elf und acht weitere äußern sich allgemein positiv, siebenmal allein der III. Senat, aber überwiegend im Ergebnis folgenlos und dreimal ausdrücklich nur für Ausnahmefälle. Fünf weitere äußern sich ablehnend, eine weitere läßt die Machtfrage dahingestellt. Nur neun von den 28, die überhaupt dazu sprechen, sprechen also positiv von Richtermacht. Ergebnistragend umgesetzt wird sie auch in diesen Entscheidungen überwiegend nicht, ohnehin geht es nur um krisenbezogene Fälle. Im Krieg zwischen 1914 - 1918 gibt es in vier von zwanzig einschlägigen Urteilen ausdrückliche Erwähnungen, aber drei contra und nur eine positiv mit Umsetzung durch Vertragserfüllung. Vor 1914 finden sich im ganzen sechs positive Äußerungen in krisenunabhängigen Fällen nach 1918, freilich nirgends ergebnistragend".

426 *Rückert*, a.a.O., S.215.

Stelle genausowenig abschließend erörtert werden wie das Ergebnis, daß sich ein neuer Verfassungsbezug bei der richterlichen Arbeit der Richter sich ergeben habe[427]. Vielmehr sollen einige Anmerkungen zu den einzelnen Untersuchungsergebnissen und Schlußfolgerungen gemacht und deutlich herausgestellt werden, daß durch die Entscheidung vom 28. November 1923 und durch die Erklärung des Richtervereins vom 8. Januar 1924 die Richter erstmals in der Geschichte gegen den ausdrücklichen Willen des Gesetzgebers agiert und sich sogar über dessen Willen hinweggesetzt haben, und hierdurch die ihnen durch die Weimarer Verfassung zugeteilte Rolle deutlich überschritten haben. Hier wurde zum ersten Mal eine Machtfrage zwischen Justiz und Gesetzgeber ausgetragen, bei der der Gesetzgeber letztendlich dem Willen der Rechtsprechung gegenüber nachgegeben hat. Die Rechtsprechung hatte mit ihrer Entscheidung vom 23. November 1923 die Rolle des Gesetzgebers übernommen und einen Sachverhalt geregelt, der einzig und allein von der Gesetzgebung hätte geregelt werden müssen. Das Reichsgericht hat mit dieser Entscheidung den Rahmen seiner Zuständigkeit innerhalb der Gewaltenteilung überschritten oder wie *Eser* anmerkt, „... nie vorher und kaum einmal in unserer Zeit hat der höchste Gerichtshof Aussprüche von solcher Kühnheit gewagt, wie das Reichsgericht im Jahre 1923“[428]. Um dies zu veranschaulichen und die Bedeutung der Entscheidung des Reichsgerichts vom 28. November 1923[429] und der Eingabe des Richtervereins vom 8. Januar 1924[430] zu verdeutlichen, soll zunächst der Konflikt zwischen der Reichsregierung und der Rechtsprechung einschließlich der Stimmen in der Richterschaft dargestellt und im anschließenden analysiert und interpretiert werden.

I. Konflikt zwischen Gesetzgeber und Rechtsprechung

Der Konflikt zwischen Rechtsprechung und Reichsregierung ist keineswegs überraschend entstanden. Vielmehr hat sich dieser durch die zunehmende wirtschaftliche und soziale Lage zunächst langsam und parallel zur Inflation in immer schnelleren Phasen herauskristallisiert. Dies wird vor allem deutlich durch den Weg, den die Rechtsprechung bis zur Aufwertungsentscheidung beschritten hat. Der Konflikt vollzog sich dabei in mehreren Schritten und reichte von einem eigenen Aufwertungsvorschlag der Reichsrichter über die Ignorierung dieses Vorschlags durch die Reichsregierung, bis hin zur Entscheidung des Reichsgerichts

427 So das Ergebnis von *Rückert*, Richterrecht seit Weimar?, S.227; aber auch *Nörr*, Zwischen den Mühlsteinen, § 10 2.

428 *Eser*, Wege der Rechtsgewinnung, S.311.

429 RGZ 107, 78.

430 JW 1924, S.90.

vom 28. November 1923. Der offene Konflikt zwischen Reichsregierung und Reichsgericht trat schließlich durch die Ankündigung eines Aufwertungssperrgesetzes und der anschließenden Erklärung des Richtervereins vom 8. Januar 1924 und der Erklärung des Reichsjustizministers offen zu Tage.

1. Position der Rechtsprechung vor der Entscheidung des Reichsgerichts vom 28. November 1923

Unabhängig von den vielen Stimmen der Richterschaft, die überwiegend für eine Aufwertung waren, hatte der Richterverein einen eigenen Entwurf im Sommer 1923[431] ausgearbeitet und mit einer Begründung veröffentlicht. Der Grundsatz Mark = Mark hatte zu unerträglichen und jeglicher Gerechtigkeit widersprechenden Folgen geführt. Die Gewissensnot der Richter im Hinblick auf die unerträglichen Folgen des Zwangskurses zum Nennwert im damaligen Stadium maximaler Geldentwertung trat dadurch ebenso zutage wie die Unruhe über die Untätigkeit des Gesetzgebers, die vor allem durch eine breite Diskussion in den einschlägigen Fachzeitschriften und den zahlreichen Stellungnahmen von Richtern deutlich wird[432]. Auch wenn sich diese Meinungen in den Entscheidungen des Reichsgerichts nicht wiederfinden, so geben sie doch einen Einblick in die damalige Gemütslage der Richter. Die dabei gegenüber der gesetzgebenden Gewalt vorgebrachte Kritik seitens der Richter und die dem Gesetzgeber vorgeworfene Unfähigkeit war in dieser Form bisher einschließlich der Art und Weise ein Novum. Man warf dem Gesetzgeber Unkenntnis der wirtschaftlichen Lage und Inkompetenz vor. Die katastrophale wirtschaftliche Lage sowie das Ausbleiben jeglicher Gesetze zur Aufwertung führte schließlich zum Aufwertungsurteil des Reichsgerichts vom 28. November 1923.

2. Position der Reichsregierung

a.) Vor dem Urteil des Reichsgerichts vom 28. November 1923

Der Aufwertungsgedanke ist nicht alleine ein schöpferischer Einfall der Richter gewesen. Vielmehr hatte die Politik selbst das Problem erkannt. Dennoch stand die Politik einer allgemeinen Aufwertung eher ablehnend gegenüber[433]. Aber

---

431 DJZ 1923, Sp. 441 ff.

432 Siehe hierzu die Ausführungen in Gliederungspunkt 3. Teil C: I 5.a.).

433 Im folgenden soll die politische Diskussion nur kurz, soweit sie für die Entwicklung der Aufwertungsrechtsprechung maßgeblich ist, dargestellt werden. Ausführliche Darstellungen der Diskussion um die Aufwertungsgesetzgebung befinden sich bei: *Pirlet*, Der politische Kampf um die Aufwertungsgesetzgebung nach dem 1. Welt-

auch sie mußte die Geldentwertung anerkennen, als die Notlage der Privat- und Staatswirtschaft immer stärker wurde[434]. Dies geschah schon ab 1919 durch mehrere gesetzgeberische Maßnahmen. Zu erwähnen ist zum Beispiel die Verordnung über die schiedsgerichtliche Erhöhung von Preisen bei der Lieferung von elektrischer Arbeit, Gas und Leitungswasser vom 1. Februar 1919[435], die Verordnung zum Schutze der Mieter vom 22. Juli 1919[436], die Verordnung über die schiedsgerichtliche Erhöhung von Beförderungspreisen der Eisenbahnen, Kleinbahnen (Lokalbahnen usw.), Straßenbahnen und Anschlußbahnen vom 21. Februar 1920[437], die Verordnung betreffende Abänderung der Verordnung über die schiedsgerichtliche Erhöhung von Preisen bei der Lieferung von elektrischer Arbeit, Gas und Leitungswasser vom 1. Februar 1919[438], vom 11. März 1920, sowie das Gesetz vom 18. August 1923[439] über die anderweitige Festsetzung von Geldbezügen aus Altenteilverträgen. In diesem Gesetz wurde den Landesbehörden die Befugnis erteilt zu bestimmen, daß solche Geldleistungen - und ebenso die Versorgungsansprüche, welche einzelnen Familiengliedern gegenüber den Inhabern von bisherigen Stammgütern und Familienfideikommissen zustehen - entsprechend den veränderten Geldverhältnissen anderweitig festgesetzt werden können, soweit dies der Billigkeit entspreche. Aber auch auf steuerlichem und fiskalischem Gebiete wurde die Aufwertung von Geldforderungen mehrfach durch gesetzliche Vorschrift angeordnet. So zum Beispiel in der Verordnung des Reichpräsidenten über Steueraufwertung und Vereinfachungen in Besteuerungsverfahren vom 11. Oktober 1923[440]. § 2 schrieb vor, daß bei gewissen Steuern die Zahlung auch dann nach dem Goldwerte zu leisten war, wenn die Steuer selbst nicht in Gold berechnet worden war. Das gleiche galt auch in § 10 für Nachforderungen von Steuern, bei denen die Steuerschuld vor dem 1. September 1923 entstanden war. In beiden Fällen wurde die Aufwertung des Steuerbetrages unter Berücksichtigung der seitdem eingetretenen Geldentwertung zugelassen.

---

krieg, Diss., Köln 1959. Vgl. aber auch die zusammenhängende Darstellungen bei: *Krohn*, Stabilisierung und ökonomische Interessen. Die Finanzpolitik des Deutschen Reiches 1923 - 1927, S. 44 ff.; *Netzband/Widmaier*, Währungs- und Finanzpolitik der Ära Luther 1923 - 1925, S.168 ff; *Mügel*, Das gesamte Aufwertungsrecht, 5.A., Einl. § 3 ff.; *Michaelis*, Aufwertungsrecht, 2.A., Einl. V.

434 *Pirlet*, Der politische Kampf um die Aufwertungsgesetzgebung nach dem 1. Weltkrieg, S.27.

435 RGBl. I S.135.

436 RGBl. I S.591.

437 RGBl. S.255.

438 RGBl. S.329.

439 RGBl. I S.815.

440 RGBl. I S.939.

Mit den eben angeführten gesetzlichen Vorschriften war die unbedingte Maßgeblichkeit des Nennwerts bei Geldschulden bereits durchbrochen worden und der ungünstigen Entwicklung der Geldverhältnisse auf bestehende Rechtsverhältnisse Rechnung getragen. Eine umfassende Aufwertung wurde aber seitens der Regierung abgelehnt. Schon im Dezember 1922 war von mehreren Seiten das Aufwertungsproblem in die politische Diskussion eingebracht und versucht worden, die Aufwertungsfrage an die Gesetzgebung heranzutragen[441]. Anlaß war die seit Mitte 1922 einsetzende Hyperinflation[442]. Die zunehmende Geldentwertung nutzten viele, um ihre Hypothekenschulden mit entwertetem Geld zu tilgen[443]. Die Regierung hielt immer noch an dem Grundsatz Mark = Mark fest und erklärte im Dezember 1922 offiziell, daß der Erlaß eines Sperrgesetzes zum Schutz der Hypothekengläubiger oder eine Aufwertung entwerteter Hypothekenforderungen nicht in Betracht kommen könne[444]. Diesen Standpunkt vertraten Reichsregierung und Reichstag auch, als am 1. März 1923 der Abgeordnete Düringer einen Antrag auf Erlaß eines Sperrgesetzes stellte[445]. In diesem Antrag wollte Düringer die Rückzahlung der vor dem 1. Januar 1922 eingetragenen Hypotheken und Grundschulden mit entwertetem Geld bis zur Klärung der Rechtsfrage, zunächst bis zum 1. Januar 1927, von der Zustimmung des Hypothekengläubigers abhängig machen[446]. Diesem Antrag waren später mehrere Juristen in einer Denkschrift beigetreten[447]. In der Sitzung des Reichstags vom 4. Juli 1923 befürwortete der Abgeordnete Düringer den Antrag, während der Reichsjustizminister Heinze die ablehnende Auffassung der Reichsregierung vertrat[448]. Heinze war der Ansicht, daß nicht Hoffnungen geweckt werden dürften, die später doch nicht erfüllt werden könnten[449]. Der Antrag Düringers wurde nach der Beratung an den Rechtsausschuß verwiesen und nicht mehr beraten[450].

441 Vgl.: Juristische Arbeitsgemeinschaft für Gesetzgebungsfragen, in: DJZ 1924, Sp. 405 ff.

442 Vgl. oben : 2. Teil C II.

443 Vgl. *Michaelis* in RGRK, BGB, 6.A., S.370; *Mügel*, Das gesamte Aufwertungsrecht, 5.A., Einl. § 3 m.w.N. in FN 4. So ist gerade im Jahre 1923 die Rückzahlung von Hypotheken im großen Umfange fällig gewesen.

444 *Mügel*, Das gesamt Aufwertungsrecht, 5.A., Einl. § 3.

445 *Michaelis*, Aufwertungsrecht, 2.A., S.4.

446 Drucksachen des Reichstags, Bd. 378, Nr. 5597.

447 Denkschrift zur Unterstützung des Antrages Düringer und Genossen betr. die Sperre der Hypothekenzahlung, Berlin im Juni 1923, in: JW 1923, S.873 ff.

448 *Michaelis*, Aufwertungsrecht, 2.A., S.4; *Pirlet*, Der politische Kampf um die Aufwertungsgesetzgebung nach dem 1. Weltkrieg, S.37.

449 *Michaelis* in RGRK, BGB, 6.A., S.370.

450 Stenographische Berichte Bd. 350, S.11602 ff.

b.) Nach der Entscheidung des Reichsgerichts vom 28. November 1923

Die Entscheidung des Reichsgerichts brachte die allgemeine Diskussion um die Aufwertung von Geldforderungen und dem Abweichen des Grundsatzes "Mark = Mark" auf den Höhepunkt[451]. Entschiedener Gegner einer Aufwertung, auch nach dem Urteil des Reichsgerichts vom 28. November 1923, war das Reichsfinanzministerium unter Luther. So erklärte Luther, daß für die Reichsregierung der Grundsatz Mark = Mark bestehen bleiben müsse[452]. Im Hinblick auf die bevorstehende 3. Steuernotverordnung erklärte er auf der Kabinettssitzung vom 15. Dezember 1923, daß eine Aufwertung, allein schon mit Rücksicht auf die noch in Höhe von 60 Milliarden Mark umlaufenden Kriegsanleihen, für den Staat gänzlich unmöglich sei[453].

Justizminister Emminger hingegen sprach sich für eine Aufwertung von 10 % aus und stellte in der oben erwähnten Kabinettssitzung einen entsprechenden Antrag. Er sah es als unverantwortlich an, sich über die Entscheidung des höchsten Gerichts hinwegsetzen zu wollen, was einer Enteignung der Vermögensgläubiger gleichkomme, die überwiegend dem jetzt pauperisierten Mittelstand angehörten[454]. Diesem entgegnete Luther, daß eine Aufwertung in dieser Höhe, zum Beispiel für die Kriegsanleihe, die Herstellung einer Goldschuld von 6 Milliarden bedeute. Das Kabinett folgte daher Luther und lehnte den Antrag von Justizminister Emminger ab. Ein weiterer Versuch des Justizministers, die Aufwertungsfrage zu lösen, war das am 7. Januar 1924 an den Reichskanzler gerichtete Memorandum, in dem sich Emminger ausdrücklich gegen gesetzliche Maßnahmen aussprach, die sich gegen die höchstrichterliche Rechtsprechung richteten[455].

3. Eingabe des Richtervereins vom 8. Januar 1924

Nachdem die Reichsregierung trotz der Entscheidung des Reichsgerichts vom 28. November 1923 erwog, eine generelle Aufwertung auszuschließen und diese

451 Vgl. die politischen Folgen des Urteils erörternd: *Krohn*, Stabilisierung und ökonomische Interessen. Die Finanzpolitik des Deutschen Reiches 1923 - 1927, S.44 ff.; *Netzband/Widmaier*, Währungs- und Finanzpolitik der Ära Luther 1923 - 1925, S.184 ff.; *Michaelis*, Aufwertungsrecht, 2.A., S.21 f.

452 *Krohn*, Stabilisierung und ökonomische Interessen. Die Finanzpolitik des Deutschen Reiches 1923 - 1927, S.45.

453 Kabinettsprotokoll vom 15. Dezember 1923, BA R 43 I/1390. Vgl. hierzu auch: *Holtfrerich*, Die deutsche Inflation 1914 - 1923, S.317.

454 Kabinettsprotokoll vom 15. Dezember 1923, BA R 43 I/1390.

455 *Pfleiderer*, Die Reichsbank in der Zeit der großen Inflation, die Stabilisierung der Mark und die Aufwertung von Kapitalforderungen, S.197.

vielmehr durch ein Sperrgesetz zu verbieten, sah sich der Vorstand des Richtervereins am Reichsgericht veranlaßt, eine Stellungnahme gegenüber dem Reichskanzler abzugeben[456].

In dieser Erklärung erhob der Richterverein seine warnende Stimme und sprach sich gegen den Vorwurf aus, er habe "vorschnell und unüberlegt die Gleichung Mark = Mark aufgegeben". Er habe vielmehr langsam und vorsichtig zunächst auf einzelnen Rechtsgebieten die Notwendigkeit einer Aufwertung anerkannt. In seiner Stellungnahme nahm der Richterverein Bezug auf die Reichsgerichtsentscheidung des 5. Senats vom 23. November 1923 und machte deutlich, daß die zurückhaltende Art, wie dieses Urteil begründet wurde, Zeugnis sei, wie sehr sich der Senat seiner Verantwortung angesichts der Tragweite der Entscheidung bewußt war. Des weiteren führte der Richterverein an, daß, wenn dieser als höchster Gerichtshof des Reiches nach sorgfältiger Erwägung des Für und Wider zu einer solchen Entscheidung gelangt sei, er glaube, von der Reichsregierung erwarten zu dürfen, daß die von ihm vertretene Auffassung nicht durch einen Machtspruch des Gesetzgebers umgestoßen werde.

Die Entscheidung des Reichsgerichts sei gestützt auf den großen Gedanken von Treu und Glauben, "der unser Rechtsleben beherrscht", gestützt auf die Erkenntnis, daß ein weiteres Festhalten an der Vorstellung, Mark sei gleich Mark, zu einem höchsten Maße des Unrechts führen würde und unerträglich sei in einem Rechtsstaat. Der Richterverein legte weiter dar, daß die Folgen der Geldentwertung auf Gläubiger und Schuldner angemessen zu verteilen seien, und begründet dies mit dem Gedanken von Treu und Glauben, der außerhalb des Gesetzes stehe und nicht einfach durch ein gesetzgeberisches "Machtwort" vereitelt werden dürfe. Die Richter machten aber auch deutlich, daß sie eine entsprechende gesetzliche Maßnahme nicht akzeptieren würden. So erklärte der Richterverein, daß es für die Reichsregierung ein Ansehensverlust wäre und das Rechtsgefühl im Volke beeinträchtigt sei, "wenn es dazu kommen müßte, daß jemand, der sich im Rechtsstreit auf die neue gesetzliche Vorschrift beriefe, damit von den Gerichten mit der Begründung abgewiesen würde, seine Berufung auf die Vor-

---

456 Die Erklärung des Richtervereins vom 08.02.1924 findet sich abgedruckt in: JW 1924 S.90; *Michaelis*, Dritte Steuernotverordnung, Anhang III, S.297 ff. Eine Erörterung der Stellungnahme sowie kurze Zusammenfassungen dieser befinden sich in: *Pfleiderer*, Die Reichsbank in der Zeit der großen Inflation, die Stabilisierung der Mark und die Aufwertung von Kapitalforderungen, S.199; *Pirlet*, Der politische Kampf um die Aufwertungsgesetzgebung nach dem 1. Weltkrieg, S.44 ff.
Inwieweit die Eingabe des Vorstandes des Richtervereins nur dessen Meinung widerspiegelt oder die Meinung der gesamten Richterschaft ist streitig. Siehe hierzu die noch folgende Analyse (3. Teil C: IV.) sowie: *Nörr*, Zwischen den Mühlsteinen, § 10 2; *Geyer*, Recht, Gerechtigkeit und Gesetze: Reichsgerichtsrat Zeiler und die Inflation, ZNR 1994, S.349, 366.

schrift verstoße gegen Treu und Glauben. Anschließend weist der Richterverein in Hinblick auf Besteuerung und Enteignung noch einmal darauf hin, daß einem geplanten Aufwertungsverbot und einem solchen Gesetz die Anerkennung versagt werden könnte.

4. Reaktion der Reichsregierung

Für die Reichsregierung antwortete der Reichsjustizminister seinerseits durch eine direkte Antwort auf das Schreiben des Richtervereins[457] und durch eine Erklärung vom 18. Januar 1924[458].

In seinem Antwortschreiben an den Richterverein bedankte sich der Reichsjustizminister zunächst für die Ausführungen des Richtervereins, kritisierte diesen aber gleichzeitig mit dem Vorwurf, daß er mit seinen Ausführungen und seiner Autorität als höchstes Gericht versuche, die gegenwärtige Rechtslage festzustellen und somit eine zweifelsfreie Grundlage für die künftige Gesetzgebung zu schaffen. Die Drohung, ein verfassungsmäßig zustande gekommenes Gesetz nicht anzuwenden, würde nach Ansicht des Reichsjustizministers die Auflösung der Rechtsordnung zur Folge haben und zu einer unheilvollen Erschütterung des Vertrauens in das herrschende Staatsgefüge führen. Dies gelte auch, wenn der Gesetzgeber durch ein Machtwort die Rechtsfindung des Reichsgerichtes negieren wolle. Auch würde dies gegen den Willen des Volkes sprechen und ihm jeden Halt nehmen, wenn das Recht nicht nach den Gesetzen gesprochen werde.

In die gleiche Richtung geht auch die Erklärung des Reichsjustizministers vom 18. Januar 1924[459]. In dieser Erklärung wird zunächst Bezug auf die Entscheidung des Reichsgerichts vom 23. November 1923 genommen. Die Entscheidung, die die Aufwertung einer Hypothekenforderung unter Berücksichtigung der persönlichen Verhältnisse von Gläubiger und Schuldner sowie unter Berücksichtigung der öffentlichen Lasten des Grundstücks nach Lage des Einzelfalls für gerechtfertigt erklärte, hätte zur Folge, daß in Deutschland in den folgenden Monaten Millionen Prozesse geführt werden würden. Es sei daher notwendig, ein "das Durchschnittliche berücksichtigendes Verfahren" zu finden, das auch eine Unterbrechung der bereits zahlreich anhängig gewordenen Prozesse herbeiführe. Danach wurden in der Stellungnahme vom 18. Januar 1924 die Landwirtschaft und ihre wirtschaftlichen Probleme aufgezeigt. Insgesamt sei es

---

457 Die Antwort des Reichsjustizministers ist abgedruckt in: *Michaelis*, Dritte Steuernotverordnung, Anhang IV, S. 299 f.

458 Die Erklärung des Reichsjustizminister vom 18. Januar 1924 ist abgedruckt in: *Michaelis*, Dritte Steuernotverordnung , Anhang V, S.301 f.

459 Vgl. die Erklärung des Reichsjustizminister vom 18. Januar 1924 abgedruckt in: *Michaelis*, Dritte Steuernotverordnung , Anhang V, S.301 f.

erforderlich, eine rasche Lösung zu finden, auch im Hinblick auf die steuerlichen Verluste, die eine ungeklärte Aufwertung zur Folge habe. Eine Aufwertung der Schuldverpflichtungen von Reich, Ländern und Gemeinden komme aber nicht in Betracht.

5. Situation in der Richterschaft

Die Meinungen innerhalb der Richterschaft bezüglich der Aufwertung waren sehr gespalten und reichten von deren Befürwortung bis hin zur strikten Ablehnung. Dabei ging es nicht nur um die eigentliche Frage der Aufwertung, sondern auch um den Stand der Richterschaft innerhalb der Gesellschaft und die Funktion der Rechtsprechung.

a.) Standpunkte innerhalb der Richterschaft

Das Problem der Hypothekenaufwertung war aber auch Anlaß, um in der Literatur eine heftige Diskussion über die zeitgemäße Definition des Richterleitbildes auszulösen, sowie den Meinungsaustausch über die Position des Gesetzespositivismus und den Anhängern der Interessenjurispudenz neu zu entfachen[460]. Dabei stellte das Aufwertungsproblem vor allem die Anhänger des Gesetzespositivismus vor das Problem, eine dogmatische Rechtfertigung für die Aufwertung - soweit Vertreter des Gesetzespositivismus für eine Aufwertung waren - zu finden und diese zu begründen.

aa.) Anhänger des Gesetzespositivismus

Die Anhänger des Gesetzespositivismus, die sich zu der Aufwertungsfrage bzw. zur Diskussion um die Hypothekenaufwertung zu Wort meldeten und das Gesetz als gerechte Autorität empfanden, stellten die Minderheit dar[461]. Man schrak vor

---

460 Vgl. hierzu ausführlich: *Hempel*, Richterleitbilder in der Weimarer Republik, Diss. Frankfurt/Main 1978. Zum richterlichen Prüfungsrecht im letzten Jahrhundert vgl.: *Ogorek*, Richterliche Normenkontrolle im 19. Jahrhundert, ZNR 1989, S.12 ff.; *Stolleis*, Geschichte des öffentlichen Rechts, S.370 f.

461 *Grau*, Rechtsprechung oder Gesetzgebung zur Anpassung des Privatrechts an die veränderten Verhältnisse?, AcP 122 (1924), S.322 ff.; *Geiler*, Die Geldentwertung als Gesetzgebungsproblem des Privatrechts, S.47; *Stoll*, Über die Beziehungen der Rechtslehre zur Praxis, AcP 126 (1926), S.174 (182); *Bode*, Gesetz oder Rechtsgefühl als Grundlage des Richterspruches, in: DRiZ 1925, Sp. 142 (147 ff.); *Matthiessen*, Zur Erklärung des Richtervereins beim Reichsgericht, in: DRiZ 1924, Sp. 41 f; *Sobernheim*, Besprechung zu James Goldschmidt: Die Aufwertungskrise, in: JW 1926, S.2054; *Lehmann*, Anmerkung zu RGZ 107, S.78 ff., in: JW 1924, S.402 f.;

den unabsehbaren Folgen bei einem Bruch mit dem Gesetz zurück und befürchtete einen Zusammenbruch der Rechtsordnung und ein Chaos, wenn der Richter nicht dem Gesetz folgte[462].

So schrieb zum Beispiel Smoschewer, der damals selbst Richter war und sich in dem Konflikt der Gesetzesanwendung und dem Urteil des Reichsgerichts vom 28. November 1923 in der Deutschen Richterzeitung von 1925[463] befand: „Gewiß, die Gesetze von Vernunft und Gerechtigkeit sind heilig und ewig, insofern ihre krasse und dauernde Verletzung mit Vernichtung und Zusammenbruch endet. Aber eine völlige Erfüllung ihrer Forderung ist in keinem Falle möglich. Vollkommenheit kennt diese unvollkommene Welt nicht, und besonders im Gemeinschafts-, Staats- und Rechtsleben stoßen die ethischen Forderungen immer wieder auf den unüberwindlichen Widerstand der Dinge. Hinzu kommt, daß die Anschauungen über das, was vernünftig und gerecht ist, gewaltig auseinandergehen. ... Ungerechten Gesetzen einfach deshalb, weil sie ungerecht sind, ihre Kraft abzusprechen, würde den Tod jeder Gesetzgebung bedeuten. Unabhängigkeit des Richters vom Gesetz ist weiterhin unvereinbar mit der staatsrechtlichen Stellung des Richters." Smoschewer folgt somit der strikten Auffassung des in der Monarchie schon herrschenden Gesetzespositivismus. Er sah somit die Anwendung von „ungerechten" Gesetzen im Verhältnis zu deren Nichtbeachtung als geringeres Übel[464].

Matthiessen, Richter am Oberlandesgericht Kiel, übte in einem Aufsatz ebenfalls scharfe Kritik an der Lösung des Reichsgerichts[465]: „Erkennt das Gesetz, das für den Richter doch auch gegenwärtig noch oberste Norm ist, diesen Vertragsaufhebungswunsch an? Die Frage stellen heißt sie verneinen. Der drohende Vermögensruin ist kein gesetzlicher Grund für eine Vertragsaufhebung. Sogar der eingetretene Vermögensverfall und der durchgeführte Konkurs heben die Verpflichtung des Schuldners nicht auf, wie aus § 164 KO erhellt. Wie viel weniger

---

Henle, Mark gleich Mark, S.16; *Nußbaum*, Das Geld in Theorie und Praxis des deutschen und ausländischen Rechts, S.123 ff.; *Springer*, Vorkriegshypotheken und Geldentwertung, in: Bankarchiv 1922/23, S.73; *Rümelin*, Gesetz, Rechtsprechung und Volksbetätigung auf dem Gebiet des Privatrechts, in: AcP 122 (1924), S.265 (266 ff.).

462 *Stoll*, a.a.O.; *Matthiessen*, a.a.O.; *Rümelin*, a.a.O., 266; *Grau*, a.a.O., S.344.

463 Erwiderung, DRiZ 1925, Sp. 74 ff.

464 Bei den Ausführungen von Smoschewer darf indes nicht übersehen werden, daß er die Bindung des Richters an das Gesetz dadurch legitimiert, daß es diese auch in der Monarchie gegeben hat. Dies ändert jedoch nichts an der Einstellung zur Aufwertung bzw. zum richterlichen Prüfungsrecht. Vgl. hierzu ausführlich die Ausführungen bei: *Hempel*, Richterleitbilder in der Weimarer Republik, S. 102 ff.

465 *Matthiessen*, Drohender Vermögensruin als Vertragsaufhebungsgrund, LZ 1921, Sp. 253, 255.

könnte es der nur drohende Ruin? Ob der Schuldner nach seinen Vermögensverhältnissen zahlen oder liefern kann, zeigt sich in der Zwangsvollstreckung, evtl. im Konkurse. Es ist aber einer der sichersten und anerkanntesten Grundsätze unseres Rechts, daß es auf den Bestand der Verpflichtung ohne Einfluß ist, ob die Vermögensverhältnisse des Schuldners ihm die Leistung gestatten. Zwar erkennt das Gesetz auch das nachträglich eintretende Unvermögen des Schuldners als einen Befreiungsgrund an, wenn es auf einem Umstande beruht, den der Schuldner nicht zu vertreten hat (§ 275 Abs. 2 BGB)." Matthiessen beruft sich mit seiner Kritik somit auf das Gesetz. Die Bindung des Richters an das Gesetz ist für ihn oberstes Gebot. Eine Abweichung oder Vertragsaufhebung außerhalb der gesetzlichen Vorschriften ist für ihn nicht zulässig[466].

Auch Schneider kritisiert wie Matthiessen die Rechtsprechung des Reichsgerichts zur Vertragsveränderung[467]. Nach seiner Auffassung habe aufgrund der Änderung des Bankgesetzes vom 1. Juni 1909 die Papiermark die gleiche Wirkung, als wenn mit der Goldmark bezahlt würde. Vom Standpunkt des Gesetzesgehorsams aus stelle sich also zu Unrecht die Erscheinung eines sich auflösenden Rechtslebens ein, wenn der Richter nicht mehr richte, sondern selbst Rechtsverhältnisse gestalte, bei Auslegung der Verträge das Gefühl je nach ihrer Wirkung bald so, bald anders entscheide und der Boden, auf dem das feste Vertragswort stehe, durch die clausula rebus sic stantibus unterwühlt werde. Nach dem klaren Gesetzeswort werde der Schaden der Geldwertminderung nicht nach dem dem Richter vorgelegten zufällig enger oder weiter gegriffenen Tatbestand bald auf die eine, bald auf die andere Schulter geschoben. Die Rechtsprechung, so Schneider, habe den Gesetzesboden verlassen. Vermittelnd und verteilend schiebe sie die Last der Geldentwertung zwischen den Schultern der Parteien hin und her. Der Richter greife im freien gesetzeslosen Raum nach höherem Ruhm, um aus dem bloßen Richter zum Gestalter der Rechtsverhältnisse zu werden. Mit seinen Ausführungen zeigt Schneider, daß es für ihn zu dem unbedingten Gesetzesgehorsam keine Alternative gibt. Die gesetzlich vorgegebene Lösung eines Rechtsproblems gilt für ihn ausschließlich[468].

bb.) Abkehr vom Gesetzespositivismus

Trotz dieser Vertreter des strengen Gesetzespositivismus darf nicht übersehen werden, daß diese sich in der Minderheit befanden und die Anhänger einer Auf-

---

466 Vgl. den Aufsatz *Matthiessen* ausführlich interpretierend: *Hempel*, Richterleitbilder in der Weimarer Republik, S.62 f.

467 *Schneider*, Die deutsche Währung und das deutsche Recht, DJZ 1922, Sp. 559, 560.

468 Eine Interpretation zur Auffassung *Schneiders* befindet sich in: *Hempel*, Richterleitbilder in der Weimarer Republik, S.63 f.

wertung durch Richterspruch, sei es in der Literatur oder Richterschaft, bei weitem die herrschende Meinung darstellten[469]. Es befanden sich dabei vor allem zwei verschiedene Argumentationen, mit deren Hilfe der Richter von der Bindung an das Gesetz bzw. den Nennwertzwangskurs freigestellt werden sollte.

Die häufiger vertretene Auffassung bemühte nachzuweisen, daß das Nennwertprinzip nach den Gesetzen gar nicht mehr in Kraft sei[470]. Soweit die Vertreter dieser Meinung die Zwangskursbestimmungen überhaupt erwähnen, interpretieren sie diese in der gleichen Weise hinweg, wie es das Reichsgericht getan hat. Sie verweisen nämlich auf den angeblichen Sinn der „Denkschrift über wirtschaftliche Maßnahmen aus Anlaß des Krieges". Alle Anhänger dieser Meinung leiten die Aufwertung aus den Bestimmungen des BGB her. Dabei stützte man sich auf § 242 BGB (Treu und Glauben)[471], § 607 BGB (Darlehen)[472] und § 812 BGB (Ungerechtfertigte Bereicherung)[473]. Zum Teil wurde auch aus der Auslegung des Hypothekenbestellungsvertrages gefolgert, daß der Nennwertzwangskurs stillschweigend abbedungen sei[474].

---

469 *Geiler*, Schutz der Hypotheken, JW 1923, S.434, 435; *Roth*, Die Geldentwertung als Problem der Rechtsfindung,, S.23; *Goldschmidt*, Die Anklage gegen das Reichsgericht, in: DJZ 1928, Sp. 134, 136; *Oswalt*, Die Mark als Wertmesser, in: JW 1923, S.877 (879); *Alexander*, Hypotheken und Geldentwertung, JW 1923, S.906 f.; *Best*, Zur Aufwertung von Hypotheken, Industrieobligationen und sonstigen langfristigen Geldforderungen, JW 1923, S.980 ff.; *Kipp*, Anmerkung zu RGZ 107, S.78 ff. l, JW 1924, S.402, 404; *Krückmann*, Anmerkung zu RGZ JW 1928, 645, JW 1928, 646, 647; *Marcuse*, Einfluß der Geldentwertung auf alte Geldforderungen, namentlich unter Berücksichtigung der Hypothekenforderungen, DRiZ 1922, Sp. 216 (218); *Kretzschmar*, Jurispudenz und Gläubigernot, LZ 1923, Sp. 185, 200 ff.; *Sokolowski*, Lieferungsverträge und Markkatastrophe, LZ 1923, Sp. 247, 251; *Kleineberg*, Das hergebrachte Recht und das Aufwertungsproblem, LZ 1925, Sp. 113, 114 f.; *Heymann*, Schutz der Hypothekengläubiger, DJZ 1923, Sp. 211 (213); *Nasse*, Ist der Richter berechtigt und verpflichtet, ungerechte Gesetze außer Anwendung zu lassen?, DRiZ 1925, Sp. 73 f.; *Michaelis*, Aufwertungsrecht, 2. A., S.17 f.; *Springmann*, Mark ist gleich Mark, JW 1923, S.802.

470 *Oswalt*, a.a.O.; *Alexander*, a.a.O.; *Kipp*,a.a.O.; *Krückmann*, a.a.O.; *Marcuse*, a.a.O.; *Kretzschmar*, a.a.O.; *Sokolowski*, a.a.O.; *Heymann*, a.a.O.

471 *Kipp*, Anmerkung zu RGZ 107, 78 ff., JW 1924, S.402; *Marcuse*, Einfluß der Geldentwertung auf alte Geldforderungen, DRiZ 1922, Sp. 216, 218; *Krückmann*, Anmerkung zur RG - Urteil vom 4. November 1927, JW 1928, S.646, 647.

472 *Best*, Zur Aufwertung von Hypotheken, Industrieobligationen und sonstigen langfristigen Geldforderungen, JW 1923, S.980; *Springmann*, Mark ist nicht gleich Mark, JW 1923, S.802.

473 *Alexander*, Hypotheken und Geldentwertung, JW 1923, S.906 f.

474 *Goldschmidt*, Die Anklage gegen das Reichsgericht, DJZ 1928, Sp. 134, 136.

Andere Befürworter der Aufwertung stützten ihre Argumentation auf ein Recht außerhalb des Gesetzes[475]. Als Begründung für die Aufwertung wurden Gewohnheitsrecht, Rechtsgefühl und die Identität von Recht und Gerechtigkeit herangezogen. Die Anhänger dieser Auffassungen verlangten vom Richter, daß dieser kraft einer neuen Autorität den Mittelstand gegen die Folgen des Nennwertzwangskurses schütze. Der Richter solle daher eine Aufwertung vornehmen, indem der Gläubiger entweder den Goldwert seines Darlehens zurückerhalte, oder der Inflationsverlust gleichmäßig auf Schuldner und Gläubiger verteilt werde.

Vertreter der Aufwertung und der Abkehr von Gesetzespositivismus waren vor allem Goldschmidt[476], Sonntag[477], Oertmann[478] und Mügel[479]. Mügel beschäftigte sich eindringlich mit dem Problem der Hypothekenaufwertung. Seine Schrift „Geldentwertung und Gesetzgebung“ erschien, bevor das Reichsgericht die Aufwertung anerkannte. Darin stellte er fest, daß die damaligen Gerichte sich bisher durch die bestehenden gesetzlichen Bestimmungen behindert gefühlt hätten, in ähnlichem Sinne (also für die Aufwertung) zu entscheiden. „Sollen diese gesetzlichen Bestimmungen unverändert bleiben oder rechnet man damit, daß unsere Gerichte sich über das Gesetz hinwegsetzen werden, um dem materiellen Rechte zum Siege zu verhelfen? Ebenso unbillig wie die Tilgung von Hypothekenschulden zu ihrem Nennbetrag in Papiermark wirkt die Zahlung in Papiermark in allen Fällen, in denen der Schuldner ... zur Abtragung der Schuld einen viel geringeren Teil seines Einkommens oder Vermögens aufzuwenden hat, als seinerzeit das empfangene Geld für ihn im Verhältnis zu seinem Einkommen oder Vermögen ausmachte.“[480]

Eine Abkehr vom Nennwertzwangskurs und Verfechter der Aufwertung war ebenfalls Kammergerichtsrat Ernst Sonntag. Sonntag begründete diesen Standpunkt schon vor der Entscheidung des Reichsgerichts vom 23. November 1923. So vertrat Sonntag die Auffassung[481]: „Im Völker- und Staatsrecht sind wir

---

475 Vgl. hierzu die Übersicht mit ausführlichen Nachweisen und Differenzen zwischen den einzeilnen Meinungen aufzeigend: *Hempel*, Richterleitbilder in der Weimarer Republik, S.125 m.w.N.

476 *Goldschmidt*, Gesetzesdämmerung, JW 1924, S.245.

477 Vgl. die Stellungnahmen von Sonntag: *Sonntag*, Der Einfluß der Geldentwertung auf Hypothekenforderungen und Industrieobligationen, S.51 ff.; *ders.*, Zur Polemik gegen die Ansprüche der Hypothekengläubiger, JW 1923, S.907 ff.

478 *Oertmann*, Die Aufwertungsfrage bei Geldforderungen, Hypotheken und Anleihen, S.13.

479 *Mügel*, Geldentwertung und Gesetzgebung, S.11.

480 *Mügel*, Geldentwertung und Gesetzgebung, S.11.

481 *Sonntag*, Zur Polemik gegen die Ansprüche der Hypothekengläubiger, JW 1923, S.907, 908.

durchaus gewohnt anzuerkennen, daß Tatsachen und Machtverhältnisse die Rechtsordnung ändern, auch wenn für solche Änderungen ein anderer legaler Weg vorgeschrieben ist. Die deutsche Reichsverfassung von 1871 sieht in Art. 78 vor, in welcher Weise sie abgeändert werden könne. Die einschneidenste Änderung, nämlich ihre Abschaffung, hat sich 1918/1919 nicht nach Art. 78 vollzogen, trotzdem wird niemand so doktrinär sein, zu behaupten, die alte Reichsverfassung gelte noch fort, weil sie nicht vorschriftsmäßig aufgehoben sei. Im Bürgerlichen Recht kennen wir in ruhigen Zeiten solche Einflüsse auf die Gesetzgebung nicht mehr, und deshalb glaubt Krückmann, sie schlechthin leugnen zu können. Aber in revolutionären Zeiten und bei einem Versagen der Gesetzgebung, wie sie in dieser Währungsfrage versagt hat, da setzt sich die Macht des Verkehrs oder ein Gewohnheitsrecht oder wie man es sonst nennen will, dahin durch, daß sie ein Gesetz außer Kraft setzt. Das mag mit allem in Widerspruch stehen, was die Lehrbücher des BGB bisher vorgetragen haben, aber das Leben richtet sich nicht nach den Lehrbüchern, sondern diese haben sich nach dem Leben zu richten. Dann haben wir eben für moderne Rechtsverhältnisse etwas vollkommen Neues erlebt! Wenn die Rechtsprechung dieser Erkenntnis sich nicht verschließt, so wird sie damit nur den schwierigen Zeitläuften gerecht, in die sie gestellt ist, bringt aber noch lange nicht die ganze Rechtsordnung zum Wanken, wie Krückmann befürchtet. Ein so krasser Fall, wie der des gegenwärtigen Währungsrechts ist nicht geeignet, als Präzedenzfall zu dienen."

cc.) Zusammenfassung

Wie man anhand der vorherigen Ausführungen sehen kann, ist in der Weimarer Republik der Streit zwischen Gesetzespositivismus und der Freirechtsschule neu entbrannt. Fest steht, daß das Reichsgericht nach und nach den Boden des Gesetzespositivismus verlassen hat. Die Entscheidung des Reichsgerichts vom 28. November 1923 als einen „Sieg der Freirechtsschule"[482] zu bezeichnen ist übertrieben. Die Inflation, die Untätigkeit des Gesetzgebers und der Versuch, die Folgen der Inflation zu mildern, haben die Richter vielmehr in die Rolle des „Krisenmanagers"[483] gedrängt. Sicherlich dürften aber die Ansätze der Freirechtsschule und der Interessenjurispudenz auf die Haltung der Richter nicht ohne Einfluß gewesen sein, welche die deutschen Richter in den schwierigen Jahren des 1. Weltkrieges und der Nachkriegszeit eingenommen haben. Wenn die Kodifikation, auch vielfach durch ihre Generalklauseln, die Grundlage für neue Rechtsbildung

482 *Karger*, Treu und Glauben als oberster Rechtsgrundsatz, DJZ 1924, Sp. 136, 137.
483 Vgl. diesen Ausdruck benutzend: *Rückert*, Richterrecht seit Weimar? hierzu: nachfolgende Ausführungen bei: 3. Teil C: VI 3 c.).

bot, so hätten die deutschen Gerichte ohne die Stärkung der freieren Auffassung vom Verhältnis von Richter und Gesetz und durch die neuen methodischen Ansätze seitens der Interessenjurispudenz ihre Aufgaben nicht so wahrnehmen können, wie sie es tatsächlich getan hatten[484].

b.) Verhältnis zu Monarchie und Parlament

Neben den wirtschaftlichen Einbußen der Richter, als eine stark von der Inflation betroffene Bevölkerungsgruppe, und dem geistig-wissenschaftlichen Hintergrund spielten auch die damaligen gesellschaftspolitischen Veränderungen eine Rolle für das Aufwertungsurteil vom 28. November 1923 und die Eingabe des Richtervereins vom 8. Januar 1924. Es gilt heute als feststehende und gesicherte Erkenntnis, daß weite Teile der damaligen deutschen Richterschaft die Staatsform der Republik ablehnten[485]. So richteten eine ganze Reihe von Richtern erhebliche Vorwürfe gegen die Reichsregierung und das neue Gesetzesrecht der Republik, die den republikanischen Gesetzen und seinem Gesetzgeber eine bisher nicht gekannte Instrumentalisierung des Rechts vorwarfen[486]. Als Feinde des Staates galten die von links Agierenden, die an das gesellschaftliche Gefüge und sein bürokratisches Gerüst Hand anzulegen drohten, während alle Angriffe von rechts doch nichts weiter bezweckten, als das Wesen des Staates reiner zur Geltung zu

484 *Coing* in Staudinger, BGB, 12. A., Einl. RN 204.

485 Vgl. statt vieler die Dissertation von: *Hempel,* Richterleitbilder in der Weimarer Republik, Diss., Frankfurt/Main 1978, insbes. S.12 ff.; 45, sowie die Interpretation der Texte einiger Richter, S.100 ff., 105. So auch mit weiteren Nachweisen: *Kübler*, Der deutsche Richter und das demokratische Gesetz. Versuch einer Deutung aus richterlichen Selbstzeugnissen, AcP 162 (1963), S.104, insbes. S.112 ff.; *Hattenhauer,* Wandlungen des Richterleitbildes im 19. und 20. Jahrhundert, S.14 f.; *Nörr*, Zwischen den Mühlsteinen, § 10 2; *Rasehorn*, Der Richter zwischen Tradition und Lebenswelt, S.52 f.; *Bracher*, Die Auflösung der Weimarer Republik, 5. A., S.172 f.; *Simon*, Die Unabhängigkeit des Richters, S.50.

486 So zum Beispiel LG Präsident *de Niem*, DRiZ 1912, Sp. 1: „... wenn die Klinke der Gesetzgebung von dem größten Schreier am leichtesten erfaßt wird, wie soll da das Gesetz noch als etwas besonders hoch - oder gar heilig zu haltendes gelten!“ *ders.*, DRiZ 1912, Sp. 5: „Denn der Sinne der Verfassung geht doch dahin, daß die Regierung die Gesetze vorschlägt, der Reichstag sie, wenn auch mit einigen Änderungen, annimmt oder verwirft. Jetzt ist es aber so, daß der Reichstag die Gesetze macht, die Regierung sie annimmt oder ablehnt. Doch das möchte ja schließlich angehen, wenn der Reichstag seiner Aufgabe nur gewachsen wäre. Aber er ist es nicht, er kann es nicht sein.“.

bringen als bisher[487]. Als Beispiel für die Republikfeindlichkeit wird oft auch der Text von Leeb in der Deutschen Richterzeitung von 1921 zitiert[488]:

„Politik und Recht.

1. Lügenrecht. Neuer Geist erfüllt die Welt. Der neue Geist ist Lügengeist. Staatskunst ist Lügenkunst. Die Lüge kämpft und siegt im Zeichen des Rechts. Die Gerechtigkeit ist das Feldgeschrei der Lügner bei ihren Raub- und Eroberungszügen. Rechtsverträge sichern die Beute. Was sie schaffen ist Rechtszustand. Wer ihn verteidigt, steht auf dem Rechtsboden. Wer ihn bekämpft ist Rechtsbrecher. Er tut unrecht und ist schuldig.
2. Partei-, Klassen- und Bastardrecht. Gesetz ist Recht. Parteiherrschaft schafft Gesetze nach Maßgabe ihrer sittlichen, gesellschaftlichen und wirtschaftlichen Belange (...). Wo Parteigesetze, da Parteirecht. Treibt die Partei Klassenpolitik, so ist das Parteirecht Klassenrecht, Klassenjustiz. Wo mehrere Parteien die Herrschaft üben, entstehen Kompromissgesetze. Sie stellen Mischlinge, Kreuzungen der Belange der herrschenden Parteien, stellen Bastardrecht dar.
   Jede Majestät ist gefallen, auch die Majestät des Gesetzes."

Für die antirepuklikanische Haltung sind mehrere Gründe ausschlaggebend gewesen[489]. Zum einem wird sicherlich die oben beschriebene finanzielle Situation[490] mitursächlich gewesen sein. Durch die Annäherung der Richter an die wirtschaftliche Lage der Arbeiter wurden die Richter endgültig zu Kleinbürgern[491]. Nie hatten die Richter eine größere soziale Herabstufung erlebt als in der Weimarer Republik. Das richterliche Selbstbewußtsein der monarchistisch ausgebildeten und geprägten Richter war stark angeschlagen. Eine gesellschaftliche Rolle in der Weimarer Republik ist von einem Großteil der Richter nie gefunden worden[492]. Dies veranlaßte die Richter auf ihre gehobene Position im 19. Jahrhundert zu-

487 *Kübler*, Der deutsche Richter und das demokratische Gesetz. Versuch einer Deutung aus richterlichen Selbstzeugnissen, AcP 162 (1963), S.117.

488 DRiZ 1921, Sp. 130 f. Zitiert bei: *Hattenhauer*, Wandlungen des Richterleitbildes im 19. und 20. Jahrhundert, S.13 f.; *Kübler*, Der deutsche Richter und das demokratische Gesetz. Versuch einer Deutung aus richterlichen Selbstzeugnissen, AcP 162 (1963), S.113; zuletzt: *Drosdeck*, Richterleitbilder und richterliches Selbstverständnis in der Weimarer Republik, S. 312.

489 Dabei wird vor allem auf auch soziologische Deutungen und politökonomische Analysen abgestellt. So: *Simon*, Die Unabhängigkeit des Richters, S.50.

490 Vgl. hierzu vorherigen Gliederungspunkt.

491 *Kübler*, Der deutsche Richter und das demokratische Gesetz, AcP 162 (1963), S.105, 113.

492 *Drosdeck*, Richterleitbilder und richterliches Selbstverständnis in der Weimarer Republik S.298.

rückzublicken und Frontstellung gegen die Arbeiterschaft und ihre Organisationen zu beziehen[493].

Darüber hinaus war sicherlich ein weiterer Anlaß die Situation innerhalb des Reichstages. Durch die starke Zersplitterung in viele Parteien und den damit ständig wachsenden Zufallsmehrheiten hielten viele Richter die jeweilige parlamentarische Mehrheit als Rechtfertigungsgrund für verabschiedete Gesetze zumindest für fragwürdig, vor allem, wenn fragwürdige Kompromisse die Grundlage von Gesetzen bildeten[494]. Man fürchtete daher eine Instrumentalisierung des Gesetzes als Durchsetzung von Parteizielen und nicht mehr zur Regelung von „gerechten" Zielen. In diesem Eindruck sahen sich die Richter auch durch die Erweiterung der Ermächtigungsgesetzgebung bestätigt, die in der Form von Notverordnungen und somit zu einer Ausdehnung der Macht der rechtsetzenden Exekutive führte[495]. Viele Richter, wie sich aus Äußerungen in den einschlägigen Richterzeitschriften ergibt, begannen die Verbindlichkeit von Gesetzen in Frage zu stellen. Auch unterstellte man den Mitgliedern des Reichstages in diesem Zusammenhang mangelnde Sachkunde[496]. Dies alles führte zu einer Rückbesinnung der Richter auf die Monarchie, in der die Situation der Richter wirtschaftlich, gesellschaftlich und politisch eine andere - angesehenere - war[497]. Man achtete die Monarchie, während man zu der Demokratie kein Verhältnis hatte[498]. Im Gegensatz zur Monarchie, in der die Richter dem Monarchen und Gesetzgeber Sachkunde zusprachen und im Sinne eines strengen Gesetzespositivismus Vertrauen entgegenbrachten, versagte man der demokratischen Staatsführung den Gehor-

---

493 *Fraenkel*, Zur Soziologie der Klassenjustiz, S.14 - 20; *Bracher*, Die Auflösung der Weimarer Republik, 5. A., S.158 ff., 162.

494 *Hattenhauer*, Wandlungen des Richterleitbildes im 19. und 20. Jahrhundert, S.15.

495 Als Beispiel sei hier nur das Ermächtigungsgesetz vom 8. Dezember 1923 (RGBl. 1179) zu erwähnen, mit dem umfassende parlamentarische Rechte auf die Exekutive delegiert worden waren.

496 *Viezens*, DRiZ 1909, Sp. 13: „... logische Beweisführung ist in Parlamenten nicht brauchbar..." LG Rat *Hussong*, DRiZ 1911, Sp. 178 „... der furchterregende Unsinn, der in solchen Widersprüchen steckt, stört diese Gesetzgeber gar nicht ..."; de Niem, DRiZ 1911, Sp. 139 spricht vom „blutigen Dilettantismus". zit nach: *Kübler*, Der deutsche Richter und das demokratische Gesetz. Versuch einer Deutung aus richterlichen Selbstzeugnissen, AcP 162 (1963), S.111 FN 25.

497 Vgl. über den Verlust von Sozialprestige und Reputation ausführlich: *Drosdeck*, Richterleitbilder und richterliches Selbstverständnis in der Weimarer Republik, S.317. So zum Beispiel *Fund*, DRiZ 1921, Sp. 184 zit nach *Drosdeck* a.a.O.: „Ja, überall klingt es mir ernst entgegen: Wir Richter haben in den letzten Jahren verloren statt gewonnen, und mit uns und unserem Ansehen auch die Rechtspflege" oder Geh. Justizrat Oppler in seinem Aufsatz „Der Tiefstand des deutschen Richtertums" in DRiZ 1922, Sp. 155 ff.

498 *Hempel*, Richterleitbilder in der Weimarer Republik, S.105.

sam[499]. Diese konservative Tendenz der richterlichen Macht wurde auch dadurch unterstützt, daß sie an der wichtigsten Stelle von Männern ausgeübt wurde, die ihr hohes Amt erst nach langer Dienstzeit erreichten, daher in der Regel älter waren als der Durchschnitt der führenden Politiker und infolgedessen stärker in der Vergangenheit und in deren Anschauungen wurzelten[500].

II. Richter als Krisenmanager?

Die Frage, ob die Richter als Krisenmanager fungierten, läßt sich einfach und klar bejahen. Der in diesem Zusammenhang quantitativen Analyse von Rükkert[501] ist zuzustimmen. So beschäftigte sich in der Zeit der Inflation und der nachfolgenden Aufwertungsrechtsprechung der größte Teil der Entscheidungen mit § 242 BGB. In diesem Zusammenhang ist darauf hinzuweisen, daß durch § 62 Aufwertungsgesetz sogar den Richtern die Lösung von Aufwertungsansprüchen durch Gesetz zugewiesen wurde, die dann schließlich zur Aufwertungsrechtsprechung überhaupt erst führte. Es ist somit auch folgerichtig, daß die Zahl der Entscheidungen, die § 242 BGB erwähnen, zurückging, sobald die wirtschaftlichen Verhältnisse sich wieder beruhigten[502].

III. Überschreitung der verfassungsrechtlichen Kompetenz

Auch wenn die Reichsrichter als Krisenmanager fungierten, läßt dies nicht automatisch den Schluß zu, daß die Richter nicht dabei ihre verfassungsmäßige Kompetenz überschritten haben. Mit dem Urteil vom 28. November 1923 hatte die Rechtsprechung die Rolle des Gesetzgebers übernommen und einen Sachverhalt geregelt, der von der Wichtigkeit und Bedeutung her der Gesetzgebung zugefal-

---

499 *Rasehorn*, Der Richter zwischen Tradition und Lebenswelt, S.53.

500 *Dessauer*, Recht Richtertum und Ministerialbürokratie. Eine Studie über den Einfluß von Machtverschiebungen auf die Gestaltung des Privatrechts, S. 78.

501 *Rückert*, Richterrecht seit Weimar?, S.203 ff.

502 *Rückert*, a.a.O., 212. Die dortige Tabelle zählt die Entscheidungen auf, die in den Jahren 1919 bis 1932 ergangen sind und sich mit §§ 157, 242 BGB und der Aufwertungsrechtsprechung befassen. Dabei wurde als Grundlage für die Untersuchung „Neumanns Jahrbuch" gewählt. Hierbei ist erwähnenswert, daß nach 1926, also nach Stabilisierung der wirtschaftlichen Verhältnisse, die Zahl der Entscheidungen zum Thema Aufwertung rapide abnehmen. *Rückert* stützt sich dabei vor allem auf die Untersuchung von *Klemmer*. Diese Dissertation lag noch nicht bei Drucklegung vor, befindet sich aber im Druck beim Nomos - Verlag vgl. hierzu FN 22 bei *Rükkert* a.a.O.

len wäre. Die Richter erklärten den Grundsatz Mark = Mark für nicht mehr anwendbar, setzten Art. 3 des Währungsgesetzes außer Kraft und sprachen sich für die Aufwertung von hypothekarisch gesicherten Forderungen aus. Die Richter schlugen dabei auch in ihren Urteilen einen Ton an, der in der Art und Weise einmalig gewesen war und den es vor 1923 nicht gegeben hatte. Dies wird unter anderem durch folgende Zitate deutlich:

„Man darf aber, um zu einer befriedigenden Lösung des Streites zu gelangen, überhaupt nicht von den Vorschriften des Bürgerlichen Gesetzbuches ausgehen, man muß vielmehr die sozialen Verhältnisse ins Auge fassen, wie sie sich seitdem entwickelt ... haben.“ „Das Bürgerliche Gesetzbuch steht also, den Verhältnissen seiner Entstehungszeit entsprechend, auf einem individualistischen Standpunkt. Inzwischen hat aber der Gedanke der sozialen Arbeits- und Betriebsgemeinschaft Ausbreitung und Anerkennung gefunden...“ „Es handelt sich nicht nur um das Verhältnis des einzelnen Arbeiters zum Arbeitgeber, sondern um eine Regelung zwischen zwei Gruppen der Gesellschaft, dem Unternehmertum und der Arbeiterschaft.“[503]

Die Weimarer Reichsverfassung verwirklichte die Volkssouveränität. Das Volk mußte das Gesetzgebungsrecht nicht mehr, wie im Konstitutionalismus des kaiserlichen Deutschlands, mit dem Kaiser teilen. Entsprechend der liberalen Tradition der Mehrheit der Nationalversammlung bedurfte es keiner Diskussion, als es um die Frage ging, ob der Richter an das Gesetz gebunden sein sollte. So bestimmte Artikel 102 der Weimarer Verfassung:

„Die Richter sind unabhängig und nur dem Gesetz unterworfen.“

In dem Kommentar von Anschütz, dem Standardwerk zur Weimarer Reichsverfassung, heißt es zum Problem des Richterleitbildes knapp und deutlich[504]:

„Das Gesetz ist für ihn (den Richter) unbedingt bindend, er hat es einfach anzuwenden.“

Auch die Weimarer Verfassung verlangte somit eine strikte Bindung des Richters an den Gesetzeswortlaut. Selbst wenn nicht, wie im Preußischen Allgemeinen Landrecht, eine Befragung der legeslativen Gewalt bei streitigen Sachverhalten erfolgen mußte, so war doch der Richter an das Gesetz und damit an den Willen des Gesetzgebers gebunden. Die Weimarer Verfassung folgte damit dem Leitbild der konstitutionellen Monarchie, die sich auf eine strenge Auffas-

503 RGZ 106, 272.

504 *Anschütz*, Die Verfassung des Deutschen Reiches, 14. A. (unveränderter Nachdruck), Art. 102 Anm. 3.

sung von der Gewaltenteilung gründete. Rechtsprechung und Rechtsetzung durften danach nicht in einer Hand liegen. Hierdurch sollte die Freiheit des Bürgers nicht gefährdet werden. Das Gesetz, nicht der Richter, sollte herrschen[505]. Der Richter war also nur dem Gesetz unterworfen. Dieser Rechtspositivismus identifiziert das Recht mit dem positiven Gesetz, maß jedem formal ordnungsgemäß zustandegekommenen Gesetz ohne Rücksicht auf seinen Inhalt unverbrüchliche Geltung bei und schloß jedwede wissenschaftliche Begründung des Rechtes und seines Gerechtigkeitsinhaltes aus überpositiven Werten oder vorpositiven Rechtsprinzipien aus[506].

Von diesem Richterleitbild war das Reichsgericht im Jahre 1923 und bei dem Aufwertungsproblem weit entfernt. Selbst wenn man den Richtern durch die Weimarer Verfassung die verfassungsmäßige Überprüfbarkeit von Gesetzen[507] und damit den Richtern eine Kompetenzerweiterung zugesteht, so hätte die Rechtsprechung erst auf ein Gesetz warten müssen, um dies dann an der Weimarer Verfassung auf seine Verfassungsmäßigkeit zu überprüfen[508]. Statt dessen hat aber das Reichsgericht die Rolle des Gesetzgebers übernommen und aufgrund dessen Untätigkeit vor dem Erlaß eines Gesetzes und somit voreilig einen Rechtsgrundsatz aufgestellt. Das Reichsgericht hatte die Aufwertungsfrage bewußt entschieden, wie schon die Entscheidung des Reichsgerichts vom 28. November 1923 zeigt, in der das Reichsgericht die Aufwertungsfrage vor der Frage der örtlichen Zuständigkeit klärt. Hinsichtlich Inhalt und Aufbau der Entscheidungsgründe muß davon ausgegangen werden, daß die Richter des Reichsgerichts das Problem der verfassungspolitischen Kompetenz bewußt umgangen haben[509]. Der Kompetenzkonflikt der Richter mit dem Gesetzgeber wird vor allem dadurch verschleiert, daß sich das Reichsgericht selbst auf gesetzliche Ausnahmeregeln beruft[510].

---

505 Vgl. *Montesquieu*, De l'Esprit des Lois, Buch IX, Kap 6.

506 Vgl. zu den wenigen Entscheidungen, die sich im 19. Jahrhundert mit dem richterlichen Prüfungsrecht befaßten, das Urteil des OAG-Parchim (Mecklenburg): „Der Richter ist verpflichtet, den landesherrlichen Verordnungen Folge zu leisten, ohne sich eine Cognition über deren Bestand anzumaßen" zit. nach: *Ogorek*, Richterliche Normenkontrolle im 19. Jahrhundert, ZNR 1989, S.19 FN 34.

507 *Nörr*, Zwischen den Mühlsteinen, § 10 2; *Rückert*, Richterrecht seit Weimar?, S.227.

508 In diesem Zusammenhang hätte eine Überprüfung der Verfassungsmäßigkeit an Art. 151 Absatz 1 Weimarer Verfassung stattfinden müssen, wonach die Ordnung des Wirtschaftslebens den Grundsätzen der Gerechtigkeit entsprechen mußte. Der Zustand vor der Aufwertung war insofern verfassungswidrig. Siehe hierzu: *Rüthers*, Die unbegrenzte Auslegung, S.76.

509 *Rüthers*, Die unbegrenzte Auslegung, S.75.

510 *Rüthers*, Die unbegrenzte Auslegung, S.80.

Die Erklärung des Richtervereins vom 8. Januar 1924 stellt in ihrer Art und Weise ebenfalls eine bisher nicht gekannte Konfrontation mit dem Gesetzgeber dar. Die Ankündigung, einem demokratisch und mehrheitlich zustandegekommenen Gesetz die Anwendung zu versagen, war ebenfalls ein Novum und verstieß gegen das Gewaltenteilungsprinzip. Gegenüber dem Gesetzgeber wurde erstmals klar und deutlich ausgesprochen, gegen Art. 102 der Weimarer Verfassung zu verstoßen. Soweit behauptet wird, die Meinung spiegele nur die Meinung des Vorstandes des Richtervereins wider[511], so darf dennoch nicht unberücksichtigt bleiben, daß, nachdem das Reichsgericht über das geplante Verbot der Aufwertung Kenntnis erlangt hatte, keine Zeit mehr zur Verfügung stand, die Vollversammlung des Richtervereins einzuberufen[512]. Zwar bleibt damit fraglich, ob die Vollversammlung der Erklärung des Vorstandes vom 8. Januar 1924 zugestimmt hätte, aber es muß doch beachtet werden, daß die überwiegende Mehrheit der Richter für eine Aufwertung gewesen war[513].

Die Motive der Reichsrichter sind ohne weiteres nachvollziehbar: das lange Schweigen des Gesetzgebers, durch das ein Rechtsnotstand herbeigeführt worden war, das nicht mehr tolerierbare Richten von ungerechten Vermögensverschiebungen, das Bedürfnis Gerechtigkeit zu sprechen, die eigene wirtschaftliche Lage der Richter und der Schutz des Mittelstandes. Letzteres wird vor allem durch die Äußerungen Zeilers, des Urhebers der Erklärung vom 8. Januar 1924, zu dem Gesetzesentwurf der Reichsregierung deutlich, der den Gläubigern keinerlei Aufwertungsansprüche zubilligen wollte. So erklärte er, daß dies zu einer „unerhörten Entrechtung" der Gläubiger führen und Millionen mit ihren Familien zu Bettlern gemacht würden. Dadurch würde der Mittelstand zerschlagen und mit ihm die Volksschicht, die die beste Gewähr für eine ruhige Weiterentwicklung biete und ohne deren Bestehen auch die Wirtschaft empfindliche Erschütterungen unterliegen müßte[514]. Aber auch das Reichsgericht selbst sprach die ungerechte Vermögensverschiebung in Entscheidungen an, wie das obige Beispiel zeigt[515].

IV. Ergebnis

Der Konflikt zwischen Richtertum und Regierung leitete sich aus den machtpolitischen Prozessen ab, die durch die Entwicklung und Anerkennung des Aufwertungsgedankens unter den Staatsgewalten ausgelöst worden war. Durch die Untä-

---

511 *Nörr*, Zwischen den Mühlsteinen, § 10 2.

512 *Evers*, Der Richter und das unsittliche Gesetz, S.32.

513 *Hempel*, Richterleitbilder in der Weimarer Republik, S.125.

514 *Zeiler*, Meine Mitarbeit, S.156.

515 Vgl. hierzu das obige Zitat aus: RGZ 106, 202.

tigkeit der gesetzgebenden Gewalt fand eine Machtverlagerung zugunsten der Regierung und der Ministerialbürokratie statt. In den wenigsten Fällen stellte die Rechtsprechung neue Rechtssätze auf. Im allgemeinen traf sie ihre Entscheidungen mittels Auslegung des Gesetzes und des Willens der Parteien[516].

Bei dem Problem der Aufwertung war dies umgekehrt. Es nötigte die Rechtsprechung aufgrund des Untätigbleibens der Gesetzgebung, rechtschöpferisch tätig zu werden. Aus dem Bemühen, möglichst gerechte Entscheidungen zu fällen, betrachtete während der Geldentwertung das Reichsgericht das Verhältnis des Richters zum Gesetze unter einem anderen Aspekt[517]. Es berief sich auf eine dem Richter zustehende rechtsschöpferische Befugnis, wenn weder die vertraglichen noch die gesetzlichen Bestimmungen gegenüber der Entwicklung der Verhältnisse ausreichten, um die zur Entscheidung stehenden Fragen zur Lösung zu bringen. In solchen Fällen mußte der Richter im Rahmen jener Bestimmungen selbstschöpferisch eine Entscheidung treffen[518]. Diese Ansicht des Richtertums wird vor allem an einer Entscheidung des Reichsgerichts vom 26. Mai 1922[519] deutlich:

> "Wenn das Gesetz versagt, tritt der Richter an die Stelle des Gesetzgebers für den einzelnen Fall. Hier ist häufig von einer Lücke der Gesetzgebung die Rede, aber das ist nicht zutreffend. Dem liegt die Anschauung zugrunde, als ob die ganze Fülle und der ganze Reichtum des Lebens in eine kodifizierte Gesetzgebung eingeschlossen wäre. Das ist unmöglich. Jeder Tag zeigt neue Gestaltungen des Rechts, die schöpferische Kraft des Lebens ist unendlich, und in allen solchen Fällen hat der Richter das Recht zu finden. Alle Gesetzgebung, auch das BGB, ist in Wirklichkeit Stückwerk".

Der Zuerkennung eines Aufwertungsanspruchs standen die Bestimmungen des Währungsgesetzes, insbesondere der Grundsatz Mark = Mark, entgegen. Über diese Bestimmungen setzte sich hingegen die Rechtsprechung, zuerst das Oberlandesgericht Darmstadt, mit seiner Entscheidung vom 29. März 1923[520] und anschließend das Reichsgericht mit seiner Entscheidung vom 28. November 1923 hinweg. Somit war die damalige Währungsgesetzgebung durch § 242 BGB als übergeordnete Norm außer Kraft gesetzt worden. Zwar darf man hieraus nicht automatisch auf ein neues Selbstbewußtsein der Richter oder eine neue Richtermacht schließen und sicherlich befanden sich die Richter in eine Krisensituation und haben Krisenmanagement betrieben. Auch gab es Bereiche vor der Entwicklung des Aufwertungsgedankens, in denen die Rechtsprechung selbständig

---

516 *Fabian*, Neue Rechtsgedanken die im Aufwertungsrecht entstanden sind, S. 18.
517 *Nörr*, Zwischen den Mühlsteinen, § 10 1.
518 Vgl. RGZ 104, 394, 397.
519 RG, JW 1922, S.910.
520 JW 1923, S.459.

und ohne Einfluß seitens des Gesetzgebers das Recht fortgebildet hat. Zu erwähnen ist zum Beispiel die Unterlassungsklage, der Rechtsmißbrauch, Erfüllungsverweigerung und das Rechtsgut Gewerbebetrieb[521].

Dennoch darf nicht übersehen werden, daß die damalige Erklärung des Richtervereins vom 8. Januar 1924 und auch die Entscheidung des Reichsgerichts ein Novum in dem bisherigen Verhältnis zwischen Judikative und Legislative darstellten. Auch unter der Berücksichtigung einer Krisensituation und dem damit verbundenen Krisenmangement hat die Rechtsprechung eine brisante gesellschaftspolitische Aufgabe versucht zu lösen, die damals von der Gesetzgebung hätte gelöst werden müssen. Insofern ist dies auch mit der Rechtsfortbildung auf anderen Gebieten nicht gänzlich vergleichbar, da die anderen Rechtsgebiete zum einem nicht so viele Rechtsverhältnisse betrafen – jeder Bürger war von der Inflation betroffen und es sich somit „nicht“ um Randerscheinungen handelte - zum anderem auch nicht von dieser Bedeutung für die Allgemeinheit waren. Vor allem wurden nicht geltende Gesetze, wie hier die Währungsgesetze, für nicht mehr gültig erklärt und eventuellen künftigen Gesetzen nicht die Anwendung versagt.

Wie bereits oben schon erwähnt soll hier nicht geklärt, ob und inwieweit in der Weimarer Republik von neuer Richtermacht gesprochen werden kann, bzw. ob ein neues Richterleitbild entstanden ist. Die obigen Ausführungen sollen vielmehr verdeutlichen, daß durch die Entscheidung des Reichsgerichts vom 28. November 1923 und die Erklärung des Richtervereins vom 8. Januar 1924 die Richter ihre verfassungsmäßige Kompetenz überschritten hatten. Die These vom Krisenmanagement widerspricht dem nicht, wenngleich einige Argumente ergänzungsbedürftig sind. So darf bei der Tatsache, daß es richterliche Rechtsfortbildung, wie zum Beispiel auf den Gebieten c.i.c., p.V.V., Unterlassungsklage, Verkehrssicherungspflicht, wirtschaftliche Unmöglichkeit, etc., schon vor der Aufwertungsrechtsprechung gegeben hat, nicht unberücksichtigt bleiben, daß im Gegensatz zum Aufwertungsrecht bei keinem der eben aufgezählten Rechtsgebiete ausdrückliche gesetzgeberische Regelungen im Weg standen. Auch war kein entgegenstehender Wille des Gesetzgebers bekannt oder ist die Fortbildung des Rechts abgelehnt worden. In diesem Zusammenhang kann die Behauptung, die Erklärung vom 8. Januar 1924 spiegele nur die Meinung des Vorstandes des Richtervereins wider[522], nicht einfach übernommen werden. Wie bereits oben schon erwähnt, hatte der Richterverein, nachdem er über das geplante Verbot der Aufwertung Kenntnis erlangt hatte, keine Zeit mehr, die Vollversammlung des Richtervereins einzuberufen[523]. Zwar bleibt damit fraglich, ob die Vollver-

521 *Rückert*, Richterrecht seit Weimar?, S.213.
522 *Nörr*, Zwischen den Mühlsteinen, § 10 2.
523 *Evers*, Der Richter und das unsittliche Gesetz, S.32 m.w.N.

sammlung der Erklärung des Vorstandes vom 8. Januar 1924 zugestimmt hätte. Aber es muß doch beachtet werden, daß die überwiegende Mehrheit der Richter für eine Aufwertung gewesen war[524].

Der Behauptung, die Aufwertungsgesetze und Verordnungen seien sämtlich hinter den Forderungen der Richter zurückgeblieben, muß hinzugefügt werden, daß neben den Äußerungen der Richter in den einschlägigen Fachzeitschriften nur der Vorschlag der Reichsrichter von 1923 existierte[525]. Der Vorschlag enthält keine festen Aufwertungssätze, sondern spricht sich lediglich dafür aus, anhand eines Indexes einen Ausgleich für die Geldentwertung zu schaffen[526]. Zu diesem Zeitpunkt war aber die Inflation noch voll im Gang. Erst Ende 1923 fand eine Normalisierung der Verhältnisse statt.

D: Aufwertungsgesetzgebung

Die Entscheidung des Reichsgerichts vom 28. November 1923 hatte die Grundlage für die Feststellung des geltenden Rechts gelegt, daß Forderungen aufgewertet werden müssen. Die allgemeine Stimmung in der Bevölkerung und die Rechtsprechung hatten somit die Gesetzgebung unter Druck gesetzt, das Aufwertungsproblem zu regeln. Diese Aufgabe, die Feststellung von Normalsätzen für die Bewertung von Geldforderungen und die Schaffung eines einfachen und nachvollziehbaren Verfahrens, konnte nur durch ein Gesetz erfolgen[527].

I. Die 3. Steuernotverordnung vom 14. Februar 1924

Den ersten grundlegenden Schritt zur privatrechtlichen Erfassung der Geldentwertung durch den Gesetzgeber, die in der Rechtsprechung durch die Entscheidung vom 28.11.1923 bereits zu einem gewissen Abschluß gekommen war,

---

524 *Hempel*, Richterleitbilder in der Weimarer Republik, S.87.

525 DJZ 1923, Sp. 441 ff.

526 § 1 des Entwurfes hatte folgenden Inhalt: „Bei allen nach dem Inkrafttreten dieses Gesetzes entstehenden Ansprüchen auf Geldleistung bei denen die Zahlung später als einen Monat nach der Entstehung erfolgt, ändert sich der zu zahlende Betrag, sofern keine andere Bestimmung getroffen ist, nach dem Verhältnis, in dem die Teuerungszahl zur Zeit der Entstehung des Anspruches zu der im Zeitpunkt der Fälligkeit steht.“

527 *Mügel*, Das gesamte Aufwertungsrecht, 5.A., Einl. § 3.; *Nörr*, Zwischen den Mühlsteinen, § 10 1.

stellte die aufgrund des Ermächtigungsgesetzes vom 8. Dezember 1923[528] erlassene 3. Steuernotverordnung vom 14.02.1924[529] dar.

1. Regelungsgegenstand

Die 3. StNVO war inhaltlich untergliedert in neun Artikel, von denen sich aber nur die beiden ersten Artikel mit der Aufwertung befaßten, die Art. III bis IX waren hingegen rein steuerlicher Natur. Im folgenden sollen nur kurz die für diese Arbeit interessierenden Artikel über die Aufwertung dargestellt werden[530]. Die Aufwertungsvorschriften des Art. I 3. StNVO umfaßten fünfzehn Paragraphen, wobei in § 1 Abs. 2 3. StNVO die aufzuwertenden Vermögensanlagen erschöpfend aufgezählt wurden. Die in § 1 Abs. 2 3. StNVO besonders aufgeführten Vermögensanlagen umfaßten vier Gruppen und zwar 1. dingliche Lasten, 2. dinglich gesicherte persönliche Forderungen, 3. Schuldverschreibungen, die auf den Inhaber lauteten oder durch Indossament übertragbar waren und 4. Pfandbriefe und ähnliche Schuldverschreibungen, Sparkassenguthaben und Ansprüche aus Lebensversicherungsverträgen. Voraussetzung für die Aufwertung war weiterhin, daß es sich gemäß § 1 Abs. 1 3. StNVO um Ansprüche aus Rechtsverhältnissen handelte, die vor dem Inkrafttreten der 3. StNVO begründet worden waren. Grundsätzlich waren gemäß § 2 Abs. 1 3. StNVO die Vermögensanlagen um 15 % v. H. des Goldmarkbetrages aufzuwerten. Der Schuldner konnte aber eine Herabsetzung der Aufwertung verlangen, wenn dies mit Rücksicht auf seine wirtschaftliche Lage zur Abwendung einer groben Unbilligkeit unabweisbar erschien. Die Zahlung der aufgewerteten Kapitalbeträge konnte nicht vor dem 1. Januar 1932 verlangt werden (§ 5 Abs. 1). Die aufgewerteten Ansprüche waren bis zum 31. Dezember 1924 unverzinslich. Erst vom 1. Januar 1925 betrug der Zinssatz 2 v. H. . Dieser erhöhte sich in jedem weiteren Jahr um 1 v. H., bis der Satz 5 v. H. erreicht war (§ 5 Abs. 2).

Die Aufwertung von öffentlichen Anleihen war in Artikel II, der aus einem Paragraphen (§ 16) bestand, geregelt. Nach § 16 Abs. 1 3. StNVO konnte die Verzinsung und Einlösung von Anleihen des Reichs und der Länder, die vor dem

---

528 RGBl. I S.1179.

529 RGBl. I S.74. Im folgenden zitiert: 3. StNVO. §§ in Klammern beziehen sich ebenfalls auf die StNVO.

530 Vgl. zur 3. StNVO folgende zusammenfassende Darstellungen: *Wagemann*, Aufwertung und Geldentwertungsausgleich nach der dritten Steuernotverordnung vom 14. Februar 1924, Berlin 1924; *Wolfsohn*, Die Aufwertung der Hypotheken und Wertpapiere nach der dritten Steuernotverordnung. Eine rechtliche und volkswirtschaftliche Darstellung, Berlin 1924; *Michaelis*, Dritte Steuernotverordnung, Berlin, Leipzig 1924; *Mügel*, Das gesamte Aufwertungsrecht, 4. A., Berlin 1925.

14. Februar 1924 aufgenommen worden waren und auf Reichsmark lauteten, bis zur Erledigung sämtlicher Reparationsverpflichtungen nicht gefordert werden. Ausgenommen waren nur solche Anleihen, bei denen eine Verpflichtung zur Rückzahlung der ganzen Anleihe innerhalb von zwei Jahren nach der Aufnahme der Anleihe bestand (§ 16 Abs. 1 S 2). Der Gläubiger war aber gemäß § 16 Abs. 2 3. StNVO bis auf weiteres nicht verpflichtet, den Reichsmarkbetrag von Zins und Kapital zum Nennbetrag als Schulderfüllung anzunehmen.

Durch § 16 3. StNVO wurde somit der Schuldendienst der öffentlichen Anleihen, nämlich für vor dem Inkrafttreten der 3. Steuernotverordnung begebenen Markanleihen ausgesetzt. Unter diese Bestimmung fielen namentlich die älteren Anleihen des Reichs und der Länder (sog. Consols), die Kriegsanleihe, die Zwangsanleihe und die Sparprämienanleihe. Anleihen, die nach dem 1. Januar 1923 aufgelegt worden waren, waren jedoch zu verzinsen, sofern diese Zinsen in Reichsmark zum Nennwert gezahlt wurden (§ 16 Abs. 4). Eine Ausnahme für das generelle Aufwertungsverbot bestand für Anleihen von Gemeindeverbänden gemäß § 16 Abs. 3 3. StNVO. In Einzelfällen konnte die oberste Landesbehörde beim Vorliegen besonderer Verhältnisse eine von den Vorschriften abweichende Regelung treffen. Auch konnte die Reichsregierung für die Anleihen anderer Körperschaften und Anstalten des öffentlichen Rechts mit Zustimmung des Reichsrats die für die Gemeinden geltenden Vorschriften ebenfalls für anwendbar erklären (§ 16 Abs. 6).

2. Rechtsgültigkeit

Bereits vor Erlaß der 3. Steuernotverordnung und kurz nach ihrem Erscheinen ist die formale Wirksamkeit der Verordnung kritisiert worden[531]. Die Verordnung ist aufgrund des Gesetzes vom 8. Dezember 1923[532] erlassen worden, das die Reichsregierung ermächtigte "die Maßnahmen zu treffen, die sie im Hinblick auf die Not von Volk und Reich für erforderlich und dringend erachtete", aber hinzufügte: "Eine Abweichung von den Vorschriften der Reichsverfassung ist nicht zulässig." Es ist anschließend von verschiedenen Seiten kritisiert worden, daß die Aufwertungsvorschriften eine Verletzung der Gewährleistung des Eigentums in Art. 153 der Verfassung oder des Grundsatzes der Allgemeinheit der Besteuerung (Art. 134) enthielten. Ein Beschluß des Landgerichts Berlin I vom 21. Fe-

531 Das Thema Rechtsgültigkeit der 3. StNVO soll hier nur kurz dargestellt werden, da diese Frage nach dem Erscheinen des Aufwertungsgesetzes vom 15. Juli 1923 keine Rolle mehr spielte. Vgl. hierzu: *Mügel*, Das gesamte Aufwertungsrecht, 5.A., § 3 II m.w.N. in FN 6.

532 RGBl. I S.1179.

bruar 1924[533] erklärte die Aufwertungsvorschriften für rechtsungültig und lehnte deshalb eine nach § 10 beantragte Aussetzung ab. Dagegen hat der 5. Senat des Reichsgerichts, derselbe Senat, der das Urteil vom 28. November 1923 ausgesprochen hatte, in einem Urteil vom 1. März 1924[534] die Rechtsgültigkeit der Verordnung bejaht. Auch das Kammergericht hatte am 19. März 1924[535] die Rechtsgültigkeit der 3. Steuernotverordnung bejaht. Die Frage der Rechtsgültigkeit wurde durch das Aufwertungsgesetz bedeutungslos, da dieses die letzten Zweifel über die Aufwertung ausräumte. Dennoch soll nicht unerwähnt bleiben, daß aufgrund der Kritik der Rechtsgültigkeit der 3. Steuernotverordnung die Rechtsprechung eine enge Auslegung für diese forderte. So stellte das Reichsgericht in einer Entscheidung vom 25. März 1924[536] fest, daß die Verordnung, indem sie alle in Goldmark begründete Forderungen auf einen Bruchteil ihres Nennbetrages ermäßige, sich als eine entschiedene Ausnahmemaßregel darstelle, die über die selbstgezogenen Grenzen hinaus nicht anwendbar sei. In einer weiteren Entscheidung vom 13. Februar 1925[537] führte das Reichsgericht aus, daß, vorausgesetzt der Gesetzgeber wolle einen Eingriff in bestehende Rechte vornehmen, er sich deutlich darüber aussprechen müsse, unter welchen Voraussetzungen und in welchem Umfange der Rechtsverlust eintreten solle. Habe der Gesetzgeber aber eine Fassung geschaffen, die seinem Willen nicht voll entspreche, so müsse es ihm überlassen bleiben, die Unvollständigkeit seiner Anordnung im Wege einer neuen gesetzgeberischen Vorschrift zu ergänzen.

3. Durchführungsverordnungen

Mit dem 15. Februar 1924 trat durch Fristablauf das Ermächtigungsgesetz außer Kraft. Die 3. Steuernotverordnung war vorher am 14. Februar 1924 aufgrund des Ermächtigungsgesetzes vom 8. Dezember 1923[538] erlassen worden. Die Regierung hatte sich aber in § 64 3. StNVO die Möglichkeit offen gelassen, "soweit es sich als notwendig erweisen sollte, für besondere Fälle allgemeine Anordnungen ergänzenden oder abweichenden Inhalts" zu treffen. Diese Subdelegation ermächtigte die Reichsregierung zum Erlaß weiterer Rechtsvorschriften, die in Form von fünf Durchführungsverordnungen zur 3. StNVO auch genutzt wurden, und zwar mit den Durchführungsverordnungen vom 01. Mai 1924[539], vom

533 JW 1924, 332.
534 RGZ 107, 370.
535 JW 1924, 983.
536 RG in JW 1924, S.1364.
537 RG in JW 1925, S.1380.
538 RGBl. S.1179.
539 RGBl. I S.430.

24. Mai 1924[540], 15. August 1924[541], vom 28. August 1924[542] und 18. November 1924[543].

Auch die verfassungsmäßige Gültigkeit der Durchführungsverordnung ist ebenfalls nicht angezweifelt worden[544]. Nach Art. 77 der Weimarer Reichsverfassung[545] war die Reichsregierung nur ermächtigt, die zur Ausführung der Reichsgesetze erforderlichen allgemeinen Verwaltungsvorschriften zu erlassen. Daher wurde die Meinung vertreten, daß eine weitergehende Ermächtigung eine Verfassungsänderung sei. Das Reichsgericht hatte indes wiederholt ausgesprochen, daß der Reichstag nicht gehindert sei, die ihm nach Art. 68 Abs. 2 WRV zustehende Gesetzgebungsgewalt in zeitlich und sachlich begrenzter Weise auf die Regierung zu übertragen und sie durch einfaches Gesetz zur Aufstellung von Rechtsvorschriften zu ermächtigen[546]. Der 3. Zivilsenat des Reichsgerichts hatte ferner in einem Beschluß vom 25. Januar 1925[547] angeführt, daß die in einem Ermächtigungsgesetz übertragene Befugnis zum Erlaß von Rechtsvorschriften weiter übertragen werden könne. Er berief sich dabei auf die Entstehungsgeschichte und den Zweck des vorher wirksamen Ermächtigungsgesetzes. Dies erlaube eine Übertragbarkeit zum Erlaß von Rechtsvorschriften an die zuständigen Ressortminister. Diese Ausführungen waren in einem Beschluß der Vereinigten Zivilsenate vom 22. Februar 1924[548] bestätigt worden. Obwohl die Rechtsgültigkeit der einzelnen Durchführungsverordnungen anerkannt worden war, wurden von den Gerichten einzelne Bestimmungen dieser Verordnung für unwirksam erklärt, da diese Ergänzungen oder Abänderungen enthielten, die mit den Vorschriften der 3. StNVO nicht vereinbar waren. Zu erwähnen ist zum Beispiel eine Entscheidung vom Reichsgericht vom 21. November 1924[549] hinsichtlich der Unwirksamkeit des Art. I § 1 der 4. Durchführungsverordnung vom 28. August 1924 ausgesprochenen Gleichstellung der Unfallversicherungsverträge mit den Lebensversicherungsverträgen und der Geltung des im Art. I § 7 der 1. Durchführungsverordnung vom 1. Mai 1924 enthaltenen Verbots, persönliche

---

540 RGBl. I S.561.
541 RGBl. I S.682.
542 RGBl. I S.694.
543 RGBl. I S.745.
544 Die Durchführungsverordnungen und ihre Rechtsgültigkeit ausführlich darstellend: *Pirlet*, Der politische Kampf um die Aufwertungsgesetzgebung, S.66 ff.
545 Künftig abgekürzt: WRV
546 RGSt 55, 246, 247 f.; RG in JW 1924, 192.
547 RGZ 107, 315.
548 RGZ 107, 320.
549 RG in DJZ 1925, Sp. 105.

Forderungen in anderen als den besonders angegebenen Fällen auf mehr als 15 % aufzuwerten in einem Beschluß vom 13. November 1924[550].

Die oben erwähnten Entscheidungen des Reichsgerichts hatten die Reichsregierung veranlaßt, den Reichspräsidenten zu ermächtigen, auf der Grundlage des Art. 48 der WRV bis zur Regelung der ordentlichen Gesetzgebung die Verordnung vom 4. Dezember 1924[551] zur einstweiligen Regelung der Aufwertung zu erlassen. In dieser Verordnung waren die Vorschriften der 3. Steuerverordnung und der Durchführungsverordnungen für die Aufwertung als entscheidend erklärt worden. Diese Verordnung vom Reichspräsidenten hatte die Frage gegenstandslos gemacht, inwieweit die Durchführungsverordnungen aufgrund des § 64 3. StNVO erlassen werden durften und verlagerte die Diskussion auf die Kontrolle der gesetzgebenden Gewalt auf das dem Reichspräsidenten durch Art. 48 WRV zugewiesene Notverordnungsrecht[552].

4. Verlängerung der 3. Steuernotverordnung

Die Annahme der Reichsregierung, die 3. StNVO durch eine baldige ordentliche Gesetzgebung ablösen zu können, erfüllte sich nicht. So wurde zunächst eine weitere Notverordnung zur einstweiligen Regelung der Aufwertung vom 4. Dezember 1924[553] notwendig, die bis zur Regelung im Wege der ordentlichen Gesetzgebung die Vorschriften der 3. StNVO und ihrer Durchführungsverordnungen für maßgebend erklärte. Gleichzeitig wurden die laufenden Fristen bis zum 31. März 1925 verlängert. Da aber schon damals ersichtlich war, daß die neue ordentliche Gesetzgebung wesentliche Änderungen mit sich bringen werde, wollte man schwebende Aufwertungsstreitigkeiten währenddessen nicht einer endgültigen Regelung zuführen. Daher gab das Gesetz betreffend einer Aussetzung des Verfahrens vor Gerichten und Aufwertungsstellen vom 17. Januar 1925[554] den Parteien einen Anspruch auf Aussetzung des Verfahrens bis zum 30. April 1925. Da aber bis zu diesem Zeitpunkt immer noch kein Aufwertungsge-

---

550 Kammergericht in DJZ 1925, Sp. 118.

551 RGBl. I S.765.

552 Die Anwendung des Art. 48 WRV war umstritten. So hat der Reichsfinanzhof in einem Urteil vom 5. Januar 1925 (DJZ 1925, Sp. 235, 237) eine Anwendung verneint. Hingegen wurde die Anwendbarkeit vom Bayrischen Obersten Landesgericht (DJZ 1925, Sp. 335) und Kammergericht (DJZ 1925, Sp. 346) bejaht. Vgl. die einzelnen Entscheidungen darstellend und erörternd: *Pirlet*, Der politische Kampf um die Aufwertungsgesetzgebung nach dem 1. Weltkrieg, S.69 ff.

553 RGBl. I S.765.

554 RGBl. I S.15.

setz entstanden war, wurden die laufenden Fristen durch weitere Gesetze[555] bis zum 15. Juli 1925 verlängert[556].

II. Aufwertungsgesetz vom 15. Juli 1925

1. Entstehung

Der Streit um die Aufwertungsfrage beschäftigte den Reichstag in den folgenden Monaten immer wieder[557]. In den Reichstagswahlen vom Mai und auch vom Dezember 1924 spielte die Aufwertung eine dominierende Rolle. Die 3. StNVO brachte die Aufwertungsfrage voran, da durch diese die Aufwertung vom Gesetzgeber erstmalig anerkannt worden war. Der darauffolgende Streit betraf lediglich die Höhe sowie die Konditionen der Verzinsung und Tilgung der aufgewerteten Forderungen. Sofort nach Erlaß der Verordnung zeigte sich im Reichstag so starker Widerstand gegen die angeblich viel zu niedrigen Sätze, daß noch in der zweiten Februarhälfte Anträge auf Abänderung bzw. völlige Aufhebung der Verordnung gestellt wurden. So forderte am 25. Februar 1924 der Abgeordnete Düringer den Erlaß eines Abänderungsgesetzes, in dem er statt der 15 prozentigen Aufwertung für Vermögensanlagen, wie er in der 3. StNVO vorgesehen war, eine 40 prozentige Aufwertung forderte[558]. Einen Antrag auf eine höhere Aufwertung stellten auch der Abgeordnete Müller-Franken und seine Genossen. Sie forderten die Zulassung einer bis zu zwanzigprozentigen Aufwertung, wenn die Vermö-

---

555 Hierbei handelt es sich um das Gesetz über die Verlängerung der Fristen der 3. Steuernotverordnung vom 27. März 1925 (RGBl. I S.29) und das Gesetz zur Verlängerung der Geltungsdauer der 3. Steuernotverordnung vom 28. Juni 1925 (RGBl. I S.92).

556 Vgl. zur Verlängerung der Aussetzung von Aufwertungen: *Warneyer/Koppe*, Die Aufwertungsgesetze, S.11 f.

557 Vgl. zum Streit über die 3. StNVO und zur Entstehungsgeschichte des Aufwertungsgesetzes vom 15. Juli 1925 und Anleiheablösungsgesetzes vom 16. Juli 1925: *Michaelis*, Aufwertungsrecht, 2. A., S.25 ff.; *Krohn*, Stabilisierung und ökonomische Interessen. Die Finanzpolitik des Deutschen Reiches 1923 - 1927, S.164 ff.; *Mügel*, Das gesamte Aufwertungsrecht, 5.A., Einl. § 5 I - IV; *Jung*, Direkte Demokratie in der Weimarer Republik, S.17 ff; *Pirlet*, Der politische Kampf um die Aufwertungsgesetzgebung nach dem 1. Weltkrieg, S.79 ff; *Pfleiderer*, Die Reichsbank in der großen Inflation, die Stabilisierung der Mark und die Aufwertung von Kapitalforderungen, S.199.

558 Reichstagsdrucksachen I Wahlperiode 1920 - 1924, Nr. 6522. Abgedruckt in: *Michaelis*, Dritte Steuernotverordnung, Anhang XI, S.357.

genslage des Schuldners dies offensichtlich gestattete[559]. Dieser heftige Widerstand trug dazu bei, daß die Reichsregierung Mitte März 1924 den Reichstag auflösen ließ. Aus den Reichstagswahlen vom 4. Mai 1924 ging ein Reichstag hervor, der in seiner Zusammensetzung aufwertungsfreundlicher war als der vorherige[560]. Dieser berief einen Ausschuß zur Aufwertungsfrage, der wiederum zur Beratung einen Untersuchungsausschuß einsetzte. Die Beratungen des Untersuchungsausschusses blieben indes ohne Ergebnis, da der Reichstag im Oktober 1924 wieder aufgelöst wurde[561].

Während der Diskussion argumentierten die Aufwertungsgegner mit der Belastung der öffentlichen Haushalte durch eine Aufwertung der öffentlichen Schulden. Die Aufwertung von öffentlichen Anleihen würde zu großen finanziellen Schwierigkeiten der öffentlichen Haushalte führen, welche bei der ohnehin schwierigen Haushaltslage nicht tragbar seien und die vor kurzem errungene Stabilität der Währung gefährden könne. Die Aufwertungsbefürworter hingegen argumentierten mit dem Rechtsempfinden der Bevölkerung und der sich daraus ergebenden Notwendigkeit eines sozialen Ausgleichs sowie auch mit reparationspolitischen Überlegungen[562].

Ab Dezember 1924 begannen schließlich die Arbeiten für ein neues Gesetz bezüglich des Aufwertungsproblems. Diese Arbeiten endeten mit einem am 25. März dem Reichsrat und Reichswirtschaftsrat vorgelegten Entwurf eines Aufwertungsgesetzes[563]. Dieser Gesetzentwurf wurde gemeinsam mit dem Entwurf eines Gesetzes über die Ablösung von Anleihen dem Aufwertungsausschuß überwiesen, der diesen in zwanzig Sitzungen und drei Lesungen beriet, bis es zur Verabschiedung des Aufwertungsgesetzes und des Anleiheablösungsgesetzes kam[564].

2. Regelungsgegenstand

Das Aufwertungsgesetz vom 15. Juli 1925 ließ das sogenannte Katalogsystem der 3. StNVO fallen, das in § 1 zehn festumschriebene Aufwertungsansprüche

559 Reichstagsdrucksachen I Wahlperiode 1920 - 1924, Nr. 6470. Abgedruckt in: *Michaelis*, Dritte Steuernotverordnung, Anhang XII, S.362.

560 *Holtfrerich*, Die deutsche Inflation 1914 - 1923, S.318.

561 *Mügel*, Das gesamte Aufwertungsrecht, 5.A., Einl. § 5 I. Vgl. zum Ergebnis des Ausschusses auch : *Mügel*, Der gegenwärtige Stand der Aufwertungsfrage, in: DJZ 1925, Sp. 43, 45; *Jung*, Direkte Demokratie in der Weimarer Republik, S.17 f.

562 Vgl. zu den Argumenten: *Holtfrerich*, Die deutsche Inflation 1914 - 1923 m.w.N., S.321.

563 Drucksache des Reichstags, III. Wahlperiode 1924/25, Nr. 804.

564 Die drei Lesungen sowie Erläuterungen finden sich abgedruckt in: *Mügel*, Das gesamte Aufwertungsrecht, 5.A., Einl. § 5 II, III.

aufzählte. Das neue Aufwertungsgesetz[565] war in die zwölf Abschnitte eingeteilt und beinhaltete die folgenden Regelungen:

I. Allgemeine Bestimmungen (§§ 1 bis 3),
II. Hypotheken (§§ 4 bis 30),
III. Grundschulden, Rentenschulden, Schiffs- und Bahnpfandrechte, Reallasten (§§ 31,32),
IV. Industrieobligationen und verwandte Schuldverschreibungen (§§ 33 bis 46),
V. Pfandbriefe (§§ 47 bis 50),
VI. Öffentlich-rechtliche Schuldverschreibungen (§§ 51 bis 54),
VII. Sparkassenguthaben (§§ 55 bis 58),
VIII. Versicherungen (§§ 59 bis 61),
IX. Sonstige Ansprüche (§§ 62 bis 66),
X. Vergleiche und Urteile (§§ 67 bis 68),
XI. Aufwertungsverfahren (§§ 69 bis 77),
XII. Schluß- und Übergangsbestimmungen (§§ 78 bis 88).

Abgesehen von den Abschnitten I., XI. und XII. waren einzelne Ansprüche Gegenstand des Aufwertungsgesetzes. Besonders hervorzuheben ist der IX. Abschnitt. In § 62 AufwG dieses Abschnittes hatte der Gesetzgeber zum Ausdruck gebracht, daß neben den in dem Aufwertungsgesetz geregelten Ansprüchen die Aufwertung anderer Ansprüche nach den allgemeinen Vorschriften zu erfolgen hatte. Unter "allgemeinen Grundsätzen" waren die Grundsätze zu verstehen, die die Gerichtsbarkeit aus den allgemeinen Bestimmungen des bürgerlichen Rechts hergeleitet hatte. Dies bedeutete somit die gesetzliche Anerkennung einer Aufwertung außerhalb des Aufwertungsgesetzes durch die Rechtsprechung. Gegenstand der Aufwertungsrechtsprechung waren somit alle Rechtsverhältnisse bzw. Ansprüche, die nicht durch das Aufwertungsgesetz geregelt wurden[566].

a.) Rechtsverhältnisse im Aufwertungsgesetz

Zunächst ist es notwendig, die durch das Aufwertungsgesetz behandelten Ansprüche kurz darzustellen, da diese der Aufwertungsrechtsprechung nicht mehr zugänglich waren. Dabei sollen zunächst die allgemeinen Bestimmungen, die für alle Aufwertungsansprüche galten, die einzelnen Rechtsverhältnisse, das Aufwertungsverfahren und die Übergangs- und Schlußbestimmungen kurz beschrieben werden.

565 Im folgenden zitiert: AufwG. §§ in Klammern beziehen sich ebenfalls auf das Aufwertungsgesetz.

566 Vgl. auch Punkt b.) Aufwertung nach allgemeinen Grundsätzen.

aa.) Allgemeine Bestimmungen für die Aufwertung

Für die Aufwertung kamen im allgemeinen nur solche Ansprüche in Betracht, die vom Währungsverfall betroffen waren und nach § 1 AufwG auf vor dem 14. Februar 1924, dem Datum der 3. StNVO, entstandenen Rechtsverhältnisse beruhten. Eine Aufwertung fand aber auch dann statt, wenn gemäß § 78 AufwG der Gläubiger aus derartigen Rechtsverhältnissen nach dem 13. Februar 1924 eine Leistung angenommen hatte. Nach § 2 AufwG begann der Währungsverfall mit dem 1. Januar 1918. Für das Aufwertungsgesetz war bei allen vor dem 1. Januar 1918 erworbenen Ansprüchen der Nennbetrag gleich dem Goldmarkbetrag. Für die zu einem späteren Zeitpunkt erworbenen Ansprüchen galten dagegen die neuen Goldmarktabellen. Die Umrechnung auf Goldmark geschah nicht mehr über den Dollar, sondern durch einen besonderen Schlüssel, der zwischen Dollar und Großhandelsindex stand und durchweg für den Gläubiger günstiger war als die frühere Umrechnung über den Dollar. Diese Goldmarktabellen reichten bis zum 13. Februar 1924. Ab diesem Datum galt der Nennwert wiederum als Goldmarkbetrag (§ 2). Die gesamte Umrechnungstabelle galt somit für das Aufwertungsgesetz vom 1. Januar 1918 bis 13. Februar 1924[567].

bb.) Aufwertung einzelner Rechtsverhältnisse

Im folgenden sollen die Rechtsverhältnisse kurz anhand des Gesetzestextes erläutert werden[568]. Dabei stehen die Rechtsfolgen der einzelnen Ansprüche im Vordergrund. Anhand der Rechtsfolge, die regelmäßig eine Aufwertung zur Folge hatte, folgt eine Einteilung der einzelnen Rechtsverhältnisse. Nach dem Auf-

---

567 Die Tabelle befindet sich abgedruckt als Anlage zu dem Aufwertungsgesetz vom 15. Juli 1925: RGBl. 117, 133 ff. sowie in den meisten Kommentaren zum Aufwertungsgesetz.

568 Das Aufwertungsgesetz wird hier lediglich anhand des Gesetzestextes kurz dargestellt. Ausführliche Erläuterungen der Ansprüche sowie Kommentierungen mit Nachweisen der Rechtsprechung zu den jeweiligen Paragraphen befinden sich in: *Mügel*, Das gesamte Aufwertungsrecht, 5.A., Berlin 1927; *Michaelis*, Das Aufwertungsrecht nach den Aufwertungsgesetzen und nach allgemeinem bürgerlichen Recht, 2. A. Berlin, Leipzig 1926; *Warneyer/Koppe*, Die Aufwertungsgesetze, Berlin, Wien 1926; *Siehr*, Das Aufwertungsgesetz in der Rechtsprechung der oberen Gerichte, Berlin 1927; *Keidel/Schaeffer*, Das neue Aufwertungsgesetz. Leitfaden für die juristische Praxis und für die Wirtschaft, Leipzig 1925; *Schlegelberger/ Harmening*, Gesetz über die Aufwertung von Hypotheken und anderen Ansprüchen vom 16. Juli 1925; *Quassowski*, Gesetz über die Aufwertung von Hypotheken und anderen Ansprüchen vom 16. Juli 1925, 5.A., Mannheim, Berlin, Leipzig 1927; *Neukirch*, Gesetz über die Aufwertung von Hypotheken, Halle 1926.

wertungsgesetz gab es vier Rechtsfolgen, erstens eine 15prozentige, zweitens eine 25prozentige Aufwertung, drittens eine Aufwertung nach Ermittlung einer Teilungsmasse und viertens keine Aufwertung.

(1) Aufwertung um 15 %

(i) Obligationen

Das Aufwertungsgesetz regelte nach Maßgabe der §§ 33 bis 46 AufwG die Aufwertung von Industrieobligationen und verwandten Schuldverschreibungen. Der Aufwertungssatz von Industrieobligationen betrug entsprechend § 33 AufwG 15 % des Goldmarkbetrages, unabhängig davon, ob sie durch eine Hypothek gesichert waren oder nicht. Für Altbesitzer, die ihre Obligationen vor dem 1. Juli 1920 erworben und seitdem besessen hatten, trat zur 15prozentigen Aufwertung gemäß § 37 Abs. 1 AufwG noch ein weiteres 10prozentiges Genußrecht hinzu, das eine Beteiligung am Reingewinn und am Liquidationserlös verschaffte.

(ii) Öffentlich-rechtliche Schuldverschreibungen

Die Aufwertung von öffentlich-rechtlichen Schuldverschreibungen war in den §§ 51 - 54 AufwG geregelt und wurden ohne Rücksicht darauf, ob sie durch Hypothek gesichert waren, auf 15 % des Goldmarkbetrages aufgewertet (§ 51 Abs. 1).

(2) Aufwertung um 25 %

(i) Hypotheken

Die Aufwertung von Hypotheken wurde im Aufwertungsgesetz in den §§ 4 bis 30 AufwG geregelt. Hypotheken wurden gemäß § 4 AufwG um 25 % des Goldmarkbetrages aufgewertet. Eine höhere bzw. geringere Aufwertung der persönlichen Forderung war nur möglich, wenn einer der Ausnahmefälle des § 10 Abs. 1 Nr. 1 bis 6 AufwG vorlag. Dies war der Fall bei Gesellschaften und Beteiligungsverhältnissen (Nr. 1), bei Auseinandersetzungen und Gutsüberlassungsverträgen (Nr. 2), bei Unterhaltsverhältnissen (Nr. 3), bei Auseinandersetzungsrenten (Nr. 4), bei Restlaufgeldhypotheken, die nach dem 31. Dezember 1908 begründet worden waren (Nr. 5) und bei Sicherungshypotheken mit Ausnahme von Darlehensforderungen (Nr. 6).

Nach oben waren nur für Restlaufgeldhypotheken und Gutsüberlassungsverträgen entsprechend § 10 Abs. 3 AufwG Grenzen gesetzt. So durften Forderungen, die zwischen dem 31. Dezember 1908 und 1. Januar 1912 entstanden waren, nur um 75 % und bei Entstehung zwischen dem 1. Januar 1912 und 1. Januar 1922 nicht höher als 100 % des Goldmarkbetrages aufgewertet werden. Wenn eine höhere oder geringere Aufwertung als 25 % verlangt wurde, mußte nach § 12 AufwG bis zum 1. April 1926 ein Antrag an die Aufwertungsstelle gestellt werden. Abgesehen von den eben erwähnten Fällen konnte ganz allgemein der Eigentümer auch nach § 8 Abs. 1 AufwG eine Herabsetzung der Aufwertungsquote bis auf 15 % aus Billigkeitsgründen gleichfalls bis zum 1. April 1926 bei der Aufwertungsstelle beantragen (Härteklausel)[569].

(ii) Grundschulden, Rentenschulden, Reallasten, Schiffs- und Bahnpfandrechte

Grundschulden, Rentenschulden und Reallasten, Schiffs- und Bahnpfandrechte wurden entsprechend der §§ 31, 32 AufwG aufgewertet. Prinzipiell fanden bei Grundschulden, Rentenschulden und Reallasten, Schiffs- und Bahnpfandrechten gemäß § 31 AufwG in Verbindung mit § 4 AufwG ebenfalls eine Aufwertung um 25 % stattfand.

(iii) Vergleiche, Urteile

Vergleiche und Urteile wurden in §§ 67 und 68 AufwG geregelt. Grundsätzlich blieben Vergleiche gemäß § 67 Abs. 1 AufwG von der Aufwertung unberührt. Von dieser Regel wurde aber eine wichtige Ausnahme gemacht, und zwar, wenn der Vergleich eine Hypothek, Grundschuld, Reallast oder ein Schiffs- oder Bahnpfandrecht betraf. In diesen Fällen wurde gemäß § 67 Abs. 1 AufwG auch um 25 % aufgewertet.

(iiii) Aufwertung anderer Ansprüche

In den Abschnitten 1 bis 8 und 9 wurden vom Aufwertungsgesetz bestimmte umschriebene und hier kurz dargestellte Ansprüche geregelt. Für alle sonstigen Ansprüche galt der 9. Abschnitt (§§ 2, 62 - 66 AufwG), allgemeine Richtlinien, was zur Folge hatte, daß nach wie vor für den Einzelfall die Rechtsprechung maßgeblich sein sollte. Drei Rechtsverhältnisse werden indes in dem neunten Abschnitt gesondert aufgezählt und zwar Vermögensanlagen, Guthaben bei Werksparkas-

569 Eine ausführliche Untersuchung der Herabsetzung des Aufwertungsbetrages aufgrund der Härteklauseln befindet sich in: *Weyn*, Die Herabsetzung des Aufwertungsbetrages auf Grund der Härteklauseln des Aufwertungsgesetzes vom 16. Juli 1925, Brake i. O. 1931.

sen und Pensionskassen und Kontokorrentforderungen sowie Bankguthaben. Während die Aufwertung von Vermögensanlagen 25 % des Goldmarkbetrages nicht übersteigen durfte, galten die Guthaben bei Fabrik- und Werksparkassen sowie von Ansprüchen an Betriebs-Pensionskassen im § 64 AufwG nicht als Vermögensanlagen und unterlagen somit auch nicht dem Aufwertungshöchstsatz von 25 % (§§ 63 Nr. 6; 64 AufwG).

(3) Mittelbare Aufwertung

Des weiteren gab es auch Fälle der mittelbaren Aufwertung. In diesen Fällen wurde erst eine Teilungsmasse gebildet, die anschließend, das heißt ausgehend von den Bruchteilen dieser Masse, aufgewertet wurde. Ihre Behandlung ergab sich wie folgt:

(i) Pfandbriefe

Die Aufwertung von Pfandbriefen (§§ 47 - 50) war im Aufwertungsgesetz im wesentlichen den gleichen Vorschriften unterworfen wie in der 3. StNVO. Analog wie bei Sparkassenguthaben und Versicherungen trat hier nur eine mittelbare oder sekundäre Aufwertung ein. Zunächst wurde eine Teilungsmasse aus den Leistungen zusammengefügt, die sich aus den eigenen Aufwertungsansprüchen des Pfandbriefunternehmens, der Versicherungsgesellschaft und der Sparkasse bildete (§ 47). Daraus ergab sich, daß bei den einzelnen Unternehmen ganz unterschiedliche Aufwertungssätze herauskommen konnten, abhängig davon, was für eine Teilungsmasse zustande kam. Bei Pfandbriefen bestand die Teilungsmasse aus den am 13. Februar 1924 vorhandenen Deckungswerten, sowie aus den früheren Deckungswerten, soweit jetzt mehr als 15 % erlöst wurden oder aufgrund der Rückwirkung Werte hereinkommen, und aus einem aus dem sonstigen Vermögen des Schuldners zu leistenden Beitrag (§ 48 Abs. 1). Von der Teilungsmasse durfte andererseits der Schuldner einen Verwaltungsbeitrag bis zu 10 % abziehen (§ 48 Abs. 2).

(ii) Sparkassenguthaben, Versicherungen

Die Behandlung von Sparkassenguthaben wurde in den §§ 55 bis 58 AufwG geregelt. § 55 Abs. 1 AufwG zufolge wurde eine Teilungsmasse gebildet, die dann an die Gläubiger verteilt wurde. Die Teilungsmasse bestand aus dem aufgewerteten Sparkassenvermögen und einem aus dem sonstigen Vermögen zu leistenden Beitrag unter Abzug eines Verwaltungskostenbeitrages (§ 56). Das gleiche galt auch für die Aufwertung von Versicherungsverträgen, die im achten Abschnitt in den §§ 59 bis 61 AufwG geregelt waren.

(4) Keine Aufwertung

Kontokorrentforderungen wie auch Ansprüche aus einer anderen laufenden Rechnung wurden nach § 65 AufwG nicht aufgewertet. Eine Ausnahme waren Einlagen des Arbeitnehmers beim Arbeitgeber sowie Ansprüche der in § 63 Abs. 2 AufwG bezeichneten Art.

Bank- und Depositenguthaben wurden entsprechend § 66 Abs. 1 AufwG ebenfalls nicht aufgewertet, wenn es sich um ein Unternehmen handelte, welches sich geschäftsmäßig mit dem Depositengeschäft befaßte, und der Schuldner das Geld nicht wertbeständig anzulegen hatte. Auch hier galt das Aufwertungsverbot nicht für Einlagen des Arbeitnehmers bei seinem Arbeitgeber. Waren aber die Ansprüche aus einer ehemaligen Geschäftsbeteiligung entstanden, und haben sie als solche mehr als 5 Jahre bestanden, so können sie wie Vermögensanlagen, das heißt bis zu 25 %, aufgewertet werden (§ 66 Abs. 3 AufwG).

cc.) Aufwertungsverfahren

Das Aufwertungsverfahren war bei der 3. StNVO in den Durchführungsbestimmungen geregelt. Durch die Vorschriften der §§ 69 bis 77 AufwG sind diese in das Aufwertungsgesetz eingegliedert worden. Ergänzt wurden diese Vorschriften noch durch die Verordnung über die Einrichtung und das Verfahren der Aufwertungsstellen vom 21. Juli 1925[570]. In erster Instanz war die Aufwertungsstelle nach § 69 AufwG zuständig. Die Einlegung von Rechtsmitteln war in § 74 AufwG geregelt. Gegen die Entscheidung der Aufwertungsstelle fand die sofortige Beschwerde statt, deren Erhebung durch das Gesetz über die freiwillige Gerichtsbarkeit an eine Frist von zwei Wochen geknüpft war. In der zweiten Instanz entschied das Landgericht, gegen dessen Entscheidung ebenfalls in zwei Wochen die sofortige Beschwerde an das Oberlandesgericht möglich war. Die sofortige Beschwerde an das Oberlandesgericht konnte jedoch nur auf eine Gesetzesverletzung gestützt werden. Das Landgericht als mittlere Instanz war neu eingeschoben worden. Die Beteiligten konnten aber nach § 74 Abs. 2 AufwG bei beiderseitigem Einverständnis das Landgericht umgehen und sofort das Oberlandesgericht anrufen. Solange in Zivilprozessen Aufwertungsfragen von der Entscheidung im Aufwertungsverfahren abhängig waren, mußte der Zivilprozeß auf Antrag ausge-

---

570 RGBl. I S.154.

setzt werden, bis die Entscheidung im Aufwertungsverfahren vorlag (§ 77 AufwG).

b.) Aufwertung nach allgemeinen Grundsätzen

Das Aufwertungsgesetz regelte nicht alle Fälle von Aufwertungen, sondern verwies in weitem Umfang auf die Aufwertung nach allgemeinen Vorschriften, besonders hinsichtlich der nicht dinglich gesicherten Ansprüche aus gegenseitigen Verträgen oder aus Rechtsverhältnissen, die keine Vermögensanlage darstellen, aber auch, mit Einschränkungen, hinsichtlich der durch Hypothek gesicherten persönlichen Forderungen. Unter "allgemeinen Grundsätzen" in § 62 AufwG waren, wie schon bereits oben dargelegt[571], die Grundsätze zu verstehen, welche die Rechtsprechung aus den allgemeinen Bestimmungen des bürgerlichen Rechts hergeleitet hatte[572]. Nur in beschränktem Umfang waren auch die §§ 63 bis 66 AufwG in diesem Zusammenhang maßgeblich, da diese für die Aufwertung der dinglich gesicherten Rechte den allgemeinen Vorschriften gleichgestellt wurden. In der Tatsache, daß § 62 AufwG die allgemeinen Vorschriften als entscheidend bezeichnet, lag die gesetzliche Anerkennung der Rechtsprechung des Reichsgerichts vor. Das beinhaltete nicht, daß jeder vom Reichsgericht ausgesprochene Rechtsgrundsatz als *gesetzliche Regel* galt. Es hatte aber zur Folge, daß die allgemeine Grundlage des Aufwertungsrechts, die Anwendung der Vorschrift des § 242 BGB unter Überwindung des Währungsrechts als gebilligt angesehen wurde[573]. Danach hatte die Aufwertung gemäß § 242 BGB nach Treu und Glauben, unter Berücksichtigung und Abwägung der beiderseitigen Interessen anhand der von der Rechtsprechung gefundenen Rechtsgrundsätze zu erfolgen[574].

3. Rechtsgültigkeit

Wie bei der 3. Steuernotverordnung war auch die Rechtsgültigkeit des Aufwertungsgesetzes wegen Verstoßes gegen die Verfassung bestritten worden[575]. Das

---

571 3. Teil D: II. 2. Einleitung vor a.).

572 Vgl. die Kommentierungen zu § 62 AufwG bei den in FN 465.

573 *Mügel*, Das gesamte Aufwertungsrecht, 5.A., Kommentierung zu § 63 AufwG Anm. 2.

574 *Warneyer/Koppe*, Die Aufwertungsgesetze, Kommentierung zu § 62 AufwG.

575 *Goldschmidt*, Die Prüfung der Verfassungsmäßigkeit, DJZ 1926, Sp. 296 f.; *ders.*, Kommentierung zu zwei Entscheidungen des Danziger Obergerichts JW 1926, 1344 - 1346. Vgl. die Übersicht bei: *Kanter*, Schranken der Aufwertung, B I a.) m.w.N.; *Mügel*, Das gesamte Aufwertungsrecht, 5.A., Einl. § 5 V m.w.N.

Reichsgericht hatte mit der Entscheidung vom 4. November 1925[576] die Rechtsgültigkeit bejaht[577]. Dem folgten auch andere Gerichte[578]. Insgesamt waren es nur vereinzelte Stimmen, die die Rechtsgültigkeit des Aufwertungsgesetzes bestritten. Die herrschende Meinung bejahte die Gültigkeit des Aufwertungsgesetzes uneingeschränkt. Es soll aber nicht unerwähnt bleiben, daß es starke politische Bestrebungen gab, das Aufwertungsgesetz einer Volksabstimmung zu unterziehen, und zwar einem Volksentscheid gemäß Art. 73 Abs. 3 WRV und § 1 Abs. 2 Ziff. 3 des Gesetzes über den Volksentscheid vom 27. Juni 1921. Dieses Verlangen war indes von der Reichsregierung umgangen worden, indem sie die Gesetze der Geldentwertung dem Haushaltsplan, den Abgabengesetzen gleichstellte. Diese waren einem Volksentscheid gemäß Art. 73 Abs. 4 WRV nicht zugänglich[579].

4. Durchführungsverordnungen

Das Aufwertungsgesetz enthielt an vielen Stellen Ermächtigungen für die Reichsregierung zum Erlaß von Ausführungsbestimmungen[580]. Aufgrund dieser Ermächtigungen sind viele Durchführungsverordnungen erlassen worden[581]. Viele

---

576 RGZ 111, 320.

577 Den Begriff Rechtsgültigkeit benutzte das Reichsgericht. Gemeint war damit die Verfassungsmäßigkeit des Gesetzes. Vgl. RGZ 111, 320, 322.

578 Vgl. zum Beispiel die Entscheidung des Bayerischen Obersten Landesgerichts vom 20. März 1926, DJZ 1926, Sp. 903 f.

579 Dieser Weg der Reichsregierung ist allgemein als unzulässig bezeichnet worden, da es eine Umgehung des in der Verfassung garantierten Volksentscheids darstellte. Vgl. näher zu dieser Problematik: *Wunderlich* in Mügel, Das gesamte Aufwertungsrecht, 5.A., Vorwort - XVI.

580 Zu erwähnen sind zum Beispiel: §§ 2 II, 7 IV, 31, 32, 35 III, 36, 48 II, 49 III, 50, 54, 59 II, 61, 72, 73 I, 76 II, 88 AufwG.

581 1. Verordnung vom 21. Juli 1925 über die Einrichtung und das Verfahren der Aufwertungsstellen (RGBl. I S.154)
2. Verordnung vom 10. August 1925 über die Anmeldung, den Nachweis und den Ausschluß von Rechten aus aufgewerteten Industrieobligationen und verwandten Schuldverschreibungen (RGBl. I S.187)
3. Verordnung vom 29. August 1925 über die Aufforderung zur Anmeldung des Altbesitzes von Industrieobligationen (RGBl. I S.384)
4. Verordnung vom 29. September 1925 über die Verlegung der zur Durchführung der Aufwertung von Industrieobligationen und verwandten Schuldverschreibungen bestimmten Termine (RGBl. I S.383)
5. Verordnung vom 9. Oktober 1925 über die Eintragung der Aufwertungsbeträge von Hypotheken und anderen dinglichen Rechten (RGBl. I S.385)
6. Verordnung vom 27. November 1925 zur Änderung der Verordnung über die Einrichtung und das Verfahren der Aufwertungsstellen (RGBl. I S.392).

von diesen Durchführungsverordnungen wurden in der Durchführungsverordnung zum Aufwertungsgesetz vom 29. November 1925[582] zusammengefaßt[583]. Die Durchführungsverordnung vom 29. November 1925 einschließlich der in dieser Verordnung als Anlage von Art. 21 aufgezählten Verordnungen[584] war mit der Verordnung vom 29. August 1925[585] über die Aufforderung zur Anmeldung des Altbesitzes von Indutsrieobligationen für die Ausführung der Aufwertung maßgeblich.

III. Anleiheablösungsgesetz vom 16. Juli 1925

Durch das Gesetz über die Ablösung öffentlicher Anleihen vom 16. Juli 1925[586] wurden die Regelungen des Art. II 3. StNVO über öffentliche Anleihen (§ 16) ersetzt[587]. Im Gegensatz zu § 16 3. StNVO, in dem die Verzinsung und Einlösung öffentlicher Anleihen bis zur Erledigung sämtlicher Reparationsverpflichtungen hinausgeschoben wurde, sah das Anleiheablösungsgesetz die Aufwertung von Markanleihen des Reiches (§§ 1 - 29), der Länder (§§ 30 - 39), der Gemeinden und Gemeindeverbände (§§ 40 - 45) und nach Maßgabe einer von der

---

Einen Überblick über sämtliche Durchführungsverordnungen einschließlich Kommentierung befindet sich in: *Koppe*, Die sämtlichen Durchführungsbestimmungen zu den Aufwertungsgesetzen nach dem Stande von Ende Dezember 1925, Berlin, Wien 1926; *Mügel*, Kommentar zur Durchführungsverordnung zum Aufwertungsgesetz, Berlin 1926; *Schlegelberger/Harmening*, Durchführungsverordnung zum Aufwertungsgesetz vom 29. November 1925 nebst den Durchführungsvorschriften der Länder, Berlin 1926.

582 RGBl. I S.392.

583 Hierzu zählen die in der Fußnote 471 aufgezählten Verordnungen mit Ausnahme der Verordnung mit der Ziffer 4.

584 Eine Aufzählung dieser zahlreichen Verordnungen soll an dieser Stelle nicht erfolgen. Eine Übersicht sowie Kommentierung befindet sich bei: *Mügel*, Das gesamte Aufwertungsrecht, 5.A., III. Teil, Anlage zu Art. 21; *Koppe*, Die sämtlichen Durchführungsbestimmungen zu den Aufwertungsgesetzen nach dem Stande von Ende Dezember 1925, Berlin, Wien 1926.

585 RGBl. I S.384.

586 RGBl. I S.137. Das Anleiheablösungsgesetz wird im folgenden AnlAbG abgekürzt. §§ in Klammern ohne Gesetzesangabe beziehen sich auf das AnlAbG.

587 Kommentierungen und Erläuterungen zum Anleiheablösungsgesetz befinden sich in: *Wagemann*, Das Anleiheablösungsgesetz vom 16. Juli 1925 mit sämtlichen Durchführungsvorschriften, 4.A., Berlin 1927; *Neufeld*, Kommentar zum Gesetz über die Ablösung öffentlicher Anleihen, Verlag Bensheimer 1925; *Warneyer/ Koppe*, Die Aufwertungsgesetze, S.148 ff.; *Koppe*, In welchen Fällen und wie hoch wird aufgewertet, S.50 ff.; *Koppe*, Die sämtlichen Durchführungsbestimmungen zu den Aufwertungsgesetzen nach dem Stande von Ende Dezember 1925, Berlin, Wien 1926.

Reichsregierung mit Zustimmung des Reichsrats zu erlassenden Anordnung auch für andere öffentlich-rechtliche Körperschaften vor (§ 46). Für die Aufwertung wurde der Begriff Ablösung benutzt.

Die Ablösung der Markanleihen des Reiches war im I. Teil (§§ 1 - 29) geregelt. Entsprechend § 2 AnlAbG waren Markanleihen des Reiches Schuldverschreibungen, Buchschulden, Schatzanweisungen (§ 2 Nr. 1), Eisenbahnschulden (§ 2 Nr. 2) sowie Schulden, die der Reichsminister der Finanzen mit Zustimmung des Reichsrates zu Markanleihen erklärte (Nr. 3). Nicht zu den Markanleihen gehörten die in § 3 AnlAbG aufgezählten Gegenstände wie Zwangsanleihen (Nr. 1), unverzinsliche Schatzanweisungen (Nr. 2), Reichskassenscheine (Nr. 3) und Darlehenskassenscheine (Nr. 4). Die Markanleihen des Reiches wurden gemäß § 1 AnlAbG in eine Anleiheablösungsschuld, die auf Goldmark lautete, umgetauscht. Für je 1500 Mark Nennbetrag der Sparprämienanleihe, für 16,7 Millionen Mark Nennbetrag der 8 bis 15 prozentigen Schatzanweisungen K 1923, für je 50 Milliarden Mark Nennbetrag der 5 bis 15 prozentigen Schatzanweisungen K 1924, für je 1000 Goldmark der im Entschädigungsverfahren für Kriegsschäden ausgegebenen unverzinslichen Schatzanweisungen und für je 1000 Mark Nennbetrag der übrigen Markanleihen des Reiches wurden nach § 5 Abs. 1 AnlAbG 25 Reichsmark neue Anleiheablösungsschuld gewährt. Die Aufwertung betrug somit 2,5 %. Ein Umtauschrecht bestand nur, wenn mindestens gemäß § 5 Abs. 2 AnlAbG die Summe 12,50 Mark war, was der Summe von 500 Papiermark entsprach. Die Aufwertung bzw. Ablösung der Markanleihen der Länder gemäß §§ 30 ff. AnlAbG und Gemeinden nach §§ 40 ff. AnlAbG geschah im wesentlichen nach den gleichen Grundsätzen wie bei den Reichsanleihen. Der Anspruch auf Umtausch der Markanleihen war durch Anmeldung innerhalb einer noch durch den Finanzminister bekanntzugebenden Ausschlußfrist bei einer ebenfalls noch bekanntzugebenden Anmeldungsfrist anzumelden (§ 6).

Altbesitzern, die die Markanleihen vor dem 1. Juli 1920 erworben hatten, wurde ein Auslosungsrecht gewährt, aufgrund dessen sie den fünffachen Betrag des Nennbetrags nebst Zinsen seit 1. Januar 1926, und zwar bei Anleihen des Reichs und der Länder von 4,5 % sonst von 5 % erhielten. Bei Gemeinden und Gemeindeverbänden konnte der Einlösungsbetrag auf das Zehnfache des Nennwerts und somit 25 % des Goldwerts erhöht werden. Die Auslosung hatte spätestens in 30 Jahren zu erfolgen, bei Gemeinden und Gemeindeverbänden konnte eine kürzere Frist festgesetzt werden (§§ 5, 9, 10, 14, 31, 34 Abs. 1, 42, 43). Markanleihen, die bis zum 1. Juli 1923 aufgrund gesetzlichen oder statuarischen Zwanges zur mündelsicheren Anlage erworben waren, standen in Höhe des doppelten Goldmarkbetrages des Erwerbspreises den Markanleihen der Altbesitzer gleich, gemäß §§ 11, 35, 42 AnlAbG. Bedürftigen Altanleihebesitzern wurde bis zur Auslosung eine Vorzugsrente nach näherer Maßgabe der §§ 18 ff., 37 AnlAbG indes nur bei den Anleihen des Reichs und der Länder gewährt. Im Falle der Tilgung von Markanleihen der Länder, Gemeinden und Gemeindeverbände hatten Gläubiger, die sich ihre Rechte vorbehalten hatten oder sich noch im Besitz der Schuldverschreibungen befanden, dieselben Rechte, als wenn eine Tilgung nicht erfolgt wäre (§§ 32, 40 Abs. 3). Die Rechte der Neubesitzer beschränkten sich bei Reichsanleihen auf die Aussicht, nach Erlöschen der Reparationsverpflichtungen eine Verzinsung zu erhalten (§ 4 Abs. 2). Bei Ländern, Gemeinden und Gemeindeverbänden war eine Tilgung vorgesehen nach Maßgabe der §§ 34 Abs. 2, 44 AnlAbG.

Von den Schuldverpflichtungen (ausschließlich der Darlehen gegen Schuldschein) der Länder, Gemeinden und Gemeindeverbände unterlagen den Vorschriften des Gesetzes nicht (§§ 39, 45):

1. Schuldverpflichtungen, die in Mark zu erfüllen waren, deren Höhe aber nach einer anderen Rechnungseinheit als die Mark bestimmt wurde;
2. Schuldverpflichtungen, die die Schuldner als Inhaber staatlicher oder kommunaler Grundkreditanstalten oder als Inhaber solcher öffentlich-rechtlicher Kreditanstalten begründet hatten, deren Schuldverschreibungen aber nach § 51 Abs. 3 AufwG auf der Grundlage der §§ 47 - 50 AufwG aufgewertet wurden, das heißt diejenigen Schuldverschreibungen, auf welche die Vorschriften über Pfandbriefe Anwendung fanden, war das Aufwertungsgesetz anzuwenden. Dagegen fand nach § 54 AnlAbG keine Anwendung statt, wenn Länder, Gemeinden oder Gemeindeverbände als Unternehmer wirtschaftlicher Betriebe Schuldverschreibungen ausgegeben hatten, so daß das Anleiheablösungsgesetz für die Markanleihen der Länder, Gemeinden oder Gemeindeverbände galt, ohne Unterschied, ob sie zu wirtschaftlichen Zwecken aufgenommen worden waren oder nicht. Gemäß § 31 Abs. 1 AnlAbG machte es auch keinen Unterschied, ob sie dinglich gesichert waren oder nicht.

Bei den Ländern fanden die Vorschriften des Gesetzes gemäß § 39 Nr. 1 AnlAbG keine Anwendung auf solche Schuldverpflichtungen, die das Reich übernommen hatte. Soweit es sich um Schulden handelte, die das Reich im Zusammenhang mit dem Übergang der Staatseisenbahnen übernommen hatte, fanden die Vorschriften über Markanleihen des Reiches Anwendung (§ 2 Ziff. 2). Im übrigen erfolgte eine Übernahme durch das Reich nur, wenn die Schulden gleichzeitig gemäß § 2 Ziff. 3 zu Markanleihen des Reichs erklärt wurden.

IV. Novelle zum Aufwertungsgesetz vom 9. Juli 1927

Das Aufwertungsgesetz sollte einen endgültigen Abschluß der Aufwertungsgesetzgebung darstellen. Nachdem aber der Versuch unternommen worden war, durch Volksentscheid das Aufwertungsgesetz abzuschaffen bzw. zu ändern, und sich einige Vorschriften reformbedürftig zeigten, wurden diese durch das Gesetz vom 9. Juli 1927 über die Verzinsung aufgewerteter Hypotheken und ihre Umwandlung in Grundschulden, sowie über Vorzugsrenten[588], auch Novelle zum Aufwertungsgesetz genannt, geregelt[589]. Ergänzt wurden die Aufwertungsgesetze noch durch das Gesetz über die Fälligkeit und Verzinsung der Aufwertungshypotheken vom 18. Juli 1930[590] und dem Gesetz über die Bereinigung der Grundbücher vom 18. Juli 1930[591], auch Aufwertungsschlussgesetze genannt[592].

588 RGBl. I S.171.

589 Vgl. hierzu mit Kommentierung dieses Gesetzes: *Roth*, Gesetz über die Verzinsung aufgewerteter Hypotheken und ihre Umwandlung in Grundschulden, Berlin 1927; *Mügel*, Das gesamte Aufwertungsrecht, 5.A., Einl. § 6.

590 RGBl. I S.300.

591 RGBl. I S.305.

592 Eine ausführliche Kommentierung dieser beiden Gesetze mit Rechtsprechung zum Aufwertungsgesetz befindet sich in: *Warneyer/Koppe*, Die Aufwertungsschlussgesetze, Berlin, Wien 1930; *Schlegelberger/Harmening*, Die Aufwertungsschlussgesetze, Berlin 1930; *Wertheimer*, Die Aufwertungsschlussgesetze, Bad Homburg 1930; *Michaelis*, Die beiden Aufwertungsnovellen vom 18. Juli 1930, Berlin, Leipzig, 1930; *Quassowski*, Die neuen Aufwertungsgesetze, Mannheim u.a. 1930; *ders.*, Ergänzungsband, Mannheim u.a., 1931; *Schulz/Werner*, Praktischer Ratgeber zu den Aufwertungsschlussgesetzen, Berlin 1930; *Roß*, Lockerungsgesetz betreffend Fälligkeit und Verzinsung der Aufwertungshypotheken und Gesetz betreffen Grundbuchbereinigung, Dortmund 1930.

4. Teil: Schlußbetrachtung

Die Inflation war durch die Finanzierung des Ersten Weltkrieges und die damit verbundenen Änderungen der Währungsgesetze entstanden. Die Abkehr vom Goldstandard und der Nennwertzwangskurs eröffneten der Reichsregierung und der Reichsbank die Möglichkeit, von der Geldschöpfung ohne jegliche Grenzen Gebrauch zu machen. Das Reich bezahlte den Krieg zum größten Teil durch eine Aufblähung des Geldumlaufs. Soweit der Krieg nicht durch die Notenpresse finanziert wurde, legte man Anleihen auf. Dies entsprach der allgemeinen Siegeszuversicht, niemand glaubte an den Verlust des Krieges. Nachdem der Erste Weltkrieg verloren war, und die Reparationen durch den Vertrag von Versailles auf eine nicht zu erbringende Summe festgesetzt worden waren, setzte eine bisher noch nicht vorgekommene Inflation ein, deren Nutznießer Spekulanten, Industrielle und Landwirte gewesen waren.

Die Erkenntnis, wie die Inflation nach dem Kriege begann, und zunächst allmählich und dann immer stärker einsetzte, war erst nach Beendigung dieser anomalen wirtschaftlichen Erscheinung gewonnen worden. Die Allgemeinheit hat erst sehr spät erkannt, daß es dem Konto Geldentwertung zuzurechnen war, daß die Preise damals anzogen und schließlich mit Zahlen gerechnet wurde, die man vorher nicht gekannt hatte. Die Ungerechtigkeiten, die durch die Inflation in den Jahren 1920 - 1923 entstanden waren, hatte der Gesetzgeber unbeachtet gelassen. Er überließ der Rechtsprechung die Lösung zweier Fragen, die eigentlich der Gesetzgebung zugefallen wären: Zum einen die Ordnungsfunktion des Rechts, pacta sunt servanda und dem Grundsatz Mark ist gleich Mark, zum anderen die Gerechtigkeitsfunktion, die der Ordnungsfunktion auch dann die Waage halten soll, wenn sie zu absurden Ungerechtigkeiten führt und die für diese Fälle Ausnahmen schafft[593].

Die Regelungen innerhalb des BGB konnten diesen Konflikt nicht lösen. Das BGB war ein Werk des 19. Jahrhunderts, bei dem der Gedanke des Liberalismus seine Ausprägung im Grundsatz der Privatautonomie gefunden hatte[594]. Dies bedeutete, daß jeder einzelne seine privatrechtlichen Beziehungen nach seinem

593 Dieses Problem für die Zeit der Aufwertung ansprechend: *Kertzscher*, Die Aufwertung der Grundstücksbarkäufe aus der Inflationszeit, S.7.

594 *Laufs*, Rechtsentwicklungen in Deutschland, S.231; *Wieacker*, Privatrechtsgeschichte der Neuzeit, 2. A., S.481.

Willen mit Hilfe eines Rechtsgeschäftes gestalten konnte. Durch Vertrag war es ihm möglich, in Übereinstimmung mit anderen fast jeden denkbaren rechtlichen Erfolg zu erreichen. Der Vertrag kam in der Regel allein durch zwei sich deckende Willenserklärungen zustande. Diese Erklärungen allein bestimmten auch den Inhalt des Vertrages[595]. Der Richter konnte den Vertragsinhalt nur deuten, indem er die Willenserklärungen der Parteien auslegte. Die Auslegung reichte nach allgemeiner Meinung nur so weit, wie sich Anknüpfungspunkte in den Willenserklärungen fanden[596]. Die Möglichkeit der Parteien, nach ihrem Willen einen rechtlichen Erfolg zu erreichen, hatte umgekehrt zur Folge, daß der einzelne für seinen Willen einstehen mußte. Wer eine Pflicht übernahm, hatte sie auch zu erfüllen[597]. Der Grundsatz der Privatautonomie führte demzufolge dazu, daß soziale Kontrollen des Vertragsinhalts nur ausnahmsweise, wie etwa im § 138 BGB, in Betracht kamen. Daher beinhaltete das BGB auch kein materielles Äquivalenzprinzip[598]. Das Werteverhältnis von Leistung und Gegenleistung war Bestandteil des Vertragsinhalts und damit ausschließlich Gegenstand der Parteien. Selbst wenn nach Vertragsabschluß durch irgendeinen Umstand sich das Wertverhältnis von Leistung und Gegenleistung wesentlich verschob, änderte sich dadurch nichts an der Gültigkeit des Vertrages. Das BGB erkannte die clausula Lehre - bis auf die gesetzlich vorhandenen Fälle nach §§ 321 (Vorleistungsverpflichtung), 614 (Darlehensversprechen), 712, 713 (Gesellschaftsverhältnis) BGB - nicht an. Nach dieser Lehre wurde die durch die Veränderung eines Umstandes stark benachteiligte Partei von ihrer Leistungspflicht befreit. Durch die Ablehnung der clausula war das BGB ein für stabile Verhältnisse geschaffenes Gesetz, soweit die Verhältnisse sich nicht wie in der Zeit der Reichsgründung und dem Ersten Weltkrieg änderten. Die Bindungen an den Vertrag blieben auf jeden Fall bestehen, selbst wenn es wirtschaftliche Schwankungen gab. Das Vertragsrecht diente selbst dazu, diese Schwankungen auszugleichen.

Gleichwohl tauchte bei den Versuchen nach einer Lösung des Geldentwertungsproblems der Inflationszeit der Begriff der clausula rebus sic stantibus neu auf. Durch die wirtschaftlichen Verhältnisse und der zeitweiligen Unmöglichkeit der Leistung veranlaßt, stellte das Reichsgericht die wirtschaftliche Unmöglichkeit in einer Analogie zu § 325 BGB der tatsächlichen Unmöglichkeit gleich[599],

---

595 *Achilles/Greif*, BGB, 9. A., § 133 Anm. 3.; § 157 Anm. 3.; *Enneccerus*, Lehrbuch des Bürgerlichen Rechts, S.493.

596 *Enneccerus*, Lehrbuch des Bürgerlichen Rechts, S.491 ff.

597 *Wieacker*, Privatrechtsgeschichte der Neuzeit, 2. A., S.520.

598 *Wieacker*, Privatrechtsgeschichte der Neuzeit, 2. A., S.482; *ders.*, Das Sozialmodell der klassischen Privatgesetzbücher und die Entwicklung der modernen Gesellschaft, S.9, 19.

599 2. Teil (S.81).

bis schließlich sich das Reichsgericht von der Figur der wirtschaftlichen Unmöglichkeit unter immer stärkerer Bezugnahme von Treu und Glauben (§§ 157, 242 BGB) entfernte. Nachdem das Reichsgericht auf die Nichtzumutbarkeit der Leistung abgestellte hatte, wurde das Lösen vom Vertrag akzeptiert, wenn der Erfüllungszwang als mit der auf Verkehrssitte sowie auf Treu und Glauben (§§ 257, 242 BGB) zu nehmenden Rücksicht unvereinbar angesehen wurde, wobei die beiderseitigen Interessen der Parteien abzuwägen waren. Man leitete aus der clausula rebus sic stantibus das Recht ab, durch Rücktritt das Vertragsverhältnis aufzulösen, bevor man wagte, eine positive Aufwertung zuzusprechen. Mehr und mehr setzte sich jedoch die Erkenntnis durch, daß die Aufwertung auf § 242 BGB zu stützen sei. Man erblickte in der Aufwertung einen Erfüllungsanspruch, der darauf gerichtet war, die Erfüllung einer in entwertetem Gelde nicht voll erfüllten Forderung zu ergänzen. Die clausula rebus sic stantibus war überholter Standpunkt, und wenn man ihr bisweilen noch begegnete, so darf man sich nicht darüber täuschen lassen, daß damit lediglich die Gedankensumme in einem Begriff ausgedrückt wurde, aus der man die Rechtfertigung der Aufwertung ableitete, vor allem den Gedanken des § 242 BGB (Treu und Glauben). Nachdem in vereinzelten Entscheidungen des Jahres 1923[600] noch die clausula rebus sic stantibus und die Lehre von der Geschäftsgrundlage als Begründung für die Vertragsauflösung angeführt wurden, ist nach und nach die clausula rebus sic stantibus von der Lehre von der Geschäftsgrundlage abgelöst worden[601]. Trotzdem ist es gerechtfertigt, in der Fallgruppe des „Wegfalls der Geschäftsgrundlage" die Fortexistenz der „clausula" - Lehre zu erblicken[602].

Der Aufwertungsanspruch wurde von der Rechtsprechung aus Treu und Glauben hergeleitet. In der ersten und grundlegenden Aufwertungsentscheidung vom 28. November 1923[603] begründete das Reichsgericht die Aufwertung allerdings noch nicht ausschließlich damit. Die folgenden Entscheidungen sahen dann aber in § 242 BGB die alleinige Grundlage des Aufwertungsgedankens[604]. Treu und Glauben erwiesen sich als so stark, daß sie das der Aufwertung entgegenstehende Währungsgesetz stürzen konnten. In der Entscheidung vom 28. November 1923 ging das Reichsgericht davon aus, daß nach dem Eintritt des Verfalls der

---

600 So nehmen zwölf Entscheidungen Bezug auf die Theorie von Oertmanns Lehre über die Geschäftsgrundlage. Vgl. hierzu: *Köbler*, Die „clausula rebus sic stantibus" als allgemeiner Rechtsgrundsatz, Diss., Tübingen 1991, S.96

601 *Fabian*, Neue Rechtsgedanken die im Aufwertungsrecht entstanden, S.46

602 So ausdrücklich: *Köbler*, Die „clausula rebus sic stantibus" als allgemeiner Rechtsgrundsatz, Diss. Tübingen 1991, S.95.

603 RGZ 107, 78.

604 RGZ 109, 225 - 21.11.1924, RGZ 109, 111 - 03.12.1924, RG - JW 1925, S.1380 - 17.03.1925.

Papiermark ein Widerstreit zwischen den Währungsvorschriften und § 242 BGB entstanden war:

> "Bei diesem Widerstreit muß die letztere Vorschrift den Vorrang haben und müssen die Währungsvorschriften zurücktreten, weil, wie dargetan, bei ihrem Erlaß die Möglichkeit eines derartigen Währungsverfalls, infolgedessen die aus den Währungsbestimmungen sich ergebenden Folgerungen mit den Grundsätzen von Treu und Glauben und mit der Billigkeit nicht mehr vereinbar sind, nicht in Betracht gezogen waren, ein starres Festhalten an ihnen für diesen Fall nicht vorgesehen war."

In dieser Entscheidung wurden noch weitere Erwägungen herangezogen, um die Aufwertung zu rechtfertigen. Das Reichsgericht räumt aber dem § 242 BGB eine allen anderen Bestimmungen übergeordnete Stellung ein. Nach der Auffassung des Reichsgerichts handelte es sich beim Aufwertungsanspruch nicht um einen selbständigen neuen, sondern um die Fortführung des alten scheinbar erledigten Anspruchs. Der aufwertende Richter wurde demnach nur rechtsverwirklichend tätig, "indem er den Inhalt der umstrittenen Vertragsverpflichtungen aufhellte".[605]

Seit der Entscheidung des Reichsgerichts vom 28. November 1923 hatte sich der Gedanke durchgesetzt, daß eine Aufwertung nach Treu und Glauben durch die Vorschriften des Währungsrechts nicht gehindert werde. Es hatte die rechtliche Behandlung der Geldentwertung insofern zu einem Abschluß gebracht, als die Entscheidung des Reichsgerichts vom 28. November 1923 den Schlußstrich zum Aufbau des Rechts der Aufwertung auf der Grundlage von Treu und Glauben bildete. Mit dieser Entscheidung stellte das Reichsgericht die damalige Reichsregierung vor einen gewissen Zwang, entweder die Aufwertung gesetzlich auszuschließen oder diese, wie durch die 3. Steuernotverordnung und das Aufwertungsgesetz geschehen, anzuordnen.

Zu Beginn des Jahres 1924 hatte dann die Gesetzgebung das Recht der Aufwertung hinsichtlich der Vermögensanlagen in der 3. Steuernotverordnung geregelt. Infolge dieser Umstände war die Einstellung der Juristen zu dem Problem der Aufwertung in den beiden Jahren 1923 und 1924 eine unterschiedliche. In Jahr 1923 stand das Suchen nach einer Rechtsgrundlage für ein allgemeines System der Aufwertung und die Erörterung des Problems einer gesetzlichen Ordnung der Aufwertungsfrage im Vordergrund. Auch 1924 haben gesetzgeberische Erörterungen eine große Rolle gespielt, ihr Ziel war aber ein anderes - Kritik der 3. Steuernotverordnung und Vorschläge zu ihrer Abänderung - und auch die Art der Erörterung war eine andere, indem die mehr wissenschaftliche Behandlung der Frage hinter dem Kampfe der Interessen zurücktrat. Für die Juristen standen

---

605 *Hedemann*, Reichsgericht und Wirtschaftsrecht, S.312.

nunmehr Erörterungen de lege lata im Vordergrunde. Soweit die Regelung der 3. Steuernotverordnung reichte, entspann sich ein lebhafter Kampf der Meinungen um deren Auslegung. Im übrigen wurde die in der Rechtsprechung des Reichsgerichts gelegte Grundlage des Aufwertungsrechts grundsätzlich überwiegend gebilligt, und es handelte sich meist nur um den Ausbau und die Ausgestaltung im einzelnen.

Durch § 62 AufwG ist der Rechtsprechung die Ausgestaltung aller nicht im Aufwertungsgesetz angesprochenen Rechtsverhältnisse übrig geblieben. Der Rechtsprechung war somit in großem Umfang die Regelung von Vertragsverhältnissen und die Aufwertung dieser übertragen worden. Die Aufwertung nach allgemeinen Vorschriften, das heißt die Aufwertungsansprüche, die nicht durch Gesetz geregelt worden waren, sondern nach den durch die Rechtsprechung entwikkelten Grundsätzen aufzuwerten waren, blieben seit der Einführung des Aufwertungsgesetzes unverändert. Der Ausgangspunkt für alle Aufwertungsansprüche war die Rechtsnorm § 242 BGB gewesen. Ob und in welchen Umfang eine Aufwertung stattfand, richtete sich danach, was nach Lage des Falles die Billigkeit erforderte. Das Reichsgericht hat mit voller Bestimmtheit stets daran festgehalten, alle Umstände des Falles zu berücksichtigen. Die Aufwertung führte nicht dazu, dem Gläubiger stets den vollen Goldmarkbetrag seiner Forderung zuzuwenden. Die Höhe der Aufwertungsforderung ergab sich vielmehr unter Berücksichtigung der Interessen beider Teile. Außerdem war in Betracht zu ziehen, daß durch den Krieg und seine Nachwirkungen das Volksvermögen im ganzen erheblich vermindert worden war, und die Geldschuldner in höherem oder geringerem Maße auch davon betroffen waren. Die Tatsache, daß überhaupt aufgewertet wurde, hatte ihre Grundlage in dem Gedanken von Treu und Glauben. Der Betrag der Aufwertungssumme wurde dann aufgrund einer Interessenabwägung gemäß dem Grundsatz von Treu und Glauben ermittelt.

Literaturverzeichnis

Abraham, Hans Fritz: Die Gefährdung der Zivilrechtspflege, in: DJZ 1923, Sp. 269 - 273

Achilles, Alexander/ Greiff, Max: Bürgerliches Gesetzbuch, 9. A., Berlin 1920

Achterberg, Erich: Der Bankplatz Frankfurt am Main, Berlin, Düsseldorf, Frankfurt/Main, Hamburg 1955

Alexander, Ludwig: Hypotheken und Geldentwertung, in: JW 1923, S.906 - 907

Anschütz, Gerhard: Die Verfassung des deutschen Reiches vom 11. August 1919, 14. A. (unveränderlicher Nachdruck), Bad Homburg v. d. H. 1960

Ausschuß zur Untersuchung der Erzeugungs- und Absatzbedingungen der deutschen Wirtschaft: Die Reichsbank, Berlin 1929

Bang, Paul: Staatsbankrott oder -erneuerung?, München 1920

Bechtel, Heinrich: Wirtschafts- und Sozialgeschichte Deutschlands, München 1967

Beck, Heinz: Gesetz über die Deutsche Bundesbank, Mainz - Gonsenheim, Düsseldorf 1959

Bendixen, Friedrich: Devaluation. Eine Richtigstellung, in: Bankarchiv, 1919/20, S.163 - 169

Bergmann, Carl: Der Weg der Reparationen. Von Versailles über den Dawesplan zum Ziel, Frankfurt/Main 1926

Best, Werner: Zur Aufwertung von Hypotheken, Industrieobligationen und sonstigen langfristigen Geldforderungen, in: JW 1923, S.980 - 983

Beusch, Paul: Währungszerfall und Währungsstabilisierung, Berlin 1928

Biaggini, Giovanni: Verfassung und Richterrecht. Verfassungsrechtliche Grenzen der Rechtsfortbildung im Wege der bundesgerichtlichen Rechtsprechung, Basel, Frankfurt/Main 1991

Biermer, Magnus: Die finanzielle Mobilmachung, Gießen 1913

Bode: Gesetz oder Rechtsgefühl als Grundlage des Richterspruches, in DRiZ 1925, Sp. 142 - 153

Boehmer, Gustav: Grundlage der bürgerlichen Rechtsordnung, Bd. II, 1, Tübingen 1951

Bonn, Moritz Julius: Die Stabilisierung der Mark, Berlin 1922

Borchardt, Knut: Grundriß der deutschen Wirtschaftsgeschichte, 2.A., Göttingen 1985

- : Währung und Wirtschaft, in: Deutsche Bundesbank (Hrsg.), Währung und Wirtschaft in Deutschland 1876 - 1975, Frankfurt/Main 1976, S.3 - 55

Bracher, Karl Dietrich: Die Auflösung der Weimarer Republik, 5. A., Villingen 1971

Breciani-Turroni, Costantino: The Economics of Inflation. A Study of Currency Depreciation in Post-War Germany, London 1937. Erste Auflage im italienischen Original 1931

Burnett, Philip M.: Reparation at the Peace Conference. From the Standpoint of the American Delegation, Bd. 1, New York 1940

Cassel, Gustav: Das Geldwesen nach 1914 (= Schriften des Weltwirtschafts-Instituts der Handelshochschule Leipzig Bd. 1) Leipzig 1925

Christmann, Thomas: Das Bemühen von Kaiser und Reich um die Vereinheitlichung des Münzwesens, Diss. Berlin 1988

Cohnstaedt, L.: Ergebnisse der Bankenquete, Frankfurt/Main 1908

Czada, Peter: Ursachen und Folgen der großen Inflation, in: Winkel, H. (Hrsg.), Finanz- und wirtschaftspolitische Fragen der Zwischenkriegszeit, SVS, N.F., Bd. 73, 1973, S.11 - 43

Del Veccchio, Gustavo: Grundlinien der Geldtheorie, Tübingen 1930

Denkschrift über die Finanzen des Deutschen Reichs in den Rechnungsjahren 1914 bis 1918, in: Verhandlungen der Verfassungsgebenden Deutschen Nationalversammlung, Bd. 335, Berlin 1920, Drucksache Nr. 158, Finanzarchiv Jg. 36 (1919)

Denkschrift zur Unterstützung des Antrags Düringer und Genossen betr. die Sperre der Hypothekenzahlung, Berlin im Juni 1923, in: JW 1923, S.873 - 875

Dessauer, Friedrich: Recht Richtertum und Ministerialbürokratie. Eine Studie über den Einfluß von Machtverschiebungen auf die Gestaltung des Privatrechts, Mannheim, Berlin, Leipzig 1928

Deutschlands Wirtschaft, Währung und Finanzen: Im Auftrage der Reichsregierung den von der Reparationskommission eingesetzten Sachverständigenausschüssen übergeben, Berlin 1924

Dietzel, Carl: Das System der Staatsanleihen im Zusammenhang der Volkswirtschaft betrachtet, Heidelberg 1855

Dietzel, Heinrich: Kriegssteuer oder Kriegsanleihe?, Tübingen 1912

- : Abbürdung der Kriegsschuld, in: Herkner, H. (Hrsg.): Die Neuordnung der deutschen Finanzwirtschaft, SVS, Bd. 156 I, Berlin 1918

Drosdeck, Thomas: Richterleitbilder und richterliches Selbstverständnis in der Weimarer Republik, in: Europäische und amerikanische Richterbilder (Hg. von Gouron, André, Mayali, Laurent; Schioppa, Antonio Padoa; Simon, Dieter), Frankfurt/Main 1996

Eckstein, Felix: Geldschuld und Geldwert im materiellen und internationalen Recht, Diss. Berlin 1932
Eichhorn, Robert: Die einmaligen Vermögensabgaben im Deutschen Reiche, Jena 1925
Elster, Karl: Kriegsanleihen und Finanznot, in: Bankarchiv, 1918/19, S.212 - 216
- : Die Seele des Geldes. Grundlagen und Ziele einer Allgemeinen Geldtheorie, Jena 1923
- : Die deutsche Not im Lichte der Währungstheorie, Jena 1921
Enneccerus, Ludwig: Lehrbuch des Bürgerlichen Rechts, 1. Band, 4. A., Tübingen 1909
Eser, Josef: Wege der Rechtsgewinnung, Häberle, Peter/Leser, Hans G. (Hrsg.), Tübingen 1990
Eucken, Walter: Kritische Betrachtungen zum deutschen Geldproblem, Jena 1923
Eun, Soong-Pyo: Die rechtliche Stellung der Deutschen Bundesbank und Währungsstabilität, Tübingen 1994
Evers, Hans-Ulrich: Der Richter und das unsittliche Gesetz, Berlin 1956
Eyck, Erich: Geschichte der Weimarer Republik, I. Bd.: Vom Zusammenbruch des Kaisertums bis zur Wahl Hindenburgs, Zürich, Stuttgart 1957
von Eyern, Gert: Die Reichsbank. Probleme des deutschen Zentralnoteninstituts in geschichtlicher Darstellung, Jena 1928
Fabian, Walter: Neue Rechtsgedanken die im Aufwertungsrecht entstanden, Diss. Breslau 1940
Fikentscher, Wolfgang: Die Geschäftsgrundlage als Frage des Vertragsrisikos, München 1971
Fischer, Wolfram: Deutsche Wirtschaftspolitik 1918 - 1945, 3.A., Opladen 1968
Fögen, Hermann: Geld- und Währungsrecht, München 1969
Fraenkel, Ernst: Zur Soziologie der Klassenjustiz, Berlin 1927
Fünfzig Jahre Reichsgericht am 1. Oktober 1929, Hg. Lobe, Adolf, Berlin 1929
Geiler, Karl: Schutz der Hypotheken, in: JW 1923, S.434 - 436
-: Die Geldentwertung als Gesetzgebungsproblem des Privatrechts, Mannheim 1922
Gerloff, Wilhelm: Matrikularbeiträge und direkte Reichssteuern, Berlin 1908
Geyer, Martin H.: Recht, Gerechtigkeit und Gesetze: Reichsgerichtsrat Zeiler und die Inflation, in: ZNR 1994, S.349 - 373
Goldschmidt, James: Die Prüfung der Verfassungsmäßigkeit, in: DJZ 1926, Sp. 296 - 297
-: Die Aufwertungskrise. Ein Ergebnis der Lehre vom Nominalismus des Geldes und des Rechts, Berlin 1926

-: Kommentierung zu zwei Entscheidungen des Danziger Obergerichts, in: JW 1926, S.1344 - 1346
-: Gesetzesdämmerung, in: JW 1924, S.245 - 249
-: Die Anklage gegen das Reichsgericht, in: DJZ 1928, Sp. 134 - 138
Gossweiler, Kurt: Großbanken, Industriemonopole, Staat. Ökonomie und Politik des staatsmonopolistischen Kapitalismus in Deutschland 1914 - 1932, Berlin 1972
Grau, Walter: Rechtsprechung oder Gesetzgebung zur Anpassung des Privatrechts an die veränderten Verhältnisse?, in: AcP 122 (1924), S.318 - 363
Guderjahn, Walter: Ursachen und Wirkungen der Inflation in Deutschland unter besonderer Berücksichtigung des Zinsfußes, Frankfurt/Main 1926
Gündell, Gisela: Die Organisation der deutschen Ernährungswirtschaft im Weltkriege, Leipzig 1939
Haefner-Hainen, Waldemar: Der Staatsbankrott in Deutschland unvermeidlich. Ein ernster Mahnruf an die Nationalversammlung in Weimar, Leipzig 1919
Hahn, Ludwig Albert: Unsere Währungslage im Lichte der Geldtheorie, Frankfurt/Main 1924
Haller, Heinz: Die Rolle der Staatsfinanzen für den Inflationsprozeß, in: Deutsche Bundesbank (Hrsg.), Währung und Wirtschaft in Deutschland 1876 - 1975, Frankfurt/Main 1976, S.115 - 155
Hardach, Gerd: Deutschland in der Weltwirtschaft 1870 - 1970, Frankfurt/Main, New York 1977
-: Weltmarktorientierung und relative Stagnation. Währungspolitik in Deutschland 1924 - 1931, Berlin 1976
-: Der Erste Weltkrieg 1914 - 1918, München 1973
Hartmann, Gustav: Internationale Geldschulden. Beitrag zur Rechtslehre vom Gelde, in: AcP 65 (1882), S.147 - 229
Hattenhauer, Hans: Wandlungen des Richterleitbildes im 19. und 20. Jahrhundert, in: Recht und Justiz im „Dritten Reich". Hrsg. Dreier, Ralf/Selert, Wolfgang, Frankfurt/Main 1979
Haupt, Leo: Deutsche Friedenspolitik 1918 - 1919. Eine Alternative zur Machtpolitik des Ersten Weltkrieges?, Düsseldorf 1977
Hedemann, Wilhelm Justus: Reichsgericht und Wirtschaftsrecht, 1929
Helfferich, Karl: Deutschlands Volkswohlstand 1888 - 1913, 6. A., Berlin 1915
-: Geld und Banken, Teil 1: Das Geld, 6.A., Leipzig 1923
-: Der Weltkrieg, 3 Bände, Berlin 1919
-: Außenhandel und Valutaschwankungen, in: Schmollers Jahrbuch, Bd. 21, 1897, S.353 - 409
Hempel, Norbert: Richterleitbilder in der Weimarer Republik, Frankfurt/Main, Bern, Las Vegas 1978

Henke, Carl: Das deutsche Geldwesen im Kriege, in: Vierteljahreshefte für Truppenführung und Heereskunde, 10. Jg. 1913, S.260 - 279
Henker, Heinrich (Hrsg.): Die Neuordnung der deutschen Finanzwirtschaft, SVS, Bd. 156 I - III, München 1918
Henle, Rudolf: Mark gleich Mark?, Gießen 1923
Hennig, Friedrich - Wilhelm: Das industrialisierte Deutschland 1914 bis 1972, Paderborn 1974
Hesse, Friedrich: Die deutsche Wirtschaftslage von 1914 - 1923. Krieg, Geldblähe und Wechsellagen, Jena 1938
Heymann, Ernst: Schutz der Hypothekengläubiger, in: DJZ 1923, Sp. 211 - 217
Heymann, Rudolf: Die Reichsbankgesetze vom 14. März 1875, vom 30. August 1924 (Dawesplan) und 13. März 1930 (Youngplan), ohne Erscheinungsort 1930
Heyn, Otto: Die Geldentwertung, ihre Ursache und die Mittel zu ihrer Beseitigung, in: Bankarchiv 1918/19, S.71 - 72
Hirsch, Julius: Die deutsche Währungsfrage, Jena 1924
Hoffmann, Walther G./Grumdbach, F./Hesse, H.: Das Wachstum der deutschen Wirtschaft seit der Mitte des 19. Jahrhunderts, Berlin 1965
Holtfrerich, Carl-Ludwig: Die deutsche Inflation 1914 - 1923, Berlin, New York 1980
Huber, Ernst Rudolf: Deutsche Verfassungsgeschichte seit 1789, Bd. V: Weltkrieg, Revolution und Reichserneuerung 1914 - 1919, Stuttgart, Berlin, Köln, Mainz 1978
-: Deutsche Verfassungsgeschichte seit 1789, Bd. VII: Ausbau, Schutz und Untergang der Weimarer Republik, Stuttgart, Berlin, Köln, Mainz 1984
Huck, Norbert: Wirtschaftspolitik zwischen Weltkrieg und Weltwirtschaftskrise, in: Tilly, Richard H. (Hrsg.), Geschichte der Wirtschaftspolitik, München, Wien 1993, S.104 - 147
Jecht, Horst: Kriegsfinanzen, Jena 1938
Jessen, Arnd: Finanzen, Defizit und Notenpresse 1914 - 1922, Berlin 1923
Joseph, Paul/Fellner, Eduard: Die Münzen von Frankfurt am Main, Frankfurt/Main 1896
Jung, Otmar: Direkte Demokratie in der Weimarer Republik. Die Fälle "Aufwertung", "Fürstenenteignung", "Panzerkreuzerverbot" und "Youngplan", Frankfurt/Main, New York 1989
Juristische Arbeitsgemeinschaft für Gesetzgebungsfragen, in: DJZ 1924, Sp. 405 - 420
Kanter, Ernst: Schranken der Aufwertung, Diss. Marburg 1928
Karger, Alfred: Treu und Glauben als oberster Rechtsgrundsatz, in: DJZ 1924, Sp. 136 - 138

Keidel, F./Schaeffer, E.: Das neue Aufwertungsgesetz. Leitfaden für die juristische Praxis und für die Wirtschaft, Leipzig 1925
Kerschagl, Richard: Theorie des Geldes und der Geldwirtschaft, Jena 1923
Kertzscher, Werner: Die Aufwertung der Grundstücksbarkäufe aus der Inflationszeit, Diss. Würzburg 1932
Keynes, John M.: Die wirtschaftlichen Folgen des Friedensvertrages, München 1920
-: Speculation in the Mark and Germany`s Balances Abroad, in: Manchester Guardian Commercial. Supplement: Reconstruction in Europe, 28. Sept. 1922, S.480 - 482
-: Ein Traktat über Währungsreform, München 1924
Kindleberger, Charles P.: Die Weltwirtschaftskrise 1929 - 1939, aus: Fischer, Wolfram (Hrsg.) Geschichte der Weltwirtschaft im 20. Jahrhundert, Bd. 4, München 1973
Kipp, Theodor: Anmerkung zu RGZ 107, S.78 ff.; Hypothekenaufwertungsurteil, in: JW 1924, S.403 - 404
Kleineberg: Das geltende Recht und die Aufwertung, in: DJZ 1925, Sp. 228 - 232
-: Das hergebrachte Recht und das Aufwertungsproblem, in: LZ 1925, Sp. 113 - 122
Knapp, Georg Friedrich: Die staatliche Theorie des Geldes, 3.A., München, Leipzig 1921
Knaus, Robert: Die deutsche, englische und französische Kriegsfinanzierung, Berlin 1923
Köbler, Ralf: Die „clausula rebus sic stantibus" als allgemeiner Rechtsgrundsatz, Tübingen 1991
Koppe, Fritz: In welchen Fällen und wie hoch wird aufgewertet? Ein gemeinverständlicher Führer durch das neue Aufwertungsrecht, Berlin 1925
-: Die sämtlichen Durchführungsbestimmungen zu den Aufwertungsgesetzen nach dem Stande von Ende Dezember 1925, Berlin, Wien 1926
Kreß, Hugo: Lehrbuch des Allgemeinen Schuldrechts, München 1929
Kremer, Edmund: Die Entwicklung des Aufwertungsgedankens bei reinen Geldforderungen, zugleich ein Beitrag zur Frage der Berücksichtigung der Geldentwertung im geltenden Recht, Diss. Frankfurt/Main 1924
Kretzschmar, Paul: Jurispudenz und Gläubigernot, in: LZ 1923, Sp. 185 - 207
Krohn, Claus-Dieter: Stabilisierung und ökonomische Interessen. Die Finanzpolitik des Deutschen Reiches 1923 - 1927, Düsseldorf 1974
-: Die große Inflation in Deutschland 1918 - 1923, Köln 1977
Krückmann, Paul: Anmerkung zu RG - Urteil vom 4. November 1927 (Az. 60/27 III), in: JW 1928, S.646 - 649

Krüger, Peter: Deutschland und die Reparationen 1918/19. Die Genesis des Reparationsproblems in Deutschland zwischen Waffenstillstand und Versailler Friedensschluß, Stuttgart 1973
Kuczynski, Jürgen: Die Geschichte der Lage der Arbeiter unter dem Kapitalismus. Bd. 5: Darstellungen der Lage der Arbeiter in Deutschland von 1917/18 bis 1932/33, Berlin 1966
Kübler, Friedrich Karl: Der deutsche Richter und das demokratische Gesetz. Versuch einer Deutung aus richterlichen Selbstzeugnissen, in: AcP 162 (1963), S.104 - 128
Kunz, Andreas: Verteilungskampf oder Interessenkonsensus? Einkommensentwicklung und Sozialverhalten von Arbeitnehmergruppen in der Inflationszeit 1914 bis 1924, in: Die Deutsche Inflation. Eine Zwischenbilanz, Feldman, G. / Holtferich, C.- L. / Ritter, G. A. / Witt, P.-C. (Hrsg.) Berlin, New York 1982, S.347 - 384
Lansburgh, Alfred: Die Politik der Reichsbank und die Reichsschatzanweisungen nach dem Kriege, München, Leipzig 1924
Lanter, Max: Die Finanzierung des Krieges. Quellen, Methoden und Lösungen seit dem Mittelalter bis Ende des Zweiten Weltkrieges 1939 bis 1945, Luzern 1950
Laufs, Adolf: Rechtsentwicklungen in Deutschland, Berlin, New York 1973
Lehmann, Julius: Anmerkung zu RGZ 107, S.78 ff., in JW 1924, S.402 - 403
Lenz, Rudolf: Kosten und Finanzierung des deutsch - französischen Krieges 1870/71, Boppard am Rhein 1971
Link, Werner: Die amerikanische Stabilisierungspolitik in Deutschland 1921 - 1932, Düsseldorf 1970
Lohnes, Karl: Die deutschen Währungsreformen 1923 bis 1948, Diss. Zürich 1959
Lotz, Walter: Die deutsche Staatsfinanzwirtschaft im Kriege, Stuttgart 1927
Manes, Alfred: Staatsbankrotte. Wirtschaftliche und rechtliche Betrachtungen, Berlin 1918
Marcuse: Einfluß der Geldentwertung auf alte Geldforderungen, namentlich unter Berücksichtigung der Hypothekenforderungen, in: DRiZ 1922, Sp. 216 - 222
Matthiessen: Zur Erklärung des Richtervereins beim Reichsgericht, in: DRiZ 1924, Sp. 41 - 51
-: Drohender Vermögensruin als Vertragsaufhebungsgrund, in: LZ 1921, Sp. 253 - 260
Menges, Franz: Reichsreform und Finanzpolitik. Die Aushöhlung der Eigenstaatlichkeit Bayerns auf finanzpolitischem Wege in der Zeit der Weimarer Republik, Berlin 1971

Michaelis, Richard: Die Dritte Steuernotverordnung vom 14. Februar 1924 mit besonders ausführlicher Berücksichtigung der Vorschriften über die Aufwertung und die öffentlichen Anleihen, Berlin, Leipzig 1924
-: Das Aufwertungsrecht nach den Aufwertungsgesetzen und nach allgemeinen bürgerlichen Recht, 2. A., Berlin, Leipzig 1926
-: Die beiden Aufwertungsnovellen vom 18. Juli 1930 (Hypotheken-Fälligkeits- und Verzinsungsgesetz; Grundbuchbereinigungsgesetz), Berlin, Leipzig 1930
Mill, John Stuart: Grundsätze der Ökonomie, 1. Bd., Hamburg 1852
Moll, Bruno: Die modernen Geldtheorien und die Politik der Reichsbank, Stuttgart 1917
Montesquieu, Charles de: De l`Esprit des Lois, Vom Geist der Gesetze. Eingeleitet, ausgewählt und übersetzt aus dem Französischem von Kurt Weigand, Stuttgart 1974
Mügel, Oskar: Das gesamte Aufwertungsrecht (zugleich Kommentar zur III. Steuernotverordnung), 4.A., Berlin 1925
-: Das gesamte Aufwertungsrecht, 5.A., Berlin 1927
-: Geldentwertung und Gesetzgebung, Berlin 1923
-: Kommentar zur Durchführungsverordnung zum Aufwertungsgesetz, Berlin 1926
-: Die Entwicklung der Aufwertungslehre des Reichsgerichts, in: DJZ 1928, Sp. 29 - 33
-: Das Reichsgericht und die Aufwertung, in: DJZ 1929, Sp. 1279 - 1284
-: Der gegenwärtige Stand der Aufwertungsfrage, in: DJZ 1925, Sp. 43 - 47
Münchener Kommentar zum Bürgerlichen Gesetzbuch, Bd. 1 §§ 1 - 240, 3.A., München 1993
Nasse: Ist der Richter berechtigt und verpflichtet, ungerechte Gesetze außer Anwendung zu lassen?, in: DRiZ 1925, Sp. 73 - 74
Netzband, Karl-Bernhard/Widmaier, Hans-Peter: Währungs- und Finanzpolitik der Ära Luther 1923 - 1925, Basel, Tübingen 1964
Neubürger, Fritz: Die Kriegsbereitschaft des deutschen Geld- und Kapitalmarktes, Berlin 1913
Neufeld, Hans: Kommentar zum Gesetz über die Ablösung öffentlicher Anleihen, Mannheim, Berlin, Leipzig 1926
Neukirch, Carl: Gesetz über die Aufwertung von Hypotheken, Halle 1926
Neumark, Fritz: Die Finanzpolitik in der Zeit vor dem 1. Weltkrieg, in: Deutsche Bundesbank (Hrsg.), Währung und Wirtschaft in Deutschland 1876 - 1975, Frankfurt /Main 1976, S.57 - 111
de Niem: Rückblick und Ausblick, in: DRiZ 1912, Sp. 1 - 7
Nörr, Knut Wolfgang: Zwischen den Mühlsteinen, Tübingen 1988
Notzke, Johann: Das Bankgesetz und das Statut der Reichsbank, Berlin 1924

Nußbaum, Arthur: Das Geld in Theorie und Praxis des deutschen und ausländischen Rechts, Tübingen 1925
Oertmann, Paul: Die Aufwertungsfrage bei Geldforderungen, Hypotheken und Anleihen, Berlin 1924
Ogorek, Regina: Richterkönig oder Subsumtionsautomat?, Zur Justiztheorie im 19. Jahrhundert, Frankfurt/Main 1986
-: Richterliche Normenkontrolle im 19. Jahrhundert: Zur Rekonstruktion einer Streitfrage, in: ZNR 1989, S.12 - 38
Oswalt: Die Mark als Wertmesse, in: JW 1923, S.877 - 880
Pfleiderer, Otto: Die Reichsbank in der Zeit der großen Inflation, die Stabilisierung der Mark und die Aufwertung von Kapitalforderungen, in: Deutsche Bundesbank (Hrsg.), Währung und Wirtschaft in Deutschland 1876 - 1975, S.157 - 201
Pirlet, Otto: Der politische Kampf um die Aufwertungsgesetzgebung nach dem 1. Weltkrieg, Köln 1959
Plenge, Johann: Zur Diagnose der Reichsfinanzreform, in: Zeitschrift für die Gesamte Staatswissenschaft, Bd. 65, 1909, S.288 - 337
Popitz, Johannes: Die deutschen Finanzen 1918 - 1928, in: Zehn Jahre deutsche Geschichte 1918 - 1928, Berlin 1928, S.179 - 202
Prion, Willi: Inflation und Geldentwertung. Finanzielle Maßnahmen zum Abbau der Preise. Gutachten erstattet dem Reichsfinanzministerium, Berlin 1918
Quassowski, Leo: Gesetz über die Aufwertung von Hypotheken und anderen Ansprüchen vom 16. Juli 1925, 5. A., Mannheim, Berlin, Leipzig 1927
-: Die neuen Aufwertungsgesetze. Gesetz über die Bereinigung der Grundbücher. Gesetz über die Fälligkeit und Verzinsung der Aufwertungshypotheken, Mannheim, Berlin, Leipzig 1930
-: Die neuen Aufwertungsgesetze. Gesetz über die Bereinigung der Grundbücher. Gesetz über die Fälligkeit und Verzinsung der Aufwertungshypotheken. Ergänzungsband, Mannhcim, Bcrlin, Lcipzig 1931
Rabel: Anmerkung zu Urteil des Reichsgerichts vom 12. März 1924 (S.1591 - 1592), in: JW 1924, S.1591
Rasehorn, Theo: Der Richter zwischen Tradition und Lebenswelt, Baden - Baden 1989
Rehn, Joachim: Die Pläne zur Stabilisierung der deutschen Währung 1923. Eine Analyse des ökonomischen Wesens der Stabilisierungspläne der ausschlaggebenden Gruppen der Bourgeoisie und der Junker, Diss. Halle 1959
Reichsarchiv: Der Weltkrieg 1914 – 1918. Kriegsrüstung und Kriegswirtschaft, Bd. 1: Die militärische, wirtschaftliche und finanzielle Rüstung Deutschlands von der Reichsgründung bis zum Ausbruch des Weltkrieges, Berlin 1930

Reichsbank: Von der königlichen Bank zur deutschen Reichsbank, Volkswirtschaftliche Abteilung der Deutschen Reichsbank (Hrsg.), Berlin 1940
Reichsfinanzministerium: Denkschrift über die Aufwertung, Sonderbeilage der DJZ 1925 Heft 4
Reichsgerichtsräte-Kommentar zum Bürgerlichen Gesetzbuch, Bd. I §§ 1 - 432; 6. A., Berlin, Leipzig 1928
Respondek, Erwin: Die Reichsfinanzen auf Grund der Reform von 1919/20, Berlin 1921
Riesser, Jakob: Finanzielle Kriegsbereitschaft und Kriegsführung, Jena 1913
Rittershausen, Heinrich: Die Zentralnotenbank, Frankfurt/Main 1962
Roesler, Konrad: Die Finanzpolitik des Deutschen Reiches im Ersten Weltkrieg, Berlin 1967
Roß, Ernst: Lockerungsgesetz betreffend Fälligkeit und Verzinsung der Aufwertungs-hypotheken und Gesetz betreffend Grundbuchbereinigung, Dortmund 1930
Roth, Alfons: Gesetz über die Verzinsung aufgewerteter Hypotheken und ihre Umwandlung in Grundschulden (Novelle zum Aufwertungsgesetz) vom 9. Juli 1927, Berlin 1927
-: Die Geldentwertung als Problem der Rechtsfindung, in: Roth u.a.: Die Geldentwertung in der Praxis des deutschen Rechtslebens, Bd. 1, Berlin 1923, S.5 ff.
Rückert, Joachim: Richterrecht seit Weimar?, in: Festschrift für Sten Gagnér zum 3. März 1996 (Hg. Kriechbaum, Maximiliane), Egelsbach 1996, S.203 - 227
-: Der neue Richter: Weimar und die Folgen, in: Kritische Justiz, 1997, S.429 - 441
Rümelin, Max: Gesetz, Rechtsprechung und Volksbetätigung auf dem Gebiet des Privatrechts, in: AcP 122 (1924), S.265 - 317
Rüthers, Bernd: Die unbegrenzte Auslegung. Zum Wandel der Privatrechtsordnung im Nationalsozialismus, Tübingen 1968
Salinger, H.: Das richterliche Prüfungsrecht hinsichtlich der Gültigkeit von Verordnungen, in: Das Recht 1924, Sp. 351 - 357
von Savigny, Friedrich Karl: Das Obligationsrecht als Teil des heutigen Römischen Rechts, Bd. I, 1851
Schacht, Hjalmar: Die Stabilisierung der Mark, Berlin 1928
Schlegelberger, Franz/Harmening, Rudolf: Gesetz über die Aufwertung von Hypotheken und anderen Ansprüchen vom 16. Juli 1925, 5. A., Berlin 1927
-: Durchführungsverordnung zum Aufwertungsgesetz vom 29. November 1925 nebst den Durchführungsvorschriften der Länder, Berlin 1926

-: Die Aufwertungsschlussgesetze. Gesetz über die Fälligkeit und Verzinsung der Aufwertungshypotheken. Gesetz über die Bereinigung der Grundbücher, Berlin 1930
Schmidt, Adolf: Die juristische Natur der Reichsbank, Diss. München 1908
Schmitt, Wilhelm: Die Diskontpolitik der Reichsbank während der Inflation, Diss. Freiburg 1926
Schneider: Die deutsche Währung und das deutsche Recht, in: DJZ 1922, Sp. 559 - 560
Schreiber, Georg: Die Not der deutschen Wissenschaft und der geistigen Arbeiter, Leipzig 1923
Schremmer, Eckart: Die Wirtschaftsordnungen 1800 - 1970, in: Aubin, Hermann / Zorn, Wolfgang (Hrsg.), Handbuch der Deutschen Wirtschafts- und Sozialgeschichte, Bd. 2, Stuttgart 1976, S.122 - 147
Schulz, Wilhelm/Werner, Fritz: Praktischer Ratgeber zu den Aufwertungsschlussgesetzen - 1. Gesetz über die Fälligkeit und Verzinsung der Aufwertungshypotheken; 2. Gesetz über die Bereinigung der Grundbücher, Berlin 1930
Siehr, Kurt: Das Aufwertungsgesetz in der Rechtsprechung der oberen Gerichte, Sammlung der bisher ausgesprochenen Rechtsgrundsätze zum Aufwertungsgesetz, Berlin 1927
Simon, Dieter: Die Unabhängigkeit des Richters, Darmstadt 1975
Simons, Walter: Das Reichsgericht in Gegenwart und Zukunft, in: DJZ 1924, Sp. 241 - 246
von Spindler, Joachim/Becker, Willy/Starke, Ernst: Die Deutsche Bundesbank, 4. A., Stuttgart, Berlin, Köln, Mainz 1973
Sobernheim: Besprechung zu James Goldschmidt: Die Aufwertungskrise, in: JW 1926, S.2054
Sokolowski, John: Lieferungsverträge und Markkatastrophe, in: LZ 1923, Sp. 251 - 257
Sombart, Werner: Die deutsche Volkswirtschaft im 19. Jahrhundert und im Anfang des 20. Jahrhundert, 5. A., Berlin 1921
Sommer, Friedrich: Die Inflationssteuer, Diss. Frankfurt/Main 1924
Smoschewer: Erwiderung, in: DRiZ 1925, Sp. 74 - 78
Sonntag, Ernst: Der Einfluß der Geldentwertung auf Hypothekenforderungen und Industrieobligationen, in: Roth, u.a.: Die Geldentwertung in der Praxis des deutschen Rechtslebens, Bd. 1, Berlin 1923, S.51 ff.
-: Zur Polemik gegen die Ansprüche der Hypothekengläubiger, in: JW 1923, S.907 - 909
Springer: Vorkriegshypotheken und Geldentwertung, in: Bankarchiv 1922/23, S.71 - 73

Springmann: Mark ist gleich Mark, in: JW 1923, S.802
Staedel, E.: Forderungsaufwertung oder Schuldnachlaß der dritten Steuernotverordnung?, in: JW 1924, S.485 - 487
Stampe: Das Aufwertungsurteil des Reichsgerichts vom 28.11.1923 und mein eigener Kampf für das Recht der Darlehensgläubiger, Greifswald 1924
-: Anmerkung zu Entscheidungen des Reichsgerichts in Sachen Aufwertung, in: JW 1925, S.932 - 934
Statistisches Reichsamt: Das deutsche Volkseinkommen vor und nach dem Kriege. Einzelschriften zur Statistik des Deutschen Reichs, Nr. 24, Berlin 1924
Staudinger, Julius von: Kommentar zum BGB, II. Bd. Recht der Schuldverhältnisse, Teil 1 §§ 241 - 432, 9. A., Berlin 1930
-: Kommentar zum BGB, II. Bd., Recht der Schuldverhältnisse, Teil 1 b, § 242, 11. A. Berlin 1961
- : Kommentar zum BGB, II. Bd., Recht der Schuldverhältnisse, Teil 1 a, §§ 241, 243 - 248, 11. A., Berlin 1967
-: Kommentar zum BGB, 1. Bd. Allgemeiner Teil §§ 1 - 240, 12. A., Berlin 1987
Stern, E.: Der Höchstpreis. Eine systematische Untersuchung auf Grund der Erfahrungen der deutschen Kriegswirtschaft, München 1923
Stoll, Heinrich: Über die Beziehungen der Rechtslehre zur Praxis, in: AcP 126 (1926), S.174 - 203
-: Anmerkung zur Entscheidung des Reichsgerichts (66/24 I - Urteil vom 29. Oktober 1924), in: JW 1925, S.235
Stolleis, Michael: Geschichte des öffentlichen Rechts in Deutschland, Bd. 2 Staatsrechtslehre und Verwaltungswissenschaft 1800 - 1914, München 1992
Stolper, Gustav/Häuser, Karl/Borchardt, Knut: Deutsche Wirtschaft seit 1870, Tübingen 1964
Ströll, Moritz: Über das deutsche Geldwesen im Kriegsfall, in: Schmollers Jahrbuch 23. Jg., 1899
Stucken, Rudolf: Deutsche Geld- und Kreditpolitik 1914 - 1963, 3.A., Tübingen 1964
Terhalle, Fritz: Zum Inflationsproblem der Übergangswirtschaft, in: Bank - Archiv, 18. Jg., 1918/19, S.91 - 95
Thibaut, Anton Friedrich Justus: System der Pandekten, 2.A., Jena 1805
Thieß, Karl: Höchstpreispolitik. Beiträge zur Kriegswirtschaft, Heft 1, Berlin 1916
Trachtenberg, Marc: Reparation at the Paris Conference, in: Journal of Modern History, Vol. 51 (1979), S.24 - 55
Uhlenbruck, Dirk: Die verfassungsmäßige Unabhängigkeit der Deutschen Bundesbank und ihre Grenzen, München 1968
Veit, Otto: Grundriss der Währungspolitik, 3.A., Frankfurt/Main 1969

Wagemann, Gustav: Aufwertung und Geldentwertungsausgleich nach der Dritten Steuernotverordnung vom 14. Februar 1924, Berlin 1924
-: Die neuen Aufwertungsgesetze mit Durchführungsbestimmungen, 3.A., Berlin 1925
-: Das Anleiheablösungsgesetz vom 16. Juli 1925 mit sämtlichen Durchführungsvorschriften, 4.A., Berlin 1927
Wagner, Adolph: Finanzwissenschaft, I. Teil, 3.A., Leipzig, Heidelberg 1883
Wandel, Eckhard: Die deutsche Bankgesetzgebung vom Beginn der Industrialisierung bis zur Weltwirtschaftskrise in ihren zeitgeschichtlichen Zusammenhängen, in: Bankarchiv 1981, Beiheft Nr. 8, S.13 - 20
Warneyer, Otto/Koppe, Fritz: Die Aufwertungsgesetze. Hypothekenaufwertungsgesetz-Anleiheablösungsgesetz vom 16. Juli 1925 mit sämtlichen Durchführungsbestimmungen, Berlin, Wien 1926
- : Die Aufwertungsschlussgesetze (Gesetz über die Fälligkeit und Verzinsung der Aufwertungshypotheken sowie Grundbuchbereinigungsgesetz vom 18. Juli 1930), Berlin, Wien 1930
Weber, Alfred: Die Not der geistigen Arbeiter, in: SVS, Bd. 163, München 1923, S.165 - 184
Weil, Carl: Betrachtungen zum Devaluationsproblem, in: Bankarchiv 1919/20, S.183 - 185
Wellenreuther, Thomas: Infragestellung des ökonomischen Liberalismus in Deutschland von ca. 1870 bis 1913, in: Tilly, Richard H. (Hrsg.), Geschichte der Wirtschaftspolitik, München, Wien 1993, S.69 - 103
Wertheimer, Alfred: Die Aufwertungsschlussgesetze betreffend Fälligkeit und Verzinsung der Aufwertungshypotheken und Grundbuchbereinigung. Vollständiger Gesetzestext mit Einleitung und gemeinverständlichen Erläuterungen, Bad Homburg 1930
Weyn, Robert: Die Herabsetzung des Aufwertungsbetrages auf Grund der Härteklauseln des Aufwertungsgesetzes vom 16. Juli 1925, Brake i. O. 1931
Wieacker, Franz: Privatrechtsgeschichte der Neuzeit unter besonderer Berücksichtigung der deutschen Entwicklung, 2. A., Göttingen 1967
-: Das Sozialmodell der klassischen Privatgesetzbücher und die Entwicklung der modernen Gesellschaft, Karlsruhe 1953
Will, Rudolf: Die schwebenden Schulden der europäischen Großstaaten, Tübingen 1921
Windscheid, Bernhard: Die Lehre des römischen Rechts von der Voraussetzung, Düsseldorf 1850
-: Die Voraussetzung, in: AcP 78 (1892), S.161 - 202
Witt, Peter-Christian: Die Finanzpolitik des Deutschen Reiches von 1903 bis 1913, Lübeck 1970

- : Finanzpolitik und sozialer Wandel in Krieg und Inflation 1914 - 1924, in: Mommsen, H; Petzin, D.; Weisbrod, B. (Hrsg.), Industrielles System und politische Entwicklung in der Weimarer Republik. Verhandlungen des Internationalen Symposiums in Bochum vom 12. - 17. Juni 1973, Düsseldorf 1974, S.395 - 425
- : Staatliche Wirtschaftspolitik in Deutschland 1918 - 1923: Entwicklung und Zerstörung einer modernen wirtschaftspolitischen Strategie, in: Die Deutsche Inflation. Eine Zwischenbilanz, Feldman, G.; Holtferich, C.- L., Ritter, G. A., Witt, P.-C. (Hrsg.) Berlin, New York 1982, S.151 - 179

Wittkowski, Magarete: Großbanken und Industrie in Deutschland 1924 - 1931, Diss. Basel 1934

Wolf, Julius: Die Steuerreserven in England und Deutschland. Ein Beitrag zur Frage der "Rüstungsgrenzen" beider Staaten. Finanzwissenschaftliche Zeitfragen, Heft 13, Stuttgart 1914

Wolfsohn, John: Die Aufwertung der Hypotheken und Wertpapiere nach der Dritten Steuernotverordnung. Eine rechtliche und volkswirtschaftliche Darstellung, Berlin 1924

Wuest, Erich: Der Vertrag von Versailles im Licht und Schatten der Kritik: Die Kontroverse um seine wirtschaftliche Auswirkungen, Zürich 1962

Zacharias: Die Aufwertung von Geldschulden nach geltendem Recht, in: JW 1924 S.85 - 88

Zeiler, Alois: Die Erhaltung des Reichsgerichts auf seiner Höhe, in: DJZ 1922, Sp. 93 - 96

-: Meine Mitarbeit, als Handschrift gedruckt, Braunschweig 1938

Anlage

Indizes der durchschnittlichen Realwochenlöhne (Tariflöhne) im Zeitraum 1913 - 1923

Jahr bzw. Monat	Eisenbahnarbeiter		Buchdrucker	Hauer und Schlepper im Ruhrgebiet
	Gelernte	Ungelernte		
1914	97,2	97,2	97,2	93,3
1915	79,7	80,8	77,3	81,3
1916	69,2	73,8	60,6	74,4
1917	63,9	74,2	49,4	62,7
1918	83,3	99,8	54,1	63,7
1919	92,2	119,8	72,3	82,4
1920	66,7	89,1	60,8	77,6
1921	74,5	100,0	68,9	89,1
1922	64,2	87,6	60,9	69,9
1923	50,9	69,1	54,2	70,1

Quelle: Huck, Wirtschaftspolitik zwischen Weltkrieg und Weltwirtschaftskrise, S.122 (Tabelle 3)

RECHTSHISTORISCHE REIHE

Band 1 Studien zu den germanischen Volksrechten. Gedächtnisschrift für Wilhelm Ebel. Vorträge gehalten auf dem Fest-Symposion anläßlich des 70. Geburtstages von Wilhelm Ebel am 16. Juni 1978 in Göttingen. Götz Landwehr (Hrsg.) 1982.

Band 2 Hans Poeschel: Die Statuten der Banken, Sparkassen und Kreditgenossenschaften in Hamburg und Altona von 1710 bis 1889. 1978.

Band 3 Thomas Kolbeck: Juristenschwemmen, Untersuchungen über den juristischen Arbeitsmarkt im 19. und 20. Jahrhundert. 1978.

Band 4 Norbert Hempel: Richterleitbilder in der Weimarer Republik. 1978.

Band 5 Rolf Stratmann: Die Scheinbußen im mittelalterlichen Recht. 1978.

Band 6 Martin C. Lockert: Die niedersächsischen Stadtrechte zwischen Aller und Weser. Vorkommen und Verflechtungen. Eine Bestandsaufnahme. 1979.

Band 7 Joachim Rückert/Wolfgang Friedrich: Betriebliche Arbeiterausschüsse in Deutschland, Großbritannien und Frankreich im späten 19. und frühen 20. Jahrhundert. Eine vergleichende Studie zur Entwicklung des kollektiven Arbeitsrechts. 1979.

Band 8 Peter Bender: Die Rezeption des römischen Rechts im Urteil der deutschen Rechtswissenschaft. 1979.

Band 9 Friedrich Karl Alsdorf: Untersuchungen zur Rechtsgestalt und Teilung deutscher Ganerbenburgen. 1980.

Band 10 Dietmar Willoweit/Winfried Schich (Hrsg.): Studien zur Geschichte des sächsisch-magdeburgischen Rechts in Deutschland und Polen (Sammelband). 1980.

Band 11 Brigitte Hempel: Der Entwurf einer Polizeiordnung für das Herzogtum Sachsen-Lauenburg aus dem Jahre 1591. 1980.

Band 12 Klaus-Detlev Godau-Schüttke: Rechtsverwalter des Reiches. Staatssekretär Dr. Curt Joël. 1981.

Band 13 Rainer Polley: Anton Friedrich Justus Thibaut (AD 1772-1840) in seinen Selbstzeugnissen und Briefen. Teil 1: Abhandlung. Teil 2: Briefwechsel. Teil 3: Register zum Briefwechsel. 1982.

Band 14 Michael Wettengel: Der Streit um die Vogtei Kelkheim 1275-1276. Ein kanonischer Prozeß.1981.

Band 15 Otto Wilhelm Krause: Naturrechtler des sechzehnten Jahrhunderts. Ihre Bedeutung für die Entwicklung eines natürlichen Privatrechts. 1982.

Band 16 Helga Spindler: Von der Genossenschaft zur Betriebsgemeinschaft. Kritische Darstellung der Sozialrechtslehre Otto von Gierkes. 1982.

Band 17 Holger Otte: Gustav Radbruchs Kieler Jahre 1919 - 1926. 1982.

Band 18 Rüdiger Teuner: Die fuldische Ritterschaft 1510 - 1656. 1982.

Band 19 Gerhard Dilcher/Rudolf Hoke/Gian Savino Pene Vidari/Hans Winterberg (Hrsg.): Grundrechte im 19. Jahrhundert. 1982.

Band 20 Karl-Hans Schloßstein: Die westfälischen Fabrikengerichtsdeputationen - Vorbilder, Werdegang und Scheitern. 1982.

Band 21 Birger Schulz: Der Republikanische Richterbund (1921-1933). 1982.

Band 22 Engelbert Krause: Die gegenseitigen Unterhaltsansprüche zwischen Eltern und Kindern in der deutschen Privatrechtsgeschichte. 1982.

Band 23 Meent W. Francksen: Staatsrat und Gesetzgebung im Großherzogtum Berg (1806-1813). 1982.

Band 24 Gerd von Sonnleithner: Bearbeitung des Handelsrechts durch Ignaz von Sonnleithner in seinem "Leitfaden über das österreichische Handels- und Wechselrecht". 1982.

Band 25 Rudolf Palme: Rechts-, Wirtschafts- und Sozialgeschichte der inneralpinen Salzwerke bis zu deren Monopolisierung. 1983.

Band 26 Helen Bosshard: Pestalozzis Staats- und Rechtsverständnis und seine Stellung in der Aufklärung. 1983.

Band 27 Jens Jessen: Die Selbstzeugnisse der deutschen Juristen. Erinnerungen, Tagebücher und Briefe. Eine Bibliographie. 1983.

Band 28 Günter Martin Jensen: Das Domanium Waldeck. Die rechtliche Zuordnung eines Fürstenvermögens. 1984.

Band 29 Johann Heinrich Kumpf: Petitionsrecht und öffentliche Meinung im Entstehungsprozeß der Paulskirchenverfassung 1848/49. 1983.

Band 30 Sabine Frey: Rechtsschutz der Juden gegen Ausweisungen im 16. Jahrhundert. 1983.

Band 31 Dietrich Joswig: Die germanische Grundstücksübertragung. 1984.

Band 32 Andreas Baryli: Konzessionssystem contra Gewerbefreiheit. Zur Diskussion der österreichischen Gewerberechtsreform 1835 bis 1860. 1984.

Band 33 Gerhard Oberkofler: Studien zur Geschichte der österreichischen Rechtswissenschaft. 1984.

Band 34 Rudolf Lauda: Kaufmännische Gewohnheit und Burgrecht bei Notker dem Deutschen. Zum Verhältnis von literarischer Tradition und zeitgenössischer Realität in der frühmittelalterlichen Rhetorik. 1984.

Band 35 Jens Jensen: Die Ehescheidung des Bischofs Hans von Lübeck von Prinzessin Julia Felicitas von Württemberg-Weiltingen AD 1648-1653. Ein Beitrag zum protestantischen Ehescheidungsrecht im Zeitalter des beginnenden Absolutismus. 1984.

Band 36 Horst Schröder: Friedrich Karl von Savigny. Geschichte und Rechtsdenken beim Übergang vom Feudalismus zum Kapitalismus in Deutschland. 1984.

Band 37 Andreas Hatzung: Dogmengeschichtliche Grundlagen und Entstehung des zivilrechtlichen Notstands. 1984.

Band 38 Matthias Klasen: Das Billwerder Landrecht. Landrecht und Landgericht in den Hamburger Elbmarschen. 1985.

Band 39 Rainer Jamin: Aufbau, Tätigkeit und Verfahren der Auseinandersetzungsbehörden bei der Durchführung der preußischen Agrarreformen. 1985.

Band 40 Henry Winter: Teilschuld, Gesamtschuld und unechte Gesamtschuld. Zur Konzeption der §§ 420 ff. BGB - Ein Beitrag zur Entstehungsgeschichte des BGB. 1985.

Band 41 Hermann Eichler: Verfassungsbewegung in Amerika und Europa. 1985.

Band 42 Dagmar Bandemer: Heinrich Albert Zachariae. Rechtsdenken zwischen Restauration und Reformation. 1985.

Band 43 Eva-Christine Frentz: Das Hamburgische Admiralitätsgericht (1623-1811). Prozeß und Rechtsprechung. 1985.

Band 44 Karl Lillig: Rechtsetzung im Herzogtum Pfalz-Zweibrücken während des 18. Jahrhunderts. Ein Beitrag zur Geschichte der territorialen Rechtsbildung. 1985.

Band 45 Walter Weber: Die Entwicklung der Sparkassen zu selbständigen Anstalten des öffentlichen Rechts. Ein Beitrag zur Entwicklung des Anstaltsbegriffs im 19. Jahrhundert. 1985.

Band 46 Bärbel Baum: Der Stabreim im Recht. Vorkommen und Bedeutung des Stabreims in Antike und Mittelalter. 1986.

Band 47 Hans Popp: Die nationalsozialistische Sicht einiger Institute des Zivilprozeß- und Gerichtsverfassungsrechts. 1986.

Band 48 John Karl-Heinz Montag: Die Lehrdarstellung des Handelsrechts von Georg Friedrich von Martens bis Meno Pöhls. Die Wissenschaft des Handelsrechts im ersten Drittel des 19. Jahrhunderts. 1986.

Band 49 Volker D. Anhäusser: Das internationale Obligationenrecht in der höchstrichterlichen Rechtsprechung des 19. Jahrhunderts. 1986.

Band 50 Udo Beer: Die Juden, das Recht und die Republik. Verbandswesen und Rechtsschutz 1919-1933. 1986.

Band 51 Herbert Grziwotz: Der moderne Verfassungsbegriff und die "Römische Verfassung" in der deutschen Forschung des 19. und 20. Jahrhunderts. 1986.

Band 52 Ralf Conradi: Karl Friedrich Eichhorn als Staatsrechtslehrer. Seine Göttinger Vorlesung über "Das Staatsrecht der deutschen Bundesstaaten" nach einer Kollegmitschrift aus dem Wintersemester 1821/22. 1987.

Band 53 Dieter Dannreuther: Der Zivilprozeß als Gegenstand der Rechtspolitik im Deutschen Reich 1871 - 1945. Ein Beitrag zur Geschichte des Zivilprozeßrechts in Deutschland. 1987.

Band 54 Stephan Felix Pauly: Organisation, Geschichte und Praxis der Gesetzesauslegung des (Königlich) Preußischen Oberverwaltungsgerichtes 1875 - 1933. 1987.

Band 55 Rüdiger Schulz: Die Entstehung des Seerechts des Allgemeinen Deutschen Handelsgesetzbuches unter besonderer Berücksichtigung der Bestimmungen über die Reederei, den Schiffer und die Schiffsmannschaft. 1987.

Band 56 Reinhold Reis: Deutsches Privatrecht in den Weistümern der Zenten Schriesheim und Kirchheim. 1987.

Band 57 Jürgen Christoph: Die politischen Reichsamnestien 1918 - 1933. 1987.

Band 58 Gerhard Oberkofler/Eduard Rabofsky: Hans Kelsen im Kriegseinsatz der k.u.k.-Wehrmacht. Eine kritische Würdigung seiner militärtheoretischen Angebote. 1988.

Band 59 Arne Wulff: Staatssekretär Prof. Dr. Dr. h.c. Franz Schlegelberger. 1876-1970. 1991.

Band 60 Gerhard Köbler (Hrsg.): Wege europäischer Rechtsgeschichte. Karl Kroeschell zum 60. Geburtstag. 1987.

Band 61 Rüdiger Hütte: Der Gemeinschaftsgedanke in den Erbrechtsreformen des Dritten Reichs. 1988.

Band 62 Markus Göldner: Politische Symbole der europäischen Integration. Fahne, Hymne, Hauptstadt, Paß, Briefmarke, Auszeichnungen. 1988.

Band 63 Wolfgang Kröner: Freiheitsstrafe und Strafvollzug in den Herzogtümern Schleswig, Holstein und Lauenburg von 1700 bis 1864. 1988.

Band 64 Werner Gaile: Die Norder Theelacht. 1988.

Band 65 Karl v. Kempis: Andreas Gaill (1526 - 1587). Zum Leben und Werk eines Juristen der frühen Neuzeit. 1988.

Band 66 Wolf-Rüdiger Osburg: Die Verwaltung Hamburgs in der Franzosenzeit. 1811-1814. 1988.

Band 67 Christian Schudnagies: Hans Frank. Aufstieg und Fall des NS-Juristen und Generalgouverneurs. 1988.

Band 68 Otmar Jung: Senatspräsident Freymuth. Richter, Sozialdemokrat und Pazifist in der Weimarer Republik. Eine politische Biographie. 1989.

Band 69 Joachim Lohner: Das landeshauptmannschaftliche Gericht in Oberösterreich zu Beginn der Neuzeit. Eine Darstellung des oberösterreichischen Prozeßrechts am obersten Territorialgericht des Landes anhand der oberösterreichischen Landtafel.1989.

Band 70 Bernd Klemann: Rudolf von Jhering und die Historische Rechtsschule. 1989.

Band 71 Adalbert Langer: Männer um die österreichische Zivilprozeßordnung 1895. Zusammenspiel / Soziales Ziel. 1990.

Band 72 Robert-Dieter Klee: Die Landessuperintendentur Lauenburg. Ursprung und Entwicklung sowie Ende der Sonderstellung des Kirchenkreises Herzogtum Lauenburg durch die nordelbische Kirchenvereinigung. 1989.

Band 73 Heinrich Herrmann: Die Gehöferschaften im Bezirk Trier. 1989.

Band 74 Wilhelm Brauneder, Franz Baltzarek (Hrsg.): Modell einer neuen Wirtschaftsordnung. Wirtschaftsverwaltung in Österreich 1914 - 1918. 1991.

Band 75 Thomas Dreyer: Die "Assecuranz- und Haverey-Ordnung" der Freien und Hansestadt Hamburg von 1731. 1990.

Band 76 Bernhard Sendler: Die Rechtssprache in den süddeutschen Stadtrechtsreformationen. 1990.

Band 77 Brigitte Lehmann: Ehevereinbarungen im 19. und 20. Jahrhundert. 1990.

Band 78 Michael Sunnus: Der NS-Rechtswahrerbund (1928-1945). Zur Geschichte der nationalsozialistischen Juristenorganisation. 1990.

Band 79 Stefan Schulz: Die historische Entwicklung des Rechts an Bienen. (§§ 961 - 964 BGB). 1990.

Band 80 Gerhard Lingelbach, Heiner Lück (Hrsg.): Deutsches Recht zwischen Sachsenspiegel und Aufklärung. Rolf Lieberwirth zum 70. Geburtstag dargebracht von Schülern, Freunden und Kollegen, herausgegeben von Gerhard Lingelbach und Heiner Lück. 1991.

Band 81 Manfred Krohn: Die deutsche Justiz im Urteil der Nationalsozialisten 1920 - 1933. 1991.

Band 82 Angelika Kühn: Privilegierung nationaler Minderheiten im Wahlrecht der Bundesrepublik Deutschland und Schleswig-Holsteins. 1991.

Band 83 Georg Brun: Leben und Werk des Rechtshistorikers Heinrich Mitteis unter besonderer Berücksichtigung seines Verhältnisses zum Nationalsozialismus. 1991.

Band 84 Wolfgang Simon: Claudius Freiherr von Schwerin. Rechtshistoriker während dreier Epochen deutscher Geschichte. 1991.

Band 85 Friedrich-Carl Wachs: Das Verordnungswerk des Reichsdemobilmachungsamtes. Stabilisierender Faktor zu Beginn der Weimarer Republik. 1991.

Band 86 Jens-Uwe Petersen: Die Vorgeschichte und die Entstehung des Mieterschutzgesetzes von 1923 nebst der Anordnung für das Verfahren vor dem Mieteinigungsamt und der Beschwerdestelle. 1991.

Band 87 Ulrike Haibach: Familienrecht in der Rechtssprache. Die historische Entwicklung zentraler Ausdrücke des geltenden Familienrechts. 1991.

Band 88 Joern Christian Nissen: Die Beratungen des Seeversicherungsausschusses der Akademie für Deutsches Recht zu einem neuen Seeversicherungsgesetz (1934-1939). Ein Beitrag zur Entwicklung der allgemeinen Lehren des Seeversicherungsrechts unter besonderer Berücksichtigung des Handelsgesetzbuchs und der Allgemeinen Deutschen Seeversicherungs-Bedingungen 1919. 1991.

Band 89 Diethard Bühler: Die Entstehung der allgemeinen Vertragsschluß-Vorschriften im Allgemeinen Deutschen Handelsgesetzbuch (ADHGB) von 1861. Ein Beitrag zur Kodifikationsgeschichte des Privatrechts im 19. Jahrhundert. 1991.

Band 90 Gerhard Oberkofler: Die Vertreter des Römischen Rechts mit deutscher Unterrichtssprache an der Karls-Universität in Prag. Vom Vormärz bis 1945. 1991.

Band 91 Ulrich Andermann: Ritterliche Gewalt und bürgerliche Selbstbehauptung. Untersuchungen zur Kriminalisierung und Bekämpfung des spätmittelalterlichen Raubrittertums am Beispiel norddeutscher Hansestädte. 1991.

Band 92 Heinz Marcus Hanke: Luftkrieg und Zivilbevölkerung. Der kriegsvölkerrechtliche Schutz der Zivilbevölkerung gegen Luftbombardements von den Anfängen bis zum Ausbruch des Zweiten Weltkrieges. 1991.

Band 93 Kirsten Kraglund: Familien- und Erbrecht. Materielles Recht und Methoden der Rechtsanwendung in der Rechtsprechung des Oberappellationsgerichts der vier Freien Städte Deutschlands zu Lübeck. 1991.

Band 94 Reinhard Lorenz: Die politische und rechtliche Stellung des Proletariats in Preußen in der Zeit zwischen den Reformen und der Revolution 1848/49. 1991.

Band 95 Eric Hilgendorf: Die Entwicklungsgeschichte der parlamentarischen Redefreiheit in Deutschland. 1991.

Band 96 Hans J. Reiter: Die Handelsgesellschaft Villeroy & Boch von der Gründung 1836 bis zum Jahr 1878. 1992.

Band 97 Martin Johannes Heller: Reform der deutschen Rechtssprache im 18. Jahrhundert. 1992.

Band 98 Michael Kotulla: Die Tragweite der Grundrechte der revidierten preußischen Verfassung vom 31.01.1850. 1992.

Band 99 Michael Siefener: Hexerei im Spiegel der Rechtstheorie. Das crimen magiae in der Literatur von 1574 bis 1608. 1992.

Band 100 Andreas Ebert-Weidenfeller: Hamburgisches Kaufmannsrecht im 17. und 18. Jahrhundert. Die Rechtsprechung des Rates und des Reichskammergerichtes. 1992.

Band 101 Enno Bommel: Die Entstehung der Verwirkungslehre in der Krise des Positivismus. 1992.

Band 102 Ralph Steppacher: Die Berücksichtigung der bäuerlichen Postulate bei der Entstehung des ZGB und der Revision des OR. Ein Beitrag zur schweizerischen Kodifikationsgeschichte (1893 - 1912). 1992.

Band 103 Martin Fleckenstein: Die Todesstrafe im Werk Carl Joseph Anton Mittermaiers (1787 - 1867). Zur Entwicklungsgeschichte eines Werkbereichs und seiner Bedeutung für Theorie- und Methodenbildung. 1992.

Band 104 Jörn Eckert: Der Kampf um die Familienfideikommisse in Deutschland. Studien zum Absterben eines Rechtsinstitutes. 1992.

Band 105 Jörg Grotkopp: Beamtentum und Staatsformwechsel. Die Auswirkungen der Staatsformwechsel von 1918, 1933 und 1945 auf das Beamtenrecht und die personelle Zusammensetzung der deutschen Beamtenschaft. 1992.

Band 106 Andreas Rohde: Die Garantiehaftung des Vermieters und ihr Verhältnis zum Unmöglichkeitsrecht in dogmengeschichtlicher und modernrechtlicher Sicht. 1992.

Band 107 Tjark Siefke Kunstreich: Gesamtvertretung. Eine historisch-systematische Darstellung. 1992.

Band 108 Jürgen Krüger: Blindheit und Königtum. Die Blindheit des Königs Georg V. von Hannover als verfassungsrechtliches Problem. 1992.

Band 109 Wolfgang Putschek: Ständische Verfassung und autoritäre Verfassungspraxis in Österreich 1933-1938 mit Dokumentenanhang. Verfassung und Verfassungswirklichkeit. Mit einem Anhang: Denkschriften von Rechtsanwalt Dr. Erich Führer 1936/37. 1993.

Band 110 Klaus Hofmann: Die Verdrängung der Juden aus öffentlichem Dienst und selbständigen Berufen in Regensburg 1933-1939. 1993.

Band 111 Franz Kilger: Die Entwicklung des Telegraphenrechts im 19. Jahrhundert mit besonderer Berücksichtigung der technischen Entwicklung. Telegraphenrecht im 19. Jahrhundert. 1993.

Band 112 Wilhelm Brauneder (Hrsg.): Heiliges Römisches Reich und moderne Staatlichkeit. 1993.

Band 113 Thomas Heinrich: Das preußische Nichtehelichenrecht: Von der Aufklärung zur Reaktion. 1993.

Band 114 Gerald Kohl: Jagd und Revolution. Das Jagdrecht in den Jahren 1848 und 1849. 1993.

Band 115 Christian Schudnagies: Der Kriegs- oder Belagerungszustand im Deutschen Reich während des Ersten Weltkrieges. Eine Studie zur Entwicklung und Handhabung des deutschen Ausnahmezustandsrechts bis 1918. 1994.

Band 116 Elisabeth Bellmann: Die Internationale Kriminalistische Vereinigung (1889-1933). 1994.

Band 117 Julia Pfannkuch: Volksrichterausbildung in Sachsen 1945-1950. 1993.

Band 118 Jörg Offen: Von der Verwaltungsgemeinschaft des BGB von 1896 zur Zugewinngemeinschaft des Gleichberechtigungsgesetzes von 1957. 1994.

Band 119 Dorothee Kohlhas-Müller: Untersuchungen zur Rechtsstellung Theoderichs des Großen. 1995.

Band 120 Monika Rose: Das Gerichtswesen des Herzogtums Pfalz-Zweibrücken im 18. Jahrhundert. Ein Beitrag zur territorialen Gerichtsbarkeit im Alten Reich. 1994.

Band 121 Jörn Eckert / Hans Hattenhauer (Hrsg.): Bibel und Recht. Rechtshistorisches Kolloquium 9. - 13. Juni 1992 an der Christian-Albrechts-Universität zu Kiel. 1994.

Band 122 Robert Martin Mizia: Der Rechtsbegriff der Autonomie und die Begründung des Privatfürstenrechts in der deutschen Rechtswissenschaft des 19. Jahrhunderts. 1995.

Band 123 Walther Graf von Plettenberg: Das Fortleben des Liber Iudiciorum in Asturien/León (8. - 13. Jh.). 1994.

Band 124 Wolfgang Schulz: Das deutsche Börsengesetz. Die Entstehungsgeschichte und wirtschaftlichen Auswirkungen des Börsengesetzes von 1896. 1994.

Band 125 Frank Hagemann: Der Untersuchungsausschuß Freiheitlicher Juristen. 1949 – 1969. 1994.

Band 126 Andreas Rethmeier: "Nürnberger Rassegesetze" und Entrechtung der Juden im Zivilrecht. 1995.

Band 127 Edith Grether: Die Poesie der Throne. Die Juristen in der Fruchtbringenden Gesellschaft. 1995.

Band 128 Anna Bartels-Ishikawa: Der Lippische Thronfolgestreit. Eine Studie zu verfassungsrechtlichen Problemen des Deutschen Kaiserreiches im Spiegel der zeitgenössischen Staats. 1995.

Band 129 Jörg Schmidt: Otto Koellreutter 1883-1972. Sein Leben, sein Werk, seine Zeit. 1995.

Band 130 Christian Hattenhauer: Wahl und Krönung Franz II. AD 1792. Das Heilige Reich krönt seinen letzten Kaiser - Das Tagebuch des Reichsquartiermeisters Hieronymus Gottfried von Müller und Anlagen. 1995.

Band 131 Jutta v. der Decken: Das Seearbeitsrecht im Hamburger Stadtrecht von 1301 bis 1603. 1995.

Band 132 Detlev Schmidt: Die Reform des Rechts der Handelsvertreter von 1953. 1995.

Band 133 Gabi Roßdeutscher: Privatautonomie im Scheidungsrecht. Scheidungsbezogene Vereinbarungen in den letzten 200 Jahren. 1995.

Band 134 Harald Kahlenberg: Leben und Werk des Rechtshistorikers Walther Merk. Ein Beispiel für das Verhältnis von Rechtsgeschichte und Nationalsozialismus. 1995.

Band 135 Michael Steitz: Adelbert Düringer am Reichsgericht (1902-1915). Seine aktienrechtlichen Entscheidungen und sein Einfluß auf das Aktienrecht in Deutschland. 1995.

Band 136 Christian Becker: Beata Justorum Translatio. Juristen in schleswig-holsteinischen Leichenpredigten. 1996.

Band 137 Christoph Seiler: Vom Allgemeinen Landrecht zum Bürgerlichen Gesetzbuch. Dargestellt am Beispiel der höchstrichterlichen Judikatur zum kaufrechtlichen Sachmängelgewährleistungsrecht. 1996.

Band 138 Bernd Mayer: Die Vertrauensmännerausschüsse auf den preußischen Steinkohlegruben an der Saar. Entstehung und Wirken. Eine rechtshistorische Untersuchung. 1996.

Band 139 Rochus Scholl: Juden und Judenrecht im Herzogtum Pfalz-Zweibrücken. Ein Beitrag zur Rechtsgeschichte eines deutschen Kleinstaates am Ende des alten Reiches. 1996.

Band 140 Meike Bursch: Judentaufe und frühneuzeitliches Strafrecht. Die Verfahren gegen Christian Treu aus Weener/Ostfriesland 1720-1728. 1996.

Band 141 Markus Hillenbrand: Fürstliche Eheverträge. Gottorfer Hausrecht 1544 - 1773. 1996.

Band 142 Ulf Häder: Das gemeinschaftliche Oberappellationsgericht thüringischer Staaten in Jena. Ein Beitrag zur Geschichte des Gerichtswesens im 19. Jahrhundert. 1996.

Band 143 Andreas Bauer: Das Gnadenbitten in der Strafrechtspflege des 15. und 16. Jahrhunderts. Dargestellt unter besonderer Berücksichtigung von Quellen der Vorarlberger Gerichtsbezirke Feldkirch und des Hinteren Bregenzerwaldes. 1996.

Band 144 Christian Wirth: Der Jurist Johann Andreas Georg Friedrich Rebmann zwischen Revolution und Restauration. 1996.

Band 145 Stefanie Müller: Die Rechtsprechung des Hanseatischen Oberlandesgerichts zum persönlichen Eherecht in Hamburgischen Gerichtsfällen von 1879 -1900. 1996.

Band 146 Jean-Nicolas Morisset: Der Frachtvertrag in der *Ordonnance de la marine* von 1681. 1996.

Band 147 Dirk Lentfer: Die Glogauer Landesprivilegien des Andreas Gryphius von 1653. 1996.

Band 148 Wencke Mull: Die Haftung für Einsturzschäden nach den §§ 836-838 BGB in der Rechtsprechung des Reichsgerichts. 1996.

Band 149 Renate Zelger: Teufelsverträge. Märchen, Sage, Schwank, Legende im Spiegel der Rechtsgeschichte. 1996.

Band 150 Guido Kraß: Das Arrestverfahren in Frankfurt am Main im Spätmittelalter. 1996.

Band 151 F. Benedict Heyn: Die Entwicklung des Eisenbahnfrachtrechts von den Anfängen bis zur Einführung des Allgemeinen Deutschen Handelsgesetzbuches (ADHGB). 1996.

Band 152 Thomas Lang: Die Staats- und Verfassungslehre Carl Salomo Zachariaes. 1996.

Band 153 Michael Hebeis: Karl Anton von Martini (1726-1800). Leben und Werk. 1996.

Band 154 Gerald Hubert: Die Diskussion um die rechtliche Natur der Bizone in den Jahren 1947-1949. 1996.

Band 155 Christof Horn: Die Rechtsprechung des Reichsgerichts in Ehescheidungssachen der Jahre 1900 bis 1905. 1996.

Band 156 Hermann Nehlsen / Georg Brun (Hrsg.): Münchener rechtshistorische Studien zum Nationalsozialismus. 1996.

Band 157 Jan Otto Clemens Kehrberg: Die Entwicklung des Elektrizitätsrechts in Deutschland. Der Weg zum Energiewirtschaftsgesetz von 1935. 1997.

Band 158 Johannes Tradt: Der Religionsprozeß gegen den Zopfschulzen (1791-1799). Ein Beitrag zur protestantischen Lehrpflicht und Lehrzucht in Brandenburg-Preußen gegen Ende des 18. Jahrhunderts. 1997.

Band 159 Dietmar Olsen: Das kaufrechtliche Sachmängelgewährleistungsrecht des Code civil in der Rechtsprechung deutscher Gerichte im 19. Jahrhundert. Ein Beitrag zur Ablösung der Partikularrechte durch das BGB. 1997.

Band 160 Ulrich Bernhardt: Die Deutsche Akademie für Staats- und Rechtswissenschaft „Walter Ulbricht" 1948-1971. 1997.

Band 161 Claudia Susan Hoppe: Die Bürgschaft im Rechtsleben Hamburgs von 1600 bis 1900. 1997.

Band 162 Franz-Rudolf Ecker: Die Entwicklung des Bergrechts im Saarbrücker Steinkohlenrevier bis zum Ende des 18. Jahrhunderts. Ein Vergleich mit dem älteren deutschen Bergrecht. 1997.

Band 163 Anne Katrin Rückert: Politik und Privatrecht in der „konservativen Revolution". 1997.

Band 164 Gisbert Laube: Der Reichskunstwart. Geschichte einer Kulturbehörde 1919-1933. 1997.

Band 165 Nicolas Lührig: Die Diskussion über die Reform der Juristenausbildung von 1945 bis 1995. 1997.

Band 166 Regula Gerber Jenni: Die Emanzipation der mehrjährigen Frauenzimmer. Frauen im bernischen Privatrecht des 19. Jahrhunderts. 1997.

Band 167 Mischa A. Färber: Das gemeinschaftliche Testament in der höchstrichterlichen Rechtsprechung zum Allgemeinen Preußischen Landrecht und zum BGB. Ein Beitrag zur Ablösung der Partikularrechte durch das BGB. 1997.

Band 168 Catherine Antoinette Gasser: Philipp Lotmar 1850-1922. Professor der Universität Bern. Sein Engagement für das Schweizerische Arbeitsrecht. 1997.

Band 169 Lars Immisch: Der sozialistische Richter in der DDR und seine Unabhängigkeit. Der Versuch eines Rechtsvergleiches zum Unabhängigkeitsbegriff in der bundesdeutschen Rechtsordnung. 1997.

Band 170 Jessica Jacobi: Besitzschutz vor dem Reichskammergericht. Die friedenssichernde Funktion der Besitzschutzklagen am Reichskammergericht im 16. Jahrhundert, dargestellt anhand von Kameralisten. 1998.

Band 171 Ewald Hügemann: Die Geschichte des öffentlichen und privaten Mietpreisrechts vom Ersten Weltkrieg bis zum Gesetz zur Regelung der Miethöhe von 1974. 1998.

Band 172 Lutz Rentzow: Die Entstehungs- und Wirkungsgeschichte der Vernewerten Landesordnung für das Königreich Böhmen von 1627. 1998.

Band 173 Sabine Stürmer: Mühlenrecht im Herzogtum Pfalz-Zweibrücken während des 18. Jahrhunderts. Ein Beitrag zum Wirtschaftsrecht eines deutschen Kleinstaates im Alten Reich. 1998.

Band 174 Mario Bogisch: *Nemo testis in re sua*. Das Problem der Zeugnisfähigkeit bei der Anwendung der deutschen Zivilprozeßordnung von 1877. 1998.

Band 175 Rainer Oßwald: Pactane sunt servanda? Freiwilligkeit, Zwang und Unverbindlichkeitserklärungen im islamischen Vertragsrecht malikitischer Schule. 1998.

Band 176 Bettina Kern: Der preußische BGB-Entwurf von 1842. 1998.

Band 177 Inken Fuhrmann: Die Diskussion über die Einführung der fakultativen Zivilehe in Deutschland und Österreich seit Mitte des 19. Jahrhunderts. 1998.

Band 178 Annette Rieck: Der Heilige Ivo von Hélory (1247-1303). Advocatus pauperum und Patron der Juristen. 1998.

Band 179 Frank Bottenberg: Die Hamburgische Strafprozeßordnung von 1869. 1998.

Band 180 Matthias Krauß: Das kursächsische Postrecht von seinen Anfängen bis zum Ende des Alten Reichs. 1998.

Band 181 Torsten Schmidt: Die Entmündigung von den Anfängen des BGB bis zu ihrer Ablösung durch das Institut der Betreuung. 1998.

Band 182 Christian Nunn: Rudolf Müller-Erzbach. 1874-1959. Von der realen Methode über die Interessenjurisprudenz zum kausalen Rechtsdenken (Leben und Werk). 1998.

Band 183 Christian Ortloff: Das staatskirchenrechtliche System Wilhelm Traugott Krugs. Glaubens- und Gewissensfreiheit – eine Forderung der Vernunft. 1998.

Band 184 Christian Hattenhauer: Schuldenregulierung nach dem Westfälischen Frieden. Der sog. § *de indaganda* und seine Umsetzung im Jüngsten Reichsabschied (AD 1648 und 1654). 1998.

Band 185 Werner Schubert: Preußen im Vormärz. Die Verhandlungen der Provinziallandtage von Brandenburg, Pommern, Posen, Sachsen und Schlesien sowie – im Anhang – von Ostpreußen, Westfalen und der Rheinprovinz (1841-1845). 1998.

Band 186 Silvia Schumacher: Das Rechtsverhältnis zwischen Eltern und Kindern in der Privatrechtsgeschichte. 1999.

Band 187 Kai Sommer: Die Strafbarkeit der Homosexualität von der Kaiserzeit bis zum Nationalsozialismus. Eine Analyse der Straftatbestände im Strafgesetzbuch und in den Reformentwürfen (1871-1945). 1998.

Band 188 Jan Erik Backhaus: Volksrichterkarrieren in der DDR. 1999.

Band 189 Ralf Ruhnau: Die Fürstlich Thurn und Taxissche Privatgerichtsbarkeit in Regensburg. Ein Kuriosum der deutschen Rechtsgeschichte. 1999.

Band 190 Antonio Grilli: Die französische Justizorganisation am linken Rheinufer 1797-1803. 1999.

Band 191 Stephanie Kammerloher-Lis: Die Entstehung des Gesetzes über die religiöse Kindererziehung vom 15. Juli 1921. 1999.

Band 192 Jan Telp: Ausmerzung und Verrat. Zur Diskussion um Strafzwecke und Verbrechensbegriffe im Dritten Reich. 1999.

Band 193 Kurt von Pannwitz: Die Entstehung der Allgemeinen Deutschen Wechselordnung. Ein Beitrag zur Geschichte der Vereinheitlichung des deutschen Zivilrechts im 19. Jahrhundert. 1999.

Band 194 Sylvia Busch: Die Entstehung der Allgemeinen Gerichtsordnung für die Preussischen Staaten von 1793/95. Ein Beitrag zur Geschichte der Kodifikationsbewegung und der Reform des Zivilprozesses in Preußen im 18. Jahrhundert. 1999.

Band 195 Dirk Bieresborn: Klage und Klageerwiderung im deutschen und englischen Zivilprozeß. Eine rechtshistorische und rechtsvergleichende Untersuchung unter besonderer Berücksichtigung der Beeinflussung durch das römisch-kanonische Verfahren. 1999.

Band 196 Andreas Thier / Guido Pfeifer / Philipp Grzimek (Hrsg.): Kontinuitäten und Zäsuren in der Europäischen Rechtsgeschichte. Europäisches Forum Junger Rechtshistorikerinnen und Rechtshistoriker München 22.-24. Juli 1998. 1999.

Band 197 Franz Smola: Die Fürstlich Liechtenstein'sche Kunstsammlung. Rechtsfragen zur Verbringung der Sammlung von Wien nach Vaduz in den Jahren 1944/45. 1999.

Band 198 Frank Martin Krauss: Das geteilte Eigentum im 19. und 20. Jahrhundert. Eine Untersuchung zum Fortbestand des Teilungsgedankens. 1999.

Band 199 Matthias Frey: Die spanische Aktiengesellschaft im 18. Jahrhundert und unter dem Código de Comercio von 1829. 1999.

Band 200 Alexandra Gilde: Die Stellung der Frau im Reichsstrafgesetzbuch von 1870/71 und in den Reformentwürfen bis 1919 im Urteil der bürgerlichen Frauenbewegung. Eine Analyse ausgewählter Straftatbestände. 1999.

Band 201 Malte Dießelhorst / Arne Duncker: Hans Kohlhase. Die Geschichte einer Fehde in Sachsen und Brandenburg zur Zeit der Reformation. 1999.

Band 202 Jörg Hillmann: Territorialrechtliche Auseinandersetzungen der Herzöge von Sachsen-Lauenburg vor dem Reichskammergericht im 16. Jahrhundert. 1999.

Band 203 Carsten Engler: Die Kommanditgesellschaft (KG) und die stille Gesellschaft im Allgemeinen Deutschen Handelsgesetzbuch (ADHGB) von 1861. 1999.

Band 204 Vesta Hoffmann-Steudner: Die Rechtsprechung des Reichsgerichts zu dem Scheidungsgrund des § 49 EheG (EheG 1938) in den Jahren 1938-1945. 1999.

Band 205 Michaela Thiele: Die Auflösung von Arbeitsverhältnissen aufgrund Anfechtung und außerordentlicher Kündigung nach der Rechtsprechung des Reichsarbeitsgerichts (1927-1945). 2000.

Band 206 Peter Landau / Hermann Nehlsen / Mathias Schmoeckel (Hrsg.): Karl von Amira zum Gedächtnis. 1999.

Band 207 Marcus Flinder: Die Entstehungsgeschichte des Zivilgesetzbuches der DDR. 1999.

Band 208 Boris Franz Leo Bromm: Die Entstehungsgeschichte des Berufs des Handelsvertreters. Unter besonderer Berücksichtigung der Sozialgesetzgebung in den Jahren von 1871-1933. 2000.

Band 209 Winfried C. J. Eberstein: Das Tierschutzrecht in Deutschland bis zum Erlaß des Reichs-Tierschutzgesetzes vom 24. November 1933. Unter Berücksichtigung der Entwicklung in England. 1999.

Band 210 Patrick Deller: Der „nach dem Vertrage" vorausgesetzte Gebrauch (§ 459 Absatz 1 Satz 1 BGB). Eine kaufrechtliche Untersuchung unter Berücksichtigung rechtshistorischer wie rechtsvergleichender Grundlagen. 2000.

Band 211 Eckard Freiherr von Bodenhausen: Haftung des Geschäftsherrn für Verrichtungsgehilfen im Straßen- und Schienenverkehr. Eine Analyse der Entscheidungen des Reichsgerichts zu § 831 BGB (1900-1945). 2000.

Band 212 Birte Gast: Der Allgemeine Teil und das Schuldrecht des Bürgerlichen Gesetzbuchs im Urteil von Raymond Saleilles (1855-1912). 2000.

Band 213 Hansjörg Michael Huber: Koloniale Selbstverwaltung in Deutsch-Südwestafrika. Entstehung, Kodifizierung und Umsetzung. 2000.

Band 214 Ulf Björner: Die Verfassungsgerichtsbarkeit im Norddeutschen Bund und Deutschen Reich (1867-1918). Eine rechtshistorische Untersuchung über Gerichtsbarkeit im Spannungsfeld von Politik und Recht innerhalb der von Bismarck geschaffenen deutschen Bundesstaaten. 2000.

Band 215 Mathias Freiherr von Rosenberg: Friedrich Carl von Savigny (1779-1861) im Urteil seiner Zeit. 2000.

Band 216 Reinhard Binder-Kriegistein: Österreichisches Adelsrecht 1868-1918/19. Von der Ausgestaltung des Adelsrechts der cisleithanischen Reichshälfte bis zum Adelsaufhebungsgesetz der Republik unter besonderer Berücksichtigung des adeligen Namensrechts. 2000.

Band 217 Claudia-Regine Nerius: Johannes Lehmann-Hohenberg (1851-1925). Eine Studie zur völkischen Rechts- und Justizkritik im Deutschen Kaiserreich. 2000.

Band 218 Ludger Meuten: Die Erbfolgeordnung des Sachsenspiegels und des Magdeburger Rechts. Ein Beitrag zur Geschichte des sächsisch-magdeburgischen Rechts. 2000.

Band 219 Christoph Alexander von Wilcken: Die Reformbestrebungen zum Genossenschaftsgesetz in der Frühzeit der Bundesrepublik. Die Beratungen der Sachverständigenkommission zur Überprüfung des Genossenschaftsrechts 1954 bis 1958 und der Referentenentwurf von 1962. 2000.

Band 220 Verein Junger RechtshistorikerInnen Zürich (Hrsg.): ¿Rechtsgeschichte(n)? ¿Histoire(s) du droit? ¿Storia/storie del diritto? ¿Legal Histori(es)? Europäisches Forum Junger Rechtshistorikerinnen und Rechtshistoriker Zürich 28.-30. Mai 1999. 2000.

Band 221 Hans Christian Schüler: Die Entstehungsgeschichte der Bundesnotarordnung vom 24. Februar 1961. 2000.

Band 222 Nils-Eberhard Schramm: Die Vereinigung demokratischer Juristen (1949-1999). 2000.

Band 223 Silke Anke Torp: Das Rechtsverhältnis zwischen den Eltern und ihren Kindern. Dienstleistungspflicht, Aussteuer und Ausstattung. Eine Analyse der Rechtsprechung des Reichsgerichts und des Reichsarbeitsgerichts zu den Vorschriften der §§ 1616 bis 1625 des Bürgerlichen Gesetzbuches in der Zeit von 1900 bis 1945. 2000.

Band 224 Martin Jürgen Maaß: Die Geschichte des Eigentumsvorbehalts, insbesondere im 18. und 19. Jahrhundert. 2000.

Band 225 Stefanie Langer: Rechtswissenschaftliche Itinerarien. Lebenswege namhafter europäischer Juristen vom 11. bis zum 18. Jahrhundert. 2000.

Band 226 Ulrich Schmitz: Der Unterhaltsanspruch des nichtehelichen Kindes gegen seinen Erzeuger. Die rechtsgeschichtliche und dogmatische Entwicklung im deutschen Recht. 2000.

Band 227 Sebastian Günther: Friedrich Carl von Savigny als Grundherr. 2000.

Band 228 Henning Ibs: Hermann J. Held (1890-1963). Ein Kieler Gelehrtenleben in den Fängen der Zeitläufe. 2000.

Band 229 Matthias Rücker: Wirtschaftswerbung unter dem Nationalsozialismus. Rechtliche Ausgestaltung der Werbung und Tätigkeit des Werberats der deutschen Wirtschaft. 2000.

Band 230 Hendrik Sandmann: Die Entwicklung von Begriff und Inhalt des Wirtschaftsrechts durch die Rechtswissenschaft in der Weimarer Republik. 2000.

Band 231 Sibylle Müller: Gibt es Menschenrechte bei Samuel Pufendorf? 2000.

Band 232 Karin Olechowski-Hrdlicka: Die gemeinsamen Angelegenheiten der Österreichisch-Ungarischen Monarchie. Vorgeschichte – Ausgleich 1867 – Staatsrechtliche Kontroversen. 2001.

Band 233 Johannes Mierau: Die juristischen Abschluß- und Diplomprüfungen in der SBZ/DDR. Ein Einblick in die Juristenausbildung im Sozialismus. 2001.

Band 234 Jörg Wolff (Hrsg.): Stillstand, Erneuerung und Kontinuität. Einsprüche zur Preußenforschung. 2001.

Band 235 Friedo Schröder: Die anwaltliche Tätigkeit während der nationalsozialistischen Herrschaft. Eine Analyse der anwaltlichen Argumentation in Zivilprozessen anhand der vorhandenen Prozeßakten der Landgerichte Frankenthal, Wiesbaden, Limburg und Frankfurt und der Handakten der *jüdischen Konsulenten* des OLG-Bezirks Frankfurt. 2001.

Band 236 Der Code pénal des Königreichs Westphalen von 1813 mit dem Code pénal von 1810 im Original und in deutscher Übersetzung. Herausgegeben und mit einer Einleitung versehen von Werner Schubert. 2001.

Band 237 Klaus Richter: Deutsches Kolonialrecht in Ostafrika 1885-1891. 2001.

Band 238 Kai von Lewinski: Deutschrechtliche Systembildung im 19. Jahrhundert. 2001.

Band 239 Alexander Herzog: Sittenwidrige Rechtsgeschäfte in der höchstrichterlichen Rechtsprechung aus den Jahren 1948-1965. 2001.

Band 240 Claudia Rönnau: Die Beratungen des Wasserrechtsausschusses der Akademie für Deutsches Recht zu einem Reichswassergesetz (1934-1941). Ein Beitrag zur Dogmatik der Begriffe *Gemeingebrauch* und *Sondergebrauch* in der Zeit des Nationalsozialismus. 2001.

Band 241 Momme Rohlack: Kriegsgesellschaften (1914-1918). Arten, Rechtsformen und Funktionen in der Kriegswirtschaft des Ersten Weltkrieges. 2001.

Band 242 Rolf Geyer: Der Gedanke des Verbraucherschutzes im Reichsrecht des Kaiserreichs und der Weimarer Republik (1871-1933). Eine Studie zur Geschichte des Verbraucherrechts in Deutschland. 2001.

Band 243 Felix Lorenz Benjamin Lehmann: Der Rote Adlerorden. Entstehung und rechtliche Grundlagen (1705-1918). 2001.

Band 244 Marc Ludwig: Der Pfändungsschutz für Lohneinkommen. Die Entstehungs- und Entwicklungsgeschichte der Vorschriften zum Schutz vor Lohnpfändung in Deutschland. 2001.

Band 245 Alexander Wachter: Dorfschule zwischen Pastor und Schulmeister. Zur Säkularisierung des niederhessischen Schulwesens im 19. Jahrhundert. 2001.

Band 246 Richard Scholz: Analyse der Entstehungsbedingungen der reichsgerichtlichen Aufwertungsrechtsprechung. Untersuchung unter besonderer Berücksichtigung der konservativen Geldpolitik der Reichsbank und der Inflationspolitik der Reichsregierung. 2001.

Band 247 Judith Laeverenz: Märchen und Recht. Eine Darstellung verschiedener Ansätze zur Erfassung des rechtlichen Gehalts der Märchen. 2001.

Band 248 Christina Schenk: Bestrebungen zur einheitlichen Regelung des Strafvollzugs in Deutschland von 1870 bis 1923. 2001.

Band 249 Nils Werner: Die Prozesse gegen die Landvolkbewegung in Schleswig-Holstein 1929/32. Ein Beitrag zur Justizkritik in der späten Weimarer Republik. 2001.

FSC
www.fsc.org
MIX
Papier | Fördert gute Waldnutzung
FSC® C083411

Kolibri 360 GmbH
Ferdinand-Jühlke-Straße 7
99095 Erfurt, Deutschland
produktsicherheit@kolibri360.de

Druck:
CPI Druckdienstleistungen GmbH
im Auftrag der
Kolibri 360 GmbH
Ferdinand-Jühlke-Str. 7
99095 Erfurt